KB075714

4차 산업혁명
시대의
한국경제 발전전략

4차 산업혁명
시대의
한국경제 발전전략

인 쇄 | 2017년 6월 30일
발 행 | 2017년 7월 7일

지은이 | 류후규
발행인 | 부성옥
발행처 | 도서출판 오름
등록번호 | 제2-1548호 (1993. 5. 11)

주 소 | 서울특별시 중구 퇴계로 180-8 서일빌딩 4층
전 화 | (02) 585-9122, 9123 / 팩 스 | (02) 584-7952
E-mail | oruem9123@naver.com
ISBN 978-89-7778-475-8 93340

※ 잘못된 책은 교환해 드립니다.
※ 값은 뒤표지에 있습니다.

이 도서의 국립중앙도서관 출판예정도서목록(CIP)은 서지정
보유통지원시스템 홈페이지(http://seoji.nl.go.kr)와 국가자
료공동목록시스템(http://www.nl.go.kr/kolisnet)에서 이용
하실 수 있습니다. (CIP제어번호: CIP2017015508)

4차 산업혁명 시대의 한국경제 발전전략

류후규 지음

Korea's Economic Policy Strategy in the Era of the 4th Industrial Revolution

Hookyu Rhu

ORUEM Publishing House
Seoul, Korea
2017

추천사

　　한국은행에서 35년간 일한 다음 3년간 동남아 중앙은행 조사연구센터 소장으로 봉직한 저자는 국제경제 및 국제금융분야에서 이론과 실무경험을 겸비한 전문가이다. 이러한 경륜을 통해서 세계경제 환경의 급격한 변화를 직감한 저자는 이 변화에 우리가 어떻게 대처해야 할 것인가를 이 책에 담았다.

　　우리에게 밀어 닥치고 있는 큰 변화로서 그는 제4차 산업혁명을 지목하고 있다. 그리고 그 혁명이 어떤 내용과 모습으로 나타나고 있으며, 우리 생활과 경제사회에 어떤 영향을 주게 될 것인지를 밝히고 있다. 특히 그는 제4차 산업혁명과정에서는 경제성장의 혜택이 국민 개개인의 생활에 골고루 퍼져나가도록 하는 것이 매우 중요한 과제가 된다고 지적하고, 그러한 경제를 지향하는 포용적 성장과 발전의 패러다임을 강조하였다. 이러한 포용적 성장과 발전을 구현하기 위해 제도와 정책이 어떻게 뒷받침할 것인가 하는 방향도 제시하고 있다.

　　제4차 산업혁명은 먼 얘기 같지만 우리 앞에 성큼 다가와 있다. 이 변화에 적응함에 있어서 이 책이 큰 도움이 될 것이다. 정책당국자나 기업하는 사람뿐 아니라 일반시민이나 학생들에게도 일독을 권하고 싶다.

전 한국은행 총재　박　승

추천사

　　지금 우리사회 최대의 화두는 제4차 산업혁명이다. 문재인 정부도 대통령 직속 4차 산업혁명위원회를 설치해 다양한 핵심기술분야 지원에 나선다는 계획을 밝히고 있다.

　　제4차 산업혁명에 대한 높은 관심은 저성장 시대에 신성장동력을 발굴하여 국가경쟁력을 높일 수 있다는 기대와 아울러 인공지능(AI) 로봇 등이 노동투입을 대체함으로써 발생할지도 모를 일자리 상실에 대한 우려가 공존하는 데서 비롯된다. 그러나 우리가 접하는 대부분의 관련 문헌들은 폭넓은 영역에 걸친 제4차 산업혁명의 진전 및 전망에 대한 해설서의 성격에 머물러 있다.

　　저자는 30여 년간의 국제금융분야 조사연구경험을 토대로 세계금융위기 이후 UN, OECD, 세계경제포럼 등 국제기구와 클라우스 슈밥, 칼로타 페레즈 등의 연구성과를 섭렵하면서 제4차 산업혁명 시대에 한국이 성공적으로 적응하기 위한 경제사회제도 및 조건에 관한 정책제언을 내놓고 있다.

　　각종 국제비교에서 한국의 취약점으로 확인된 포용성과 지속가능성 패러다임의 중시, 고용주도형 국가발전전략의 수립, 건강하고 지속가능한 기업생태계의 조성, 노동시장 효율화와 교육개혁의 연계 등 저자가 내놓는 정책제언들은 제4차 산업혁명의 성공과 선진국으로의 도약을 위해 한국경제가 반드시 성취해야 할 핵심과제임에 동의하면서 일독을 권하는 바이다.

서울대학교 경제학부 명예교수　정영일

서문

이 책은 제4차 산업혁명의 물결을 맞고 있는 지금 우리나라가 처한 어려운 상황과 다양한 사회경제적 이슈들을 보다 넓은 글로벌 렌즈를 통해 재조명함으로써 그동안 우리사회에서 제기되어온 많은 문제들에 대한 올바른 해답을 찾기 위한 것이다.

저자는 한국은행에 35년간 근무하면서 우리나라 경제·금융업무와 함께 국제경제 관련 업무에 대한 폭넓은 실무경험과 지식을 쌓을 수 있었다. 1997년 외환위기 당시에는 국제기구팀장으로 IMF 미션단과의 실무협상에 참여하였고, 2007~2008년 글로벌 금융위기 당시에는 뉴욕사무소장으로 일하면서 뉴욕 월가의 추락과정을 현장에서 생생하게 관찰·경험할 수 있었다. 한국은행 퇴직 후에는 동남아중앙은행 조사연수센터(The SEACEN Research and Training Centre: www.seacen.org 참조) 소장 국제공모에서 선발되는 행운도 갖게 되었다. 이 동남아중앙은행 조사연수센터는 아시아 태평양 지역 20개국 중앙은행의 역내 금융경제 이슈에 관한 공동연구, 직원 공동연수 및 고위급(총재, 부총재, 국장급) 정책포럼을 통한 각국 간의 금융협력 및 금융역량 강화가 주목적인 바, 여기에서 회원국 중앙은행 총재 및 국제금융 리더들과 교류하면서 세계경제와 금융의 다양한 이슈들을 글로벌 시각에서 성찰할 수 있는 기회와 경험을 쌓을 수 있었다.

분명히 제4차 산업혁명은 기술과 인간의 관계에 근본적인 변화를 몰고 올 것이다. 물리적 세계, 디지털 세계, 생물학적 세계를 융합시키는 일정한 범위의 신기술들로 특징되는 제4차 산업혁명은 과거 세 차례의 산업혁명과는 근본적으로 다른 것이다. 제4차 산업혁명은 모든 학문분야와 경제 그리고 산업에 충격을 주며 심지어는 인간이 어떤 존재인지에 대한 생각 자체에도 도전하고 있다. 국가정책이 이에 현명하게 대응한다면 인간의 웰빙을 풍부하게 할 수도 있지만, 그렇지 못할 경우 기술이 다수의 평범한 인간을 대체함으로써 정치, 경제, 사회, 문화 등 광범위한 분야에서 형평성 문제가 더욱 악화될 수도 있을 것이다. 이미 국제사회의 지식인들 사이에서는 이러한 공감대가 확산되어 있고 현명하게 대응 가능한 해법들도 다양하게 제시되고 있다. 따라서 저자가 이 책에서 다루는 접근법은 제4차 산업혁명에 보다 현명하게 대응할 수 있도록 한국적 프레임에서 글로벌 프레임으로 확장된 것으로서 그동안 소외되고 주변으로 밀려난 계층을 포용할 수 있고, 동시에 미래세대에 희망의 선물을 물려줄 수 있는 따뜻한 정책 패러다임으로 옮겨가는 데 유용할 것으로 생각한다.

저자는 이 책을 먼저 우리사회 각계각층의 리더들에게 권하고 싶다. 제4차 산업혁명 시대를 맞아 우리사회의 성숙한 포용을 실현하기 위해서는 이런 분들의 새로운 생각과 좀 더 따뜻한 역할이 기대되기 때문이다. 특별히 우리사회의 미래를 헤쳐 나갈 젊은 층에게도 이 책을 권하고 싶다. 이 책에서 제시하는 포용성과 지속가능성의 가치와 잠재적 기회를 젊은 층들이 공감함으로써 보다 정의롭고 지속가능하며 평화롭고 통합된 우리나라의 미래를 가꿔 나갈 수 있기 때문이다. 이 책의 주요 내용은 대학생들의 한국경제론 수업교재나 참고서로도 유용할 것으로 생각한다. 가능하다면 중고교 학생을 둔 학부모님들에게도 이 책을 권하고 싶다. 자녀들이 학교에서 보다 신나게 보다 바르게 배우고, 사회에 진출하여 양질의 지속 가능한 일자리에서 보다 정의롭게 보다 열심히 일함으로써 자신의 진정한 가치를 실현할 수 있도록 지도하는 데 이 책이 유용할 것으로 생각한다.

이 책은 많은 국제기구들의 보고서 등에 수록된 다소 전문적인 내용을 우리나라와 연관시켜 다루고 있지만 저자는 이들 내용의 핵심부분을 독자들이 비교적 쉽게 이해할 수 있도록 많은 해설과 주석을 달아 놓았다. 이 책은 급속히 변화하는 제4차 산업혁명 시대의 다양한 글로벌경제이슈를 다루는 만큼 앞으로도 이 같은 변화내용을 추적하여 네이버 블로그(포용적 금융/발전 포럼)를 통해 독자들과 계속 교감할 계획이다. 독자들의 많은 참여와 성원을 기대한다.

이 책의 기초가 된 많은 보고서들의 활용에 협조해 준 세계경제포럼(WEF), 포용적 금융연합(AFI) 등 국제기구의 관계자들과 어려운 출판시장 여건에도 불구하고 이 책의 출판을 위해 혼신의 노력과 지원을 아끼지 않으신 도서출판 오름의 부성옥 대표님과 편집 관계자 여러분들께 이 자리를 빌어 깊은 감사의 말씀을 드린다.

2017년 5월
류후규 적음

차례

미래경쟁력 강화를 위한 패러다임 　제2부

정책 제언 　제3부

표 차례

부록 차례

이 책의 길라잡이

　　우리는 이미 제4차 산업혁명이 가져오는 다양한 변화를 체험하기 시작하였다. 예를 들어 사물인터넷(Internet of Things) 덕분으로 사물은 더 이상 단순한 물건이 아니라 주변상황을 인지하고 반응하면서 스스로 인간을 돕는 똑똑한 반려물로서 진화하고 있다. 또한 수백 개의 CPU와 GPU로 무장한 인공지능(Artificial Intelligence) 기술은 수천만 개에 달하는 행렬(matrix)의 곱셈을 순식간에 계산해 내는 연산능력을 바탕으로 사물인지, 자동주행 차량, 언어 번역 등과 같은 인간의 많은 지적 활동을 대체할 수 있게 되었다. 하지만 21세기에도 이러한 변화의 원천은 역시 인간이며 인간에 내재된 인적자본이 경제적 가치를 창출하는 주인공이다.

　　21세기는 인적자본주의(Human Capitalism) 사회가 될 것이다. 인적자본은 시카고대학의 게리 베커(Gary Becker) 교수가 즐겨 사용했던 경제학 용어로서 경제적 가치를 만들어내는 사람들의 노동능력에 내재된 지식, 습관, 창의성(creativity)을 포함한 사회적·개인적 속성들의 축적(stock)을 의미한다. 전통적인 경제이론에서 경제적 가치는 원재료, 노동, 자본, 기술 등의 투입에 의해 만들어진다고 설명되었다. 그러나 이제 제4차 산업혁명 시대에서 노동은 더 이상 원재료, 자본, 기술 등과 동등한 투입물이 아니라 창의성과 지식 등의 원천인 인적자본으로서 경제적 가치를 창출하는 미래사회의 주역으로 탈바꿈하고 있다.

이제 우리나라는 글로벌 금융위기를 겪은 이후 제4차 산업혁명의 시대를 맞고 있다. 이 시점에서 우리나라는 앞으로 어떠한 발전전략을 구사해야 하는지? 이러한 전략의 설계에는 어떠한 패러다임이 새롭게 요구되는지? 이런 물음들에 대한 현명한 해법을 얻고자 하는 것이 이 책의 가장 큰 주제이다.

이 책은 이러한 주제에 맞추어 먼저 제1부(한국경쟁력의 종합 진단과 새로운 시대의 성찰)에서 한국의 경쟁력을 종합 진단함으로써 현재 한국은 어떠한 모습인지를 짚어보고 있다. 지금 한국은 어디에 있는가? 한국의 밝은 미래는 어떻게 만들어 가야 하나? 한국인이라면 당연히 관심을 갖고 그 해답을 궁금해 하는 이 같은 질문들에 답하기 위해 이 책은 두 개의 장을 마련하고 있다.

제1장에서는 글로벌경제 속에서의 한국의 경쟁력을 종합평가한 세계경제포럼(World Economic Forum)의 글로벌경쟁력 보고서 2016~2017(Global Competitiveness Report 2016~2017)을 한국에 초점을 맞추어 소개하면서 한국에 대한 평가결과를 초래한 배경과 시사점을 찾아보았다. 이 보고서는 138개 국가경쟁력의 원천을 보여주는 12개 부

문(pillars)에 걸친 114개 지표(indicators)를 측정하여 경쟁력의 순위를 지표별·부문별 그리고 국가별로 평가하여 경쟁력 순위를 매기고 있는데 우리나라는 제도 및 기관, 금융시장 성숙도, 노동시장 효율성 등 3대 부문에서 크게 낙후된 경쟁력을 획기적으로 강화할 필요가 있음을 강조한다.

또한 글로벌경제의 새로운 변화 속에서 우리나라가 선진국으로 도약하는 데 필요한 정책과제들을 식별해 내고, 이들 과제들을 해결할 수 있는 새로운 접근법이 무엇인지를 논의하고 있다. 이와 함께 우리나라가 경쟁력이 취약한 부문에서의 세부 지표별 과제를 해결하는 데 유용한 참고가 될 수 있는 선진국들을 식별하여 이들 국가의 모범사례를 찾아보고 있다.

이어서 제2장에서는 새로운 시대에 대한 성찰을 통해 우리나라의 새로운 진로를 모색하고 있다. '제4차 산업혁명'이란 용어를 처음으로 화두에 올린 세계경제포럼의 클라우스 슈밥(Klaus Schwab) 회장이 쓴 "제4차 산업혁명: 무엇을 뜻하며 어떻게 대응해야 하나?(The Fourth Industrial Revolution: What It Means, How to Respond?)" 자료를 소개하면서 제4차 산업혁명의 파도를 우리나라가 어떻게 타고 가야 할지를 다루고 있다. 제4차 산업혁명의 시대적 의미를 살펴보고 기업 및 시장, 정부 및 일반인에 미칠 영향 등을 면밀하게 분석하고 있다. 아울러 진화적 경제학(Evolutionary Economics)의 전통을 이어가는 현존 경제학자들의 논점을 기반으로 제4차 산업혁명 시대 그리고 제5차 순환기의 전환점을 맞아 우리나라의 경쟁력 강화를 뒷받침할 수 있는 기술-경제 패러다임(techno-economic paradigm), 나아가 혁신중심형 패러다임의 구축 방안 등을 논의하고 있다. 기술발전에 관한 뚜렷한 이론이 없는 신고전파 주류 경제학과는 달리 진화적 경제학은 글로벌 금융위기의 원인이나 기술혁신의 동학 메커니즘을 설명하는 데 매우 유용한 시사점을 제공해 줄 수 있음을 강조한다.

대표적인 진화적 경제학자인 칼로타 페레즈(Carlota Perez) 런던 정경대학 교수는 역사적으로 주요한 기술혁신과 금융호황 및 거품파열의 관계를 혁신, 열광, 시너지 및 성숙 등 4개 국면에 걸친 다섯 차례의 순환과정으로 설명한 바 있다. 페레즈에 의하면 글로벌 금융위기를 거친 지금은 정보기술 혁명의 시너지가 실현되는 황금 시대(Golden Age)로 진입하는 시기로 볼 수 있다.

글로벌 금융위기 이후 영국의 공공정책연구소(IPPR: The Institute for Public Policy Research)와 진화적 경제학자들은 새로운 시대를 위한 경제학 프로젝트(The New Era Economics Project)로서 혁신중심형 정책 패러다임을 주창하고 있다. 이들 새로운 정책 패러다임에 대한 논의 내용은 앞으로 우리나라가 혁신주도형 경제(Innovation-led Economy)로 뿌리내리는 데에도 매우 유용한 정책제안들을 많이 포함하고 있다.

제2부(미래경쟁력 강화를 위한 패러다임)에서는 포용적 성장과 발전(Inclusive Growth and Development), 지속가능 발전(Sustainable Development), 포용적 금융(Inclusive Finance) 그리고 인간의 웰빙(Human Well-being) 및 인적개발(Human Development) 등 미래를 위한 새로운 패러다임을 소개하고 있다. 이들 네 가지 패러다임은 21세기 진입을 전후로 국제사회가 지속적인 논의를 거쳐 최근에는 폭넓은 공감대를 형성하고 있는 것들인 만큼 우리나라도 이들 패러다임을 수용하는 데 적극 노력해야 함을 강조하고 있다.

제3장에서는 글로벌 금융위기 이후 전 세계 정치 지도자 및 기업

리더들의 주요 관심사가 된 포용적 성장 및 발전에 관한 논의가 소개되고 있다. 이는 생산적 고용의 새로운 원천을 찾아내고 경제성장의 혜택이 생활수준의 폭넓은 진전으로 옮아가기 위해 정책과 제도를 어떻게 재설계할 것인지에 관한 이슈이다. 이러한 이슈의 등장은 1인당 GDP 성장률이 사회의 다양한 기대를 만족시키기 위한 필요조건일 뿐 충분조건은 아니라는 많은 실증적 증거들이 그동안 꾸준히 축적된 데 따른 것이다.

세계경제포럼은 경제성장과 사회적 포용성에 관한 글로벌사회의 도전적 이니셔티브의 일환으로 포용적 성장 및 발전 보고서를 두 차례 발표한 바 있다. 이들 보고서는 각국에서 일, 저축, 투자 등 경제성장의 유인을 약화시키지 않으면서도 사회적 포용성을 높일 수 있는 정책과 제도의 다양한 유인들을 어떻게 설계하여 활용할 수 있는지에 대한 이해를 돕기 위한 것이다. 이들 보고서는 109개국을 대상으로 7개 부문(pillars)과 15개 하부부문(sub-pillars)을 포괄하는 140여 개의 사회경제적 수량지표(socio-economic indicators)를 분석함으로써 포용적 경제성장 및 발전과 관련성이 높은 정책영역에서 세계 각국의 성과 및 환경조건을 비교해 볼 수 있도록 하고 있다. 이러한 접근법을 통해 정책당국, 기업리더 및 여타 이해관계자들은 전반적 상황이 유사한 동류국가들의 경험과 자신들의 역사적 경험으로부터 사회적 포용성을 높이는 데 활용가능한 정책유인과 최적관행 등을 어떻게 발굴하여 활용할 수 있는지 명확히 알 수 있게 된다.

우리나라에서는 아직 생소한 것이 사실이지만 포용적 성장과 발전, 포용적 금융, 지속가능한 발전 등은 국제적으로도 광범위한 지지를 받는 국가경제정책의 새로운 패러다임이다. 우리나라는 과거 1960년대에서 1980년대까지 경제규모나 고성장에 정책목표를 직접 겨누는 방식의 경제정책 패러다임으로 큰 성공을 거둘 수 있었다. 그러나 1990년대 이후 제3차 산업혁명이 확산되는 가운데 1997~1998년 아시아 금융위기를 거치면서 광범위한 구조조정 노력이 있었지만 수출 드라이브를 통한 고성장에 초점을 맞춘 낡은 패러다임은 현재까지 유지되고 있다. 이런 상황에서 어떻게 포용적 경제성장과 발전을 실천가능한 국가전략의 체계로 끌어올릴 수 있을까? 이를 위해서는 먼저 우리나라 국민 모두의 포용적 성장과 발전에 대한 이해도가 높아져야 한다. 그러면 경제적 번영이 가져오는 결실을 보다 많은 사람들에게 돌아갈 수 있도록 정부정책의 틀이 바뀔 수 있음을 이 책은 강조하고 있다.

제4장에서는 2015년 UN 총회가 최종 확정한 17개 지속가능 발전 목표를 중심으로 지금까지의 관련 이슈 논의 내용을 소개하고 있다. 지속가능 발전은 우리와 우리 후손들의 행복을 모두 지킬 수 있는 경제발전 방식으로서 포용적 성장과도 연관되어 있다. 이들 개념은 모두 경제와 관련성이 깊은 다양한 분야에서의 성과를 경제적 성과와 함께 고려하면서 경제발전을 추구하는 점에서 서로 맞닿아 있다.

저렴한 탄소 에너지원에 의존하는 방식의 기존 산업화 추진정책이 갖는 우려는 어떻게 더 환경적으로 지속가능하며 포용적인 산업화를 추진할 것인지와 관련되어 있다. 또한 현재의 소비 및 생산패턴도 보다 지속가능한 패턴으로 바뀌어야 함을 이 책은 강조하고 있다. 이와 함께 제4장에서는 해양, 바다, 해양자원 및 인간의 웰빙의 연결성 이슈와 사회간접자본, 불평등성, 복원성 간의 연결성 이슈들을 소개하고 있다. 또한 기술발전과 지속가능 발전 이슈 및 포용적 성장 이슈의 관계에 관한 다양한 논의 내용을 소개하고 있다.

특히 제4장에서는 2030년까지의 지속가능 발전 목표 달성에 결정적으로 유용한 핵심 신기술로서 바이오 기술, 디지털 기술, 나노 기술, 뉴로(neuro) 기술, 녹색 기술 등 5개 범주에서 앞으로 연구개발 성과 및 실용화, 성능혁신 가능성이 높을 것으로 식별된 94개 분야의 첨단기술이 소개되어 있다. 장기적인 기술 로드맵 설계로 기업의 연구개발 투자와 기술정책 계획을 획기적으로 지원할 경우 우리나라는 지속가능 발전 목표 달성에 핵심역할을 할 수 있는 이들 미래형 과학기술에서 21세기 미래의 지속가능한 양질의 일자리 창출 등 잠재적 이익을 거둘 수 있음을 이 책은 역설하고 있다.

제5장에서는 포용적 금융의 문제를 다루고 있는데 이는 포용적 성장과 발전을 추진함에 있어 중요한 패러다임이기도 하다. 또한 포용적 금융의 이해를 위해서는 그 철학을 이해하는 것이 중요하다. 금융은 희소성을 갖는 돈과 관련된 활동이다. 희소한 자원인 저축은 투자효율성이 가장 높은 활동에 배분되어야 한다는 생각이 금융자본주의의 바탕에 깔려 있으나 이는 경제학적 사고의 합리적 연장선이라고 보기는 어렵다.

이런 생각에는 두 가지 문제가 있다. 첫째, 돈은 돈을 벌기 위해서만 투자되어야 한다는 잘못된 생각이다. 돈은 돈을 벌기 위해서 투자되기도 하지만 그 같은 사적 가치 추구만이 목표의 전부가 될 수는 없다. 투자된 돈은 돈 이외에도 사회적·문화적·환경적 가치 등 많은 공공적 가치를 산출할 수 있다. 이들 가치들을 측정하기 어렵다고 단순히 벌어들이는 돈의 크기만 보고 돈의 투자 여부를 결정하는 금융관행은 다시 생각해 볼 필요가 있다.

둘째, 돈이 되는 모든 활동이 공공적으로 좋은 것은 아니며 어떤 돈을 예금으로 받아들여 어떤 돈을 버는 활동에 투자하는 것인지가 더욱 중요하다. 금융이 사회적으로 존재 이유를 갖고 공공성과 기업성이 조화를 이루기 위해서는 투자의 사회적·공공적 가치가 고려되어야한다. 투자 프로젝트가 1) 돈은 많이 벌 수 있지만 사회적 가치가 마이너스(마약 거래, 성 매매, 아동노동, 불법 도박 등)일 수도 있고, 2) 돈은조금 벌거나 못 벌지만 공공적 가치가 높은 비영리적 활동(취약계층, 노약자 등 돌봄 서비스) 등도 많이 있고, 3) 당장은 돈을 못 벌어도 장기적으로는 더 많은 돈을 벌 수 있는 활동(대체 에너지 개발, 환경오염 방지기술, 신기술 개발 및 창의적 혁신 아이디어 발굴 등)도 많다. 따라서 측정의 어려움에도 불구하고 금융은 이처럼 공공적 가치가 높은 활동들에도움을 줄 수 있어야 함을 이 책은 강조한다.

투자된 돈의 회수가능성은 중요한 고려사항으로서 지속가능한 시스템으로서의 금융을 위해 당연히 중시되어야 한다. 다만 금융이 지나치게 보수적이어서 돈의 회수가능성을 판단하는 데 차입자의 보유자산만을 고려해서는 안 된다. 비록 보유자산은 별로 없지만 신용도가 높고생활습관이나 금융 이용 행태가 건전하며 추구하는 사업이나 프로젝트의 전망이 양호하다면 금융이 적극적인 도움을 제공해야 한다.

금융이 이 같은 원칙에 따라 운영되어야 하는 또 다른 이유는 금융에의 접근성이 기초적 인권이라는 철학이다. 단지 보유자산이 없다는이유만으로 저소득층의 신용평가 등급을 낮게 평가하여 금융의 혜택을봉쇄한다면 저소득층의 적극적이고 창의적인 사업 추구는 그만큼 어려워지고 유동성 위험에 노출되어 경제적 악순환 과정이 더욱 강화된다.

따라서 이 같은 철학이 없을 경우 금융의 공공적 가치나 사회적존재이유는 의문스러워진다. 지난 3세기에 걸친 자본주의 발전과정에서 금융은 산업자본의 공급을 통해 경제발전의 윤활유 역할을 하기도했지만 주기적으로 투기적 자본의 원천이 됨으로써 과잉투자 및 자산

가격의 거품화와 붕괴를 통해 경제적 불안정성과 파멸을 초래한 주역이 되기도 했다.

포용적 금융의 가치에 대한 공감대는 이러한 철학적 반성의 바탕 위에서 확산된 것이다. 제5장에서는 포용적 금융의 출발선이 된 마이크로 금융의 발전과정과 함께 포용적 금융을 위한 하부구조의 설계, 포용적 금융을 위한 국제기구인 포용적 금융연합(Alliance for Financial Inclusion)의 활동 등을 상세하게 소개하면서 우리나라 금융산업의 포용성 제고를 위한 정책방향을 제시하고 있다.

제6장에서 다루는 인간의 웰빙 및 진전(progress)도 포용성 및 지속가능성의 개념과 맞닿아 있는 패러다임이다. 인간의 웰빙 및 진전을 실현하기 위해서는 경제정책이 단순히 1인당 GDP 수치에만 집중하는 낡은 방식에서 벗어나야 한다. 보다 포괄적인 범위에서 인간의 웰빙과 진전에 관련된 요소들이 무엇이고 현재세대뿐만 아니라 미래세대까지 아우르는 보다 장기적인 시야에서 웰빙과 진전에 관련된 요소들이 무엇인지를 분석할 필요가 있다. 인간의 웰빙과 진전에 관한 총체적 상황을 알고 이를 토대로 정책의 라이프 사이클(정책이슈 발굴, 정책적 쟁점의 공개토론, 정책결정, 정책실시, 수행성과 점검 및 평가 등) 과정이 진행되어야 생활수준의 폭넓고 지속적인 향상이 가능해짐을 이 책은 강조한다.

또한 제6장에서는 '웰빙과 진전의 측정을 위한 OECD체제(The OECD Framework for Measuring Well-Being and Progress)'를 소개하고 있는데 이 체제는 3개 영역, 즉 물질적 조건, 생활의 질, 지속가능성을 아우르는 구조를 갖고 있다. 즉 1) 물질적 조건의 구성요소로는 소득과 부, 일과 수입, 주택 등을, 2) 생활의 질 관련 요소로는 건강상태, 일-생활의 균형, 교육과 재능, 사회적 연결, 시민 참여 및 거버넌스, 환경의 질, 개인의 안전, 주관적 웰빙 등이 포함된다. 이들은 개인의 웰빙을 측정하기 위한 것으로 평균수준, 계층별 차이 등을 살펴볼 수 있다. 한편 3) 웰빙의 지속가능성을 측정하기 위해서는 자연자본, 인적자본, 경제적 자본, 사회적 자본 등 몇 가지 유형의 자본을 유지 확보해야 함을 분석하고 있다.

이와 함께 제6장에서는 UN의 인적개발 보고서 2015(Human Development Report 2015)의 내용을 중심으로 인류의 일(work)과 인적개발(human development) 관련 이슈들을 분석하고 있다. 일은 형평적인 경제성장, 빈곤 감소 및 남녀평등 등을 위해 중요하다. 또한 일은 사람들에게 존엄성과 가치를 부여하며 사람들이 사회에 완전히 참여할 수 있게 한다. 일은 공공재의 생산과 활용에 기여할 수 있으며, 남을 돌보는 일은 가족과 사회의 응집력과 유대감을 조성해 준다. 또한 일은 사회를 강화시켜 준다. 일은 사람들의 물질적 웰빙을 늘려줄 뿐만 아니라 문화와 문명을 지탱해 주는 광범위한 가치와 지식을 축적시켜 준다. 이 책은 이러한 관점에서 혁신과 창조성의 원천인 인적자본 개발과 관련된 다양한 이슈들을 조명하고 있다. 글로벌화와 일자리, 디지털 기술 혁명과 일자리, 지속가능한 일, 국가고용전략 등이 집중적으로 다루어지고 있다.

제3부(정책 제언)에서는 앞부분에서 다룬 한국의 경쟁력 제고를 위해 시급한 부분을 중심으로 새로운 패러다임을 적용함으로써 지속가능하고 포용적이며 인간이 중심이 되는 경제정책에 관한 다양한 건의와 아이디어를 다루고 있다.

제7장에서는 이 책에서 다룬 새로운 패러다임들이 글로벌사회의 최적 관행과 최근의 폭넓은 공감대에 기초한 것임을 밝히고 있다. 이와

함께 국가경쟁력 강화 위원회의 활성화 및 기능 재정립, 지속가능 발전을 위한 국민평의회 설립, 포용적 발전을 위한 국가전략 설계 등과 관련된 다양한 정책 제안과 아이디어를 소개하고 있다. 특히 포용성과 지속가능성을 추구하는 이들 패러다임은 새로운 것이라기보다는 오히려 우리사회가 성장지상주의 및 수출드라이브정책에 매몰되어 오랫동안 잊고 있었던 대한민국 헌법의 지향가치를 되살리는 것임을 강조하고 있다. 참고로 대한민국 헌법의 전문을 다음과 같이 인용해 본다.

> "유구한 역사와 전통에 빛나는 우리 대한국민은 3.1운동으로 건립된 대한민국 임시정부의 법통과 불의에 항거한 4.19 민주이념을 계승하고, 조국의 민주개혁과 평화적 통일의 사명에 입각하여 정의·인도와 동포애로써 민족의 단결을 공고히 하고, 모든 사회적 폐습과 불의를 타파하며, 자율과 조화를 바탕으로 자유민주적 기본질서를 더욱 확고히 하여 **정치·경제·사회·문화의 모든 영역에 있어서 각인의 기회를 균등히 하고, 능력을 최고도로 발휘하게 하며, 자유와 진리에 따르는 책임과 의무를 완수하게 하여, 안으로는 국민생활의 균등한 향상을 기하고** 밖으로는 항구적인 세계평화와 인류공영에 이바지함으로써 **우리들과 우리들의 자손의 안전과 자유와 행복을 영원히 확보할 것을** 다짐하면서 1948년 7월 12일에 제정되고 8차에 걸쳐 개정된 헌법을 이제 국회의 의결을 거쳐 국민투표에 의하여 개정한다."
>
> _대한민국 헌법 전문

제8장에서는 고용주도형 발전전략을 다루면서 국가고용전략의 수립 및 실시방안을 제안하고 있다. 특히 청년실업 등 일자리 창출 문제를 지속가능한 양질의 일자리에 초점을 맞추어 합리적으로 해결할 수 있는 다양한 방안들을 제안하고 있다.

제9장에서는 건강하고 지속가능한 기업생태계 조성 이슈를 집중적으로 다루고 있다. 이와 관련하여 기업 투명성 제고 및 건전한 거버넌스 강화, 공정한 경쟁정책 강화, 기업거래정책(하도급, 가맹사업, 유통거래 등)을 위주로 대기업과 중소기업의 상생적 관계를 강화시키는 동시에 기술기반 창업기업을 보호 육성할 수 있는 다양한 정책방안을 제시하고 있다.

마지막으로 제10장에서는 새로운 패러다임하에서 국가경쟁력 강화를 위한 노동시장 효율화 및 교육개혁 문제를 다루고 있다. 특히 노동시장 효율화와 교육개혁을 상호 연결된 과제로서 다루면서 비정규직 해소 등 노동시장구조 개선과 건전한 노사관계 정립 및 새로운 사회적 계약 문제에 관한 다양한 정책제언을 포함하고 있다. 또한 과학기술 인력 양성 및 대학교육 서비스의 경쟁력 제고에 초점을 맞추어 교육개혁 이슈와 관련한 핵심적 정책이슈에 대한 아이디어를 제공하고 있다.

제 **1** 부

한국경쟁력의 종합 진단과
새로운 시대의 성찰

제1장

한국경쟁력을 종합 진단한다

"제4차 산업혁명의 기회들을 활용하는 데 꼭 필요한 몇 가지가 있다. 이들은 기업의 혁신의지와 능력, 공공기관 및 민간기관의 건전성, 기초적인 하부구조, 의료보건 및 교육, 거시경제적 안정성, 그리고 원활하게 작동하는 노동시장, 금융시장 및 인적자본시장 등이다(Leveraging the opportunities of the Fourth Industrial Revolution will require not only businesses willing and able to innovate, but also sound institutions, both public and private; basic infrastructure, health, and education; macroeconomic stability; and well-functioning labor, financial, and human capital markets)."

―세계경제포럼(WEF), 글로벌경쟁력 보고서 2016~2017 중에서

글로벌경제의 핵심적 변화요인으로 제4차 산업혁명 등 거대하고 다양하며 새로운 변화의 흐름이 가까이 다가와 있다. 제4차 산업혁명(The Fourth Industrial Revolution)은 인공지능, 가상현실, 증강현실, 사물인터넷, 로봇공학, 3-D 프린터, 나노 기술, 바이오 기술, 재료과학, 에너지집적 기술, 소셜 미디어, 클라우드 기반 서비스, 유전자 배열, 게놈 편집, 합성 생물학, 바이오 프린팅, 재생 약학, 뇌-컴퓨터 인터페이스 등을 기반으로 한다.

제4차 산업혁명을 맞이하면서 세계경제포럼이 발표한 글로벌경쟁력 보고서(2016~2017)는 138개의 국가경쟁력의 원천을 보여주는 12개 부문(pillars)에 걸친 114개 지표(indicators)를 측정하여 경쟁력의 순위를 지표별, 부문별 그리고 국가별로 제시하고 있다.

저자는 세계경제포럼 보고서의 평가결과를 토대로 현재 혁신주도형 경제로 분류된 한국의 진정한 모습을 글로벌 시각의 프레임에 따라 독자들에게 알기 쉽게 보여주고자 한다. 아울러 우리나라의 경제발전 단계에 비추어 어떤 부문의 경쟁력 지표들이 좀 더 강화되어야 앞으로 여타 선진경제권 국가들과 경쟁할 수 있는지, 또 어떤 부문의 경쟁력 지표들이 심각한 경쟁력 장애요인으로 작용하는지를 살펴보고 있다.

글로벌경쟁력 보고서에서 우리나라의 글로벌경쟁력 지수는 138개국 중 26위로 평가되었는데 2015년 우리나라의 GDP 규모가 세계 15위, 수출규모가 세계 6위인 점에 비하면 사뭇 실망스러운 결과이다. 마치 체구는 크지만 체력은 덩치에 못 미치는 사람에 비유될 수 있다.

1. 지금 한국은 어디에 있는가?

　　　　　　　　한국의 밝은 미래는 어떻게 만들어 가야 하나? 한국인이라면 당연히 관심을 갖고 그 해답을 궁금해 하는 질문이다. 하지만 이 질문의 해답을 얻기 위해서는 먼저 글로벌경제의 변화 트렌드를 정확히 살펴보아야 한다.

　21세기, 우리가 살아가고 있는 이 시점에서 글로벌경제는 어떻게 변화하고 있고 변화의 핵심은 무엇일까? 2008년 글로벌금융위기 이후 글로벌경제는 어떻게 달라지고 있으며 앞으로 또 어떤 변화의 흐름이 몰려올 것인가?

　결코 쉽지 않은 질문들이다. 우선 글로벌경제에 밝은 많은 지식인들의 생각을 살펴보면 대체로 두 가지로 요약할 수 있다.

　두 가지 중 하나는 현재 글로벌경제는 뉴 노멀(New Normal) 상황에 들어가 있다는 생각인데 먼저 이를 간략하게 살펴보자.

　글로벌경제는 지금 전환점에 서 있다. 2007~2008년 글로벌 금융위기 이후 글로벌경제에서는 높아진 실업, 낮아진 생산성 증가율, 가라앉은 경제성장, 저금리, 저인플레 등 이전에는 비정상적이었던 상황들이 지금은 정상으로 봐야 할 만큼 흔하게 나타나고 있다. 과거 글로벌경제에서 자연스러웠던 낮은 실업, 높은 생산성 증가율, 가속적인 경제성장 등이 더 이상 나타나기 어렵고 그 반대현상들이 통상적으로 나타나고 있다는 것이다.[1] 그만큼 금융위기 이후 우리가 살아가는 글로벌경

---

1 뉴 노멀이란 용어는 2007~2008년 글로벌 금융위기에 이어 2008~2012년 글로벌

제의 기초가 약화된 것으로 풀이할 수 있다. 이를 확실한 수량지표로 살펴보면 좀 더 명확하게 이해할 수 있다.

IMF는 2016년의 세계경제 성장률을 3.1%로 예측하고 있는데 이는 2011년의 약 4%에서 크게 낮아진 것이다. 세계교역량의 증가율 감속 추세는 더욱 뚜렷하다. 1980~2011년까지 평균 7% 증가하였던 세계교역량은 2016년에는 2%를 밑돌 것으로 추정된다.[2] 제2차 대전 이후 세계교역량은 GDP보다 1.5배 정도 빠른 속도로 증가하였으나 이제는 GDP보다 느린 0.7배 정도의 속도로 증가하고 있는 것이다. 영국의 유럽연합(EU) 탈퇴(소위 브렉시트), 북미자유무역협정(NAFTA) 탈퇴 등을 주창하는 미국의 트럼프 대통령 당선 등 최근의 상황은 신자유주의(Neo Liberalism)에 기초하였던 세계경제질서가 급변하고 있음을 뚜렷이 보여주고 있다.

글로벌경제의 핵심적 변화에 대한 또 하나의 생각은 제4차 산업혁명 등 거대하고 다양하며 새로운 변화의 흐름이 가까이 다가와 있다는 것이다. 현재 글로벌경제에는 인공지능, 가상현실, 증강현실, 사물인터넷, 로봇공학, 3-D 프린터, 나노 기술, 바이오 기술, 재료과학, 에너지 집적 기술, 소셜 미디어, 클라우드 기반 서비스, 유전자 배열, 게놈 편집, 합성 생물학, 바이오 프린팅, 재생 약학, 뇌-컴퓨터 인터페이스 등으로 대표되는 제4차 산업혁명(The Fourth Industrial Revolution)의 큰 파고가 바짝 다가와 있다. 또한 사람 중심의 경제정책(people-

---

리세션이 이어지면서 크게 변화된 다양한 금융경제 상황의 특징을 설명하기 위해 사용되었으나 점차 다른 분야에서도 종전에는 비정상적인 현상들이 통상적인 현상으로 변화된 것을 지칭하는 의미로도 사용되고 있다.

2 World Trade Organization, "Trade in 2016 to Grow at Slowest Pace Since the Financial Crisis"(September 27, 2016).

centered economic policy),[3] 포용적 경제성장(inclusive economic growth), 지속가능 발전(sustainable development) 등 경제정책 패러다임[4]에도 새로운 변화가 나타나고 있다.

이에 자극 받아 최근 주요 선진국들과 국제기구의 경제발전정책들

---

[3] 사람 중심의 경제정책은 1) 인간의 웰빙(well-being)이 발전의 핵심이고, 2) 경제성장과 경제적 효율성은 수단(means)에 불과하고 경제발전과 사회적 성숙이 최종 목적(ends)이며, 3) 경제성장은 빈곤퇴치의 필요조건일 뿐 충분조건은 아니라는 전제들에 기초하고 있다. UNDP가 발행한 인적개발 보고서 1994(Human Development Report 1994)에는 인적개발지수(Human Development Index)의 창안, 세계사회헌장(A World Social Chapter), 모두를 위한 신용(Credit for All) 등 기념비적 이니셔티브를 주창한 바 있다. 그런데 최근의 글로벌 금융위기 이후 사람 중심의 경제발전과 경제정책에 대한 관심이 다시 높아지고 있다.

[4] 패러다임(paradigm)이란 용어는 원래 유형(pattern), 보기(example), 표본(sample) 등의 의미를 갖는 그리스어 παρδειγμα(paradeigma로 발음)에서 유래하였는데 플라톤의 티마이오스(Timaeus)에서는 신이 우주를 창조할 때 사용한 모형 또는 유형의 의미로 사용되었고 고대 수사학(rhetoric)에서는 논증의 한 형태라는 의미를 갖기도 하였다. 근대에 들어 과학 역사학자 토마스 쿤(Thomas Khun)이 패러다임을 특정 시기에서 지배적으로 수용되고 있는 과학지식의 이론적 분석체계로 정의한 바 있다. 일례로 앨버트 아인슈타인(Albert Einstein)의 특수상대성(special relativity) 이론이 나오기 전 약 200년간 물리학의 패러다임은 뉴톤의 역학(Newtonian mechanics)체계에 기초하고 있었다. 그러나 아인슈타인의 등장으로 뉴톤의 역학체계는 광속보다 느린 속도에서만 타당성이 있는 특수이론으로 바뀌면서 물리학의 패러다임이 전환되었다. 프랑스 사회학자인 마떼 도강(Mattei Dogan)은 다수의 학파들 사이에 논쟁이 지속되는 사회과학에서 자연과학과 같은 의미에서의 패러다임이나 그것의 전환은 없다고 주장한 바 있다. 그러나 1986년 한다(M. L. Handa)는 사회과학에서도 패러다임의 변환이 있다고 주장하였다. 이후 사회과학에서도 패러다임이란 용어가 사용되기 시작하였는데 대체로 특정 시기에 가장 표준적이고 광범위하게 수용되고 있는 가치 또는 사고의 체계란 의미로 사용되고 있다. BusinessDictionary.com에서는 패러다임을 개인이나 사회가 세상에서 사물들이 작용하는 보기, 모형, 또는 유형으로 수용하고 있는 지적 인지 또는 견해라고 정의하고 있다.

은 정치, 사회, 문화 등 다른 목표들과 융합되어 추진되는 정책융합 현상이 뚜렷해지고 있다. 이렇게 보면 최근 글로벌경제에서는 1) 좀 더 안정적이고, 2) 지속성 있고(sustainable), 3) 포용적(inclusive)이며, 4) 인간의 웰빙(well-being)을 체감하게 하는 등 보다 혁신적인 접근법에 기초한 새로운 경제정책 패러다임이 확산되고 있다고 이해하면 될 것이다.

그렇다면 앞으로 우리나라가 국가경쟁력을 높여 나갈 수 있는 출발점은 무엇일까? 분명한 것은 글로벌경제의 새로운 변화 속에서 우리나라가 생존하고 나아가 글로벌경제를 이끄는 선진국으로 도약하는 데 필요한 정책과제들을 식별해 내고, 이들 과제들을 해결할 수 있는 새로운 접근법이 무엇인지를 명확히 규정하고 이에 대한 인식을 공유함으로써 국민적 역량을 결집시키는 것이라고 하겠다.

2. 지금 한국은 어떤 모습인가?

저자는 세계경제포럼(WEF: World Economic Forum)[5]이 매년 발표하고 있는 글로벌경쟁력 보고서(Global Compe-

---

5 세계경제포럼은 글로벌경제 상황의 개선을 위해 필요한 공공 및 민간부문의 상호협력을 모색하기 위한 국제기구로서 1971년 Klaus Schwab 스위스 제네바대학교수의 주도로 출범한 이후 글로벌 리더들의 모임인 다보스회의 등 공개포럼, 글로벌경쟁력 보고서 등 다수의 연구보고서 시리즈 등으로 유명하다. 2015년 스위스 연방정부와 제네바 소재 본부설치 협정에 서명하고 신탁위원회(Board of Trustees)를 구

titiveness Report)를 중심으로 이 주제를 다루면서 이 보고서의 평가결과가 우리나라에 주는 시사점들을 찾아보고자 한다. 세계경제포럼의 글로벌경쟁력 보고서는 130여 개 참가국 정부, 국제기구, 공공기관, 기업 및 언론기관들이 각국 경쟁력의 총체적인 평가결과를 파악하기 위해 가장 중요시하고 있는 보고서이다.

세계경제포럼이 최근 발표한 글로벌경쟁력 보고서 2016~2017(Global Competitiveness Report 2016~2017)은 138개 국가경쟁력의 원천을 보여주는 12개 부문(pillars)에 걸친 114개 지표(indicators)를 측정하여 경쟁력의 순위를 지표별, 부문별 그리고 국가별로 평가하여 경쟁력 순위를 매기고 있다.

저자는 1990년대 초부터 세계경제포럼의 활동에 관심을 두고 이 포럼의 보고서나 공개토론 내용을 배우고 연구하면서 그 높은 가치를 익히 알게 되었다. 이런 연유로 저자는 한국은행에 근무하던 시절인 1991년 12월 한국은행이 발간하는 조사통계월보에 "주요국의 국제경쟁력 비교분석"이란 논문을 발표하기도 했는데 이런 것들이 지금 이 책자를 저술하게 된 밑바탕이 되었다.

그러면 이제부터 세계경제포럼의 보고서 내용을 중심으로 우리나라와 주요 선진경제권 국가들의 경쟁력 평가결과를 살펴보기로 한다.

성함으로써 공공 및 민간협력을 위한 국제기구로 공식 인정을 받았다. 현재 25명의 신탁위원에는 Al Gore 전 미국 부통령, Rania Al Abdullah 요르단 국왕, Mark Carney 영국 중앙은행 총재, Christine Lagarde IMF 총재, Jim Yong Kim 세계은행 총재, Klaus Schwab WEF 포럼 회장, Heizo Takenaka 게이오대학 명예교수, Jack Ma 알리바바그룹 회장 등 글로벌경제 및 글로벌기업 리더들이 포함되어 있다.

이 보고서에서 평가하고 있는 글로벌경쟁력 지수(Global Competitiveness Index)의 체계는 〈그림 1-1〉에 나타난 바와 같다. 먼저 글로벌경쟁력 지수는 i) 기초적 필요(Basic Requirements), 효율성 제고(Efficiency Enhancers), 혁신 및 세련화(Innovation and Sophistication Factors) 등 경제발전 단계별로 중요도가 높아지는 3개의 하부 지수(Subindex I, II, III)를 설정하고, ii) 이들 3개 하부 지수들이 12개 부문(Pillars 1-12)에 걸쳐 114개의 세부 경쟁력 지표들을 포괄하도록 하고 있다. 그리고 하부 지수 I에는 부문(Pillar) 1에서 부문 4까지, 하부 지수 II에는 부문 5에서 부문 10까지, 하부 지수 III에는 부문 11 및 부문 12가 포함되어 있다.

이러한 분류방식은 요소주도형 경제(Factor-driven Economies), 효율성주도형 경제(Efficiency-driven Economies), 혁신주도형 경제(Innovation-driven Economies) 등 상이한 경제발전 단계에서 필수적인 핵심 경쟁력 지표들을 구분하여 포착하기 위한 것이다.[6]

즉, 특정국의 글로벌경쟁력 지수 → 3개 하부 지수 → 12개 부문 경쟁력 지수 → 114개 경쟁력 지표의 순으로 세분화된 경쟁력 측정결과를 기초로 글로벌경쟁력의 국별 순위를 매기는 체계를 갖고 있다.

따라서 경제발전 단계에 따라 특정국의 글로벌경쟁력은 상이한 모습을 보이게 된다. 발전 단계가 높은 혁신주도형 경제들은 발전 단계가

---

6 요소주도형 경제는 노동, 자본 등 생산요소의 투입을 늘림으로써 성장이 이루어지는 개발 초기의 경제를 의미하는데 경제학에서는 이를 외생적 성장(exogeneous growth)이라고 한다. 또한 경제성장은 투입되는 생산요소의 생산성을 높이거나 신기술 및 혁신기술을 적용함으로써 이루어지기도 하는데 세계경제포럼(WEF)의 보고서는 전자를 효율성주도형 경제, 후자를 혁신주도형 경제로 각각 칭하고 있다. 경제학에서는 이를 모두 내생적 성장(endogeneous growth)이라고 한다.

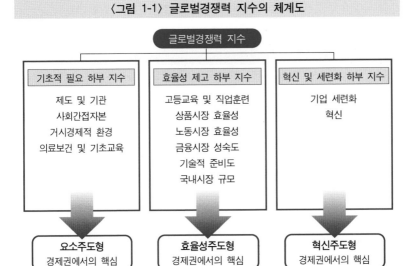

〈그림 1-1〉 글로벌경쟁력 지수의 체계도

글로벌경쟁력 지수

기초적 필요 하부 지수	효율성 제고 하부 지수	혁신 및 세련화 하부 지수
제도 및 기관 사회간접자본 거시경제적 환경 의료보건 및 기초교육	고등교육 및 직업훈련 상품시장 효율성 노동시장 효율성 금융시장 성숙도 기술적 준비도 국내시장 규모	기업 세련화 혁신

요소주도형 경제권에서의 핵심	효율성주도형 경제권에서의 핵심	혁신주도형 경제권에서의 핵심

자료: WEF, *Global Competitiveness Report 2016-2017*(Switzerland, 2016)

낮은 요소주도형 경제 및 효율성주도형 경제의 발전 단계를 이미 거친 국가들이다. 따라서 이들 국가들은 부문 1부터 부문 10까지 포함된 경쟁력 지표들이 대부분 높은 경쟁력을 보여주는 것은 물론이고 부문 11과 부문 12의 혁신주도형 경제에 중요한 경쟁력 지표들에서도 양호한 경쟁력을 보여준다.

반면 발전 단계가 낮은 요소주도형 경제에서는 부문 1에서 부문 4까지의 기초적 경쟁력 지표들이 양호할 뿐 더 높은 단계인 부문 5부터 부문 12까지 포함된 경쟁력 지표들은 취약하게 나타날 수밖에 없다. 발전 단계가 중간인 효율성주도형 경제에서는 부문 1부터 부문 10까지 포함된 경쟁력 지표들은 양호하지만 더 높은 단계인 부문 11과 부문 12에 포함된 경쟁력 지표들은 취약한 것이 일반적이다.

이처럼 발전 단계별로 중요도가 달라지는 경쟁력 지표의 특성을

	단계 1	단계 1, 2의 중간	단계 2	단계 2, 3의 중간	단계 3
	요소주도형		효율성주도형		혁신주도형
1인당 GDP(미 달러)	〈 2,000	2,000~2,999	3,000~8,999	9,000~17,000	〉 17,000
기초적 필요 가중치	60%	40~60%	40%	20~40%	20%
효율제고 가중치	35%	35~50%	50%	50%	50%
혁신 및 세련화 가중치	5%	5~10%	10%	10~30%	30%

자료: WEF, *Global Competitiveness Report 2016-2017* (Switzerland, 2016)

반영할 수 있도록 한 국가의 글로벌경쟁력 지수를 산출하는 데 있어서는 각 부문별 경쟁력 지수의 가중치가 해당 국가의 경제발전 단계에 따라 달라진다. 〈표 1-1〉에 나타난 것처럼 요소주도형 경제에서는 기초적 필요의 비중(60%)이 크고 효율성 제고의 비중(35%)이나 혁신 및 세련화의 비중(5%)은 작으며, 혁신주도형 경제에서는 기초적 필요의 비중(20%)이 작고 효율성 제고의 비중(50%)이나 혁신 및 세련화의 비중(30%)이 크다. 이런 원칙에 따라 이 보고서는 평가대상국을 요소주도형, 요소주도형과 효율성주도형의 중간단계, 효율성주도형 경제, 효율성주도형과 혁신주도형의 중간단계, 혁신주도형 경제의 5개 그룹으로 나누고 각 그룹별로 부문별 경쟁력 지수의 가중치를 달리 하고 있다. 이 보고서에서 우리나라는 혁신주도형 경제(총 37개국)로 분류된다.

여기에서 먼저 12개 부문별 경쟁력의 측정내용을 살펴보기로 한다.
부문 1에서 부문 4까지는 발전 단계가 낮은 요소주도형 경제에서 갖춰야 할 기초적 필요를 보여주는 것으로서 제도 및 기관(institutions), 사회간접자본(infrastructure), 거시경제 환경(macroeconomic environ-

ment), 의료보건 및 기초교육(health and primary education)에 관련된 경쟁력 지표들을 포괄한다.

부문 5에서 부문 10까지는 발전 단계가 중간인 효율성주도형 경제에서 강화되어야 할 고등교육 및 직업훈련(higher education and training), 상품시장 효율성(goods market efficiency), 노동시장 효율성(labor market efficiency), 금융시장 성숙도(financial market development), 기술적 준비도(technological readiness), 국내시장 규모(market size)에 관련된 경쟁력 지표들로 구성된다.

한편 발전 단계가 높은 혁신주도형 경제에서는 부문 11과 부문 12에 포괄되는 경쟁력 지표들이 성숙되어야 하는데 이는 기업 세련화(business sophistication), 혁신(innovation) 등을 뒷받침하는 경쟁력 지표들을 포괄한다.

여기에서 12개 부문을 구성하는 114개의 경쟁력 지표들을 일일이 설명할 필요는 없어 보인다. 이 책의 의도는 세계경제포럼 보고서의 평가결과를 토대로 현재 혁신주도형 경제로 분류된 한국의 진정한 모습은 무엇인지 글로벌 시각의 프레임에 따라 독자들에게 알기 쉽게 보여주려는 것이다. 아울러 우리나라의 경제발전 단계에 비추어 어떤 부문의 경쟁력 지표들이 좀 더 강화되어야 앞으로 여타 선진경제권 국가들과 경쟁할 수 있는지, 또 어떤 부문의 경쟁력 지표들이 심각한 경쟁력 장애요인으로 작용하는지를 살펴보려는 데 있다.

따라서 앞으로 이 문제와 관련된 부분에서 우리나라의 해당부문 경쟁력 지표들의 평가결과를 초래한 원인과 배경을 살펴보고 미래경쟁력을 강화하는 데 중요한 시사점들을 찾아보도록 하겠다. 다만 여기에서는 현재 우리나라의 글로벌경쟁력 지수와 12개 부문별 경쟁력 지수

〈표 1-2〉 글로벌경쟁력 지수 2016~2017 순위

국가	2016~2017 순위	점수	2015~2016 순위
스위스	1	5.81	1
싱가포르	2	5.72	2
미국	3	5.70	3
네덜란드	4	5.57	5
독일	5	5.57	4
스웨덴	6	5.53	9
영국	7	5.49	10
일본	8	5.48	6
홍콩	9	5.48	7
핀란드	10	5.44	8
노르웨이	11	5.44	11
덴마크	12	5.35	12
뉴질랜드	13	5.31	16
대만	14	5.28	15
캐나다	15	5.27	13
UAE	16	5.26	17
벨기에	17	5.25	19
카타르	18	5.23	14
오스트리아	19	5.22	23
룩셈부르크	20	5.20	20
프랑스	21	5.20	22
호주	22	5.19	21
아일랜드	23	5.18	24
이스라엘	24	5.18	27
말레이시아	25	5.16	18
한국	26	5.03	26
아이슬란드	27	4.96	29
중국	28	4.95	28
사우디아라비아	29	4.84	25
에스토니아	30	4.78	30

자료: WEF, *Global Competitiveness Report 2016-2017*(Switzerland, 2016)

가 어떻게 평가되고 있는지를 먼저 설명하고자 한다.

글로벌경쟁력 보고서에서 우리나라의 글로벌경쟁력 지수는 138개
국 중 26위로 평가되었는데 2015년 우리나라의 GDP 규모가 세계 15
위, 수출규모가 세계 6위인 점에 비하면 사뭇 실망스러운 결과이다.
마치 체구는 크지만 체력은 덩치에 못 미치는 사람에 비유할 수 있다.
〈표 1-2〉에서 보는 바와 같이 글로벌경쟁력 지수 순위 1위부터
20위까지 살펴보면 의미 있는 결과가 나온다. 경제규모가 큰 강대국은
미국(3위), 독일(5위), 영국(7위), 일본(8위) 등 겨우 4개국이 10위권에
포함되어 있는 반면 경제규모는 작지만 경쟁력 지수 순위가 높은 강소
국들이 16개국이나 포함되어 있다. 특히 이들 16개국에는 스위스(1위),
싱가포르(2위), 네덜란드(4위), 스웨덴(6위), 홍콩(9위), 핀란드(10위) 등
이 10위권에 들어 있으며, 노르웨이(11위), 덴마크(12위), 뉴질랜드(13
위), 대만(14위), 캐나다(15위), UAE(16위), 벨기에(17위), 카타르(18위),
오스트리아(19위), 룩셈부르크(20위) 등이 11위에서 20위를 모두 차지
하고 있다.

그런데 우리나라는 여기에서 무엇을 배우고 고쳐야 할까?
글로벌경쟁력 보고서의 분석결과에 비추어 보면 현실적으로 경제
규모보다는 경쟁력 강화가 중요한 국가정책 목표가 되어야 함을 깨닫
게 된다. 이 보고서에서 경쟁력이 강한 국가들은 대부분 강소국들로서
경쟁력순위 상위 20위까지 무려 16개국이 포함되어 있기 때문이다.
2016년 IMF 자료를 기준으로 계산된 이들 16개 강소국들의 1인당
GDP와 그 순위를 보면 스위스(80,675달러, 2위), 싱가포르(52,755달러,
9위), 네덜란드(44,333달러, 13위), 스웨덴(51,136달러, 10위), 홍콩(42,097

달러, 17위), 핀란드(42,159달러, 17위), 노르웨이(69,712달러, 4위), 덴마크(53,104달러, 8위), 뉴질랜드(36,963달러, 21위), 대만(22,083달러, 32위), 캐나다(43,935달러, 15위), UAE(35,392달러, 23위), 벨기에(40,456달러, 19위), 카타르(76,220달러, 3위), 오스트리아(43,547달러, 16위), 룩셈부르크(104,359달러, 1위) 등과 같다. 따라서 고소득 선진경제권으로 도약하기 위해서는 무엇보다 강한 경쟁력이란 수단을 먼저 확보하는 것이 첩경임을 알 수 있다.

이렇게 보면 앞으로 우리나라는 단순히 경제규모나 고성장과 같은 최종결과를 목표로 하기보다는 그 수단인 강한 경쟁력을 추구하는 데 정책역량을 집중해야 할 것이다. 등산에 비유하면 경제규모나 고성장은 단지 최종목표(예를 들면 산의 정상)일 뿐이고 이에 도달하기 위한 수단은 안전한 등반로의 선택과 강한 체력, 즉 목표 달성의 최선 수단인 강한 경쟁력인 것이다. 수단을 잘 선택하면 목표는 쉽게 달성되지만 잘못 선택하면 목표 자체가 무의미해지는 것이다.

우리나라가 과거 요소주도형의 낮은 경제발전 단계에 있던 시절처럼 성장지상주의에 매몰되어 경제규모나 고성장에만 치중하고 그 성취 수단인 강한 경쟁력의 중요성을 소홀히 할 경우 결국 고성장 및 고소득을 달성하기 어렵게 될 뿐이다. 마치 최종 목적지만을 정하고 있을 뿐 그곳에 이르는 데 유리하고 안전한 길(경제정책의 전략)을 정확히 모르고 있고 모두가 낙오되지 않고 올라갈 수 있는 강인한 체력(글로벌 국가경쟁력)도 갖지 못한 것과 다름없다고 하겠다.

요소주도형 경제처럼 낮은 경제발전 단계에서는 혁신 및 세련화, 효율성 등과 같은 한 차원 높은 경쟁력을 갖추기 어렵기 때문에 경제규모나 고성장에 정책목표를 직접 겨누어도 성공할 수 있었다. 국내임금이 낮고 국제금리도 낮았던 당시의 글로벌경제 환경에서는 단순히 국내의 값싼 노동력과 저금리의 외국자본을 더 많이 투입하여 생산한 노동집약적 상품을 선진국에 수출함으로써 고성장 목표를 비교적 쉽게 달성할 수 있었다.

우리나라는 이런 경제정책 패러다임을 값싸고 근면한 양질의 노동력에 적용함으로써 과거 1960년대에서 1980년대까지 이른바 한강의 기적을 일궈낼 수 있었다. 이 시기는 제2차 산업혁명, 즉 전기동력을 이용한 대량생산 방식이 확립된 시기였다. 이 덕분에 우리나라는 값싸고 질 좋은 국내노동력, 해외원조 및 저리의 외국자본 도입, 자유무역주의에 기반한 국제경제 질서 등 세 가지 혜택을 모두 누릴 수 있어 수출진흥정책을 통한 고성장 추구가 용이하였다. 과거 세계경제는 1940년대 말부터 1970년대 초까지 자본주의의 황금 시대(Golden Age of Capitalism)[7]로 불리었고 1970년대 초부터 1990년대 말까지는 세계화의 시대(Age of Globalization)로 불렸다. 그만큼 우리나라의 수출주도형 경제성장정책이 주효할 수 있는 외부의 여건이 갖추어져 있었다.

그런데 우리나라가 개발 초기부터 이미 값싸면서도 질 좋은 노동력을 갖출 수 있었던 이유는 무엇일까? 이는 근면과 교육을 중시하는 유교문화권의 전통이 유지된 데다 1949년 단행되었던 농지개혁으로 대다수 농민들이 소작인에서 자영농으로 신분향상을 이루었고 1948년 제헌헌법 제정으로 역사상 처음으로 보편적인 기초교육 혜택을 받을 수 있었던 데 기인한 것으로 생각된다. 즉 대다수 농민들이 지켜야 할 자본(농지)을 역사상 처음으로 소유할 수 있게 되고 자녀들에 대한

---

7 Stephen A. Margin and Juliet B. Schor, eds., *The Golden Age of Capitalism: Reinterpreting the Postwar Experience* (Oxford: Clarendon Press, 1990).

보편적인 기초교육 혜택이 보장됨에 따라 교육을 통한 자녀들의 인적 개발을 위해 기꺼이 근면, 인내, 자기희생을 감수할 사회적 여건이 조성된 것이다.

그러나 1990년대 이후 제3차 산업혁명, 즉 컴퓨터 제어 방식의 자동화 및 인터넷기반 정보통신혁명이 일어나면서 효율주도형 경제에 필요한 부문의 경쟁력 지표가 중요하게 되었다. 돌이켜보면 우리나라의 경제정책 패러다임은 이 시기부터 바뀌어야 했었다. 그러나 그렇지 못하였고 기업 및 금융기관 부실이 심화되면서 결국 1997년 말에는 국가부도의 백척간두 상황에서 외환위기를 맞게 되었다. 다행히도 IMF 등과의 경제구조개혁 프로그램이 조속히 합의되어 IMF 등의 과감한 자금지원이 이루어지고 충격 속에서도 위기 극복을 위한 우리 국민들의 강한 응집력이 빛을 발하면서 기업, 금융기관, 공공기관 및 노동시장의 구조조정 드라이브가 이루어졌다. 이에 따라 우리나라는 1년 반 만에 IMF 자금을 조기에 상환하고 경제운용의 주권을 회복할 수 있었다.

하지만 수출 드라이브를 통한 고성장에 초점을 맞춘 경제정책의 기본 틀이 크게 바뀌지는 않았다. 외환위기 당시 금융, 기업, 공공, 노동 등 4대 부문 구조조정정책이 추진되었지만 그 성과는 기대에 미치지 못하였다. 대기업의 부채비율 감축, 부실기업 퇴출 및 인수·합병, 부실 금융기관 통폐합 및 국유화, 금융기관 부실채권에 대한 공적자금 투입 등 재무적 성격의 조치들과 비용 절감을 위한 감원 조치 등에 정책 노력이 집중되었다. 반면 고도의 투명성, 책임성, 건전한 기업지배구조 및 공정경쟁제도의 정착 등 글로벌 최적관행의 도입 노력과 성과는 제한적인 수준에 머물렀다.

2016년 세계경제포럼의 다보스회의에서는 제4차 산업혁명이 화두에 올랐다. 다보스회의는 글로벌 정치인, 기업인, 경제학자 등 전문가 2천여 명이 모여 세계가 당면한 과제의 해법을 논의하는 자리이다. 세계경제포럼은 제4차 산업혁명을 "제3차 산업혁명을 기반으로 한 물리적 영역, 디지털 영역, 바이오 영역 간의 경계를 흐리게 하는 기술융합(a fusion of technologies that is blurring the lines between the physical, digital, and biological spheres)"이라고 정의한 바 있다.[8] 현재 우리는 제4차 산업혁명의 진행시점에 있고 이에 대응하기 위해서는 경쟁력 강화에 중점을 두어 경제정책의 기본 틀을 다시 짜야 한다.

이제부터는 우리나라의 12개 부문별 경쟁력 지수의 평가결과를 살펴보도록 하겠다. 여기에서 우리가 유념해야 할 점은 명확하다. 즉 우리나라의 경제발전 단계에 비해 취약한 경쟁력이 어떤 부문에서, 어떤 경쟁력 지표들에 기인하는지를 찾아내어 그 해결방안을 강구하는 데 경제정책의 역점을 두어야 한다.

먼저 2016~2017년 글로벌경쟁력 보고서는 우리나라의 경쟁력에 대해 몇 가지 중요한 지적을 하고 있는데 이를 요약하면 다음과 같다.

첫째, 건전한 재정을 기반으로 거시경제 환경부문의 경쟁력이 노르웨이, 카타르에 이어 3위로 뚜렷이 개선되고 제도 및 기관부문의 경쟁력도 공공부문의 성과 제고(77위, 7순위 상승), 안전상황 호전(55위, 19순위 상승), 법인기업의 책임성 제고(60위, 15순위 상승) 등으로 제도 및 기관부문의 경쟁력 순위가 63위로 전년(69위)보다 다소 높아졌다. 또한

---

8 Klaus Schwab, "The Fourth Industrial Revolution: What It Means, How to Respond?" World Economic Forum(www.weforum.org).

사회간접자본부문의 경쟁력이 처음으로 상위 10위권에 진입하였다.

둘째, 노동시장 효율성 부문의 경쟁력 순위가 77위로 6순위 올랐지만 여전히 하위권에 머물고 있고, 노동시장 경직성이 119위, 해고 및 고용의 용이성이 113위, 해고수당 비용이 112위, 사회적 계약 관련 대화의 질적 수준이 135위로 최하위 수준에 있다.

셋째, 금융시장 성숙도부문의 경쟁력 순위가 수년 만에 회복(80위, 7순위 상승)되었는데 1개 경쟁력 지표를 제외한 모든 지표들이 개선되었다. 신용에의 낮은 접근성, 은행제도에 대한 낮은 신뢰 등이 우려할 수준이나 금융부문 개혁 노력이 결실을 맺기 시작하고 있다.

혁신부문의 경쟁력이 1순위 후퇴했지만 여전히 양호한 20위 수준이다.

그런데 우리나라의 12개 부문별 경쟁력을 선진경제권의 평균수준과 비교해 보면 앞으로 어떤 부문에서 우리나라의 미래 경쟁력을 강화해 나가야 할지 명확하게 알 수 있다.

〈그림 1-2〉에 표시된 대로 우리나라는 동아시아 태평양 국가들의 평균수준에 비해 거시경제 환경(3위), 국내시장 규모(13위), 사회간접자본(10위), 국내시장 규모(13위) 등 4개 부문에서 경쟁력이 월등하게 우월하다. 반면 제도 및 기관(63위), 금융시장 성숙도(80위), 노동시장 효율성(77위) 등 3개 부문에서는 경쟁력이 치명적으로 열등한 실정이다. 나머지 5개 부문(20~29위)에서는 동아시아 태평양 국가들의 평균보다 높은 수준이지만 혁신주도형 경제권(37개국)의 평균수준에 미치지 못하는 경쟁력을 보여주고 있다.

세계경제포럼의 보고서(2016~2017)는 전년 보고서(2015~2016)와는 달리 우리나라의 부문별 경쟁력을 동아시아 태평양 국가 평균과 비교한 그림만을 수록하였는데, 저자는 이 책의 저술 목적에 맞도록 혁신주도형 경제권 평균과 비교한 전년도 보고서상의 그림도 〈그림 1-3〉과 같이 소개하고자 한다. 이 책의 관심은 혁신주도형 경제권에 벤치마킹하여 우리나라의 미래경쟁력 강화를 모색하는 데 있기 때문이다.

〈그림 1-2〉 및 〈그림 1-3〉에서 볼 수 있듯이 우리나라는 제도 및 기관, 금융시장 성숙도, 노동시장 효율성 등 3대 부문에서 크게 낙후된 경쟁력을 획기적으로 강화할 필요가 있다. 이들 3대 부문의 경쟁력 강화가 중장기 국가정책의 핵심과제가 되어야 한다. 현재 이들 3대 부문의 경쟁력은 신흥시장국이나 개도국에 비교해 보더라도 열등할 정도이다. 이들 부문은 과감하고 신속한 개혁조치가 없을 경우 우리나라의 미래경쟁력을 치명적으로 손상시키게 될 것이다.

그렇지만 혁신주도형 경제권에서 갖춰야 할 기업 세련화 및 혁신부

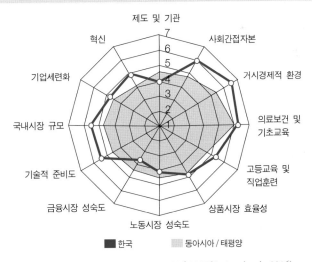

〈그림 1-2〉 우리나라의 부문별 경쟁력(동아시아 태평양 국가 대비)

자료: WEF, *Global Competitiveness Report 2016-2017*(Switzerland, 2016)

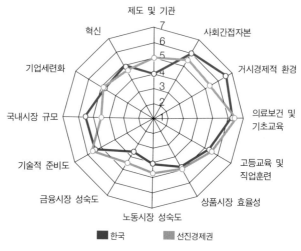

〈그림 1-3〉 우리나라의 부문별 경쟁력(혁신주도형 경제권 대비)

자료: WEF, *Global Competitiveness Report 2015-2016* (Switzerland, 2015)

문에서 우리나라가 높은 경쟁력을 유지하고 있는 것은 다행스럽다고 하겠다. 사회간접자본과 국내시장 규모 등 2개 부문에서 현재 우리나라가 우월한 경쟁력을 갖춘 것은 과거 성장지상주의정책의 긍정적 산물이다. 그러나 이들이 미래경쟁력을 주도할 만큼 결정적인 부문은 아니어서 제한적 역할에 그칠 것으로 생각된다. 다만 건전한 국가재정, 안정적인 통화정책 등 거시경제 환경부문에서의 양호한 경쟁력은 긍정적 역할을 할 수 있을 것이다. 앞으로 우리나라가 혁신주도형 경제권에서 거시경제 안정을 유지하는 데 필요할 경우 활용할 수 있는 정책의 여유(policy space)를 제공할 수 있기 때문이다.

한편 글로벌경쟁력 보고서는 원활한 기업경영에 장애가 되는 16개 요소에 관한 설문조사(전문가집단 대상) 결과를 보여주는데 우리나라의

장애요소	장애점수
정책의 불안정성	19.2
비효율적인 관료주의	15.7
제약적인 노동 규정	13.0
낮은 금융서비스에의 접근성	11.4
불충분한 혁신 역량	9.8
복잡한 조세규정	7.3
노동자의 열악한 근로윤리	5.4
높은 세율	5.2
부적절한 사회간접자본 공급	4.2
부패	2.4
부적절한 근로자 교육 수준	2.2
인플레	1.5
외국통화 규제	1.5
정치불안/쿠데타	0.9
열악한 국민건강	0.2
범죄 및 절도	0.1

자료: WEF, *Global Competitiveness Report 2016-2017* (Switzerland, 2016)

경우 그 결과는 〈표 1-3〉과 같다. 이 설문조사는 응답자들이 가장 문제로 보는 5개 요소를 선택하여 그 순위(가장 심각하게 보는 요소를 1순위로 하여 1~5순위 요소를 보고하는 방식)를 매기면 순위별 가중치를 적용하여 16개 요소의 합산점수를 계산한 결과를 보여준다. 16개 요소별 점수를 합산하면 100점이 되며 점수가 높을수록 문제가 심각한 것이 된다.

우리나라의 경우 16개 경쟁력 지표별 문제의 심각성 정도와 순위를 보면, 정책의 불안정성(policy instability)이 1위(19.2), 비효율적인 관료주의(inefficient government bureaucracy)가 2위(15.7), 제약적인 노동

규정(restrictive labor regulations)이 3위(13.0), 금융서비스에의 낮은 접근성(access to financing)이 4위(11.4), 불충분한 혁신역량(insufficient capacity to innovate)이 5위(9.8), 복잡한 조세규정(complexity of tax regulations)이 6위(7.3), 높은 세율(tax rates)이 7위(7.3)로 16개 경쟁력 지표 평균(6.25)보다 높게 나타나고 있다.

현재 우리나라는 외국인 직접투자 유치 등을 위해 경제자유구역(Free Economic Zone)이나 국제금융센터(International Financial Center) 등 비즈니스 허브 조성을 추진하고 있는데 저자가 보기에 앞으로 이런 노력들이 알찬 결실을 맺기 위해서는 이들 7개 비즈니스 장애요인들을 획기적으로 개선하기 위한 정책이 함께 추진되어야 할 것이다.[9]

그러면 이제부터 우리나라 경쟁력의 3대 취약부문이 구체적으로 어떤 요인들에 기인하는지 논의해 보고자 한다. 〈부록 1-1〉은 총 114개의 경쟁력 지표(1~7점)별로 우리나라의 평가점수와 138개국에서 차지하는 순위를 보여주고 있다.

먼저 〈부록 1-1〉에서 우리나라의 3대 취약부문 중 하나인 제도 및 기관(institutions)부문을 21개 세부 경쟁력 지표별(1.1~1.21)로 살펴보자. 우리나라는 이들 21개 경쟁력 지표 중 단지 1개인 투자자 보호의 강도(strength of investor protection)에서만 양호한 순위(8위)를 받았을 뿐이다. 나머지 경쟁력 지표들 중에는 재산권(property rights), 지적재산권 보호(intellectual property protection), 경찰서비스의 신뢰성(reliability of police services) 등 3개 경쟁력 지표가 40위권에 있고, 분쟁해결 관련 법제도의 효율성(efficiency of legal framework in settling dis-

---

9 이에 관한 저자의 구체적인 정책 제안들은 관련 정책 부분에서 후술하기로 한다.

putes), 비공식 지불부담 및 뇌물(irregular payments and bribes), 범죄 및 폭력 관련 기업 피해비용(business costs of crime and violence), 규제에 대한 이의제기 관련 법제도의 효율성(efficiency of legal framework in challenging regulations) 등 4개 경쟁력 지표가 50위권에 있다.

또한 공공자금의 전용(diversion of public funds), 조직범죄(organized crime), 감사 및 회계보고 기준의 강도(strength of auditing and reporting standards) 등 3개 경쟁력 지표는 60위권으로 총 21개 경쟁력 지표 가운데 11개 지표가 상위 50% 이내에 들어 있다.

나머지 10개 경쟁력 지표들은 평균 이하 순위로 경쟁력이 대체로 70위권에서 110위권에 들어 있다. 이 중 정부지출의 낭비성(wastefulness of government spending), 사법권의 독립성(judicial independence) 등 2개 경쟁력 지표가 70위권, 정부관료 행정의사결정 시의 특혜성 (favoritism in decisions of government officials), 테러리즘 관련 기업피해 비용(business costs of terrorism) 등 2개 경쟁력 지표가 80위권, 정치인에 대한 국민 신뢰(public trust in politicians), 기업행태의 윤리성 (ethical behavior of firms), 소액주주 이익의 보호(protection of minority shareholders' interests) 등 3개 경쟁력 지표가 90위권에 있다.

특히 기업 이사회의 효능(efficacy of corporate boards), 정부정책 입안의 투명성(transparency of government policymaking), 정부 규제의 부담(burden of government regulation) 등 3개 경쟁력 지표는 100~110 위권으로 최하수준에 근접해 있다.

많은 독자들에게 이는 상당히 놀라운 평가결과로 보일 수도 있겠다. 그렇지만 우리의 건강검진결과가 우리의 단순한 기대와 꼭 같지는 않듯이 국가경쟁력의 평가결과도 마찬가지다. 개방도가 높은 우리나라는 세계시장에의 노출도가 매우 높다. 따라서 중요한 것은 글로벌 기준에서 본 평가결과를 좀 더 진술하게 이해하고 우리의 미래경쟁력 제고를 위한 최선의 처방책을 찾아내어 이를 성실하게 실천하는 것이다.

일단 이에 대한 저자의 생각을 다음과 같이 정리해 본다.

첫째, 이미 언급한 바와 같이 제도 및 기관부문의 경쟁력은 경제발전 초기 단계인 요소주도형 경제에서 갖춰야 할 기초적 필요요소일 뿐이다. 그럼에도 불구하고 이미 혁신주도형 경제에 진입해 있는 우리나라의 경쟁력이 이 부분에서 중하위권이나 최하위권에 머물러 있는 것은 실로 심각한 문제이다. 마치 단거리 경주도 버거운 체력으로 중장거리 경주에 출전해 있는 상황에 비유할 수 있다. 그만큼 이 부문의 경쟁력 강화는 시급한 국가정책 과제인 것이다.

둘째, 이 부문에서 경쟁력이 최하위 수준으로 평가된 기업 이사회의 효용성, 정부정책 입안의 투명성, 정부 규제의 부담 등 3개 경쟁력 지표는 획기적인 개혁조치가 강구되어야 할 것으로 생각된다.

먼저 왜 글로벌 전문가들이 우리나라 기업 이사회의 효능을 세계 최하위 수준으로 평가하는지 그 원인을 진지하게 살펴보아야 한다. 우리나라의 경우 상장기업이든 비상장기업이든, 또는 상임이든 비상임이든 가릴 것 없이 이사 개개인의 독립성 수준이 아직 낮다. 특히 비상임이사의 경우 전문성이 낮은 기업대표 주변 인사들로 채워져 이사회 심의안건에 대한 거수기 역할에 그치는 경우도 허다하다. 선진국의 경우 비상임이사는 대부분 동종 업계에서 장기간의 실무업력을 쌓은 실무전문가들로 채워져 있는 데 반해, 우리나라는 전문성이 낮은 관변 학자나 퇴직 관료 및 정치인들이 대부분을 점하고 있다.

따라서 많은 기업에서 그룹총수나 대표이사의 독단적 의사결정이나 위법행위 및 부실경영을 독립적으로 견제하고 감시할 수 있는 건전한 지배구조가 아직 확립되지 못하고 있다. 또한 우리나라의 경우 상명하달식(top-down approach) 조직문화로 인해 하향식 의사결정 관행이 만연되어 있는 것이 현실이다. 저자의 견해로는 이처럼 취약한 지배구조와 전근대적 기업문화 및 관행이 글로벌경쟁력 보고서의 평가결과에 반영된 것으로 이해된다.10

또한 정부정책 입안의 투명성이 최하위 수준으로 평가된 배경이 과연 무엇인지도 고민해 볼 필요가 있다. 저자의 견해로는 우리나라의 경우 1960년대 이후 정부 주도의 경제개발정책이 장기간 시행되면서 정부정책의 입안 및 의사결정체계가 폐쇄적으로 운영되어 온 게 사실이다. 1987년 6월 항쟁을 계기로 이루어진 정치민주화의 진전에도 불구하고 경제민주화에서는 가시적인 진전이 이루어지지 않았다.

물론 경제구조가 복잡다기화되면서 학계인사나 정부산하 연구기관 인사들의 자문, 심의, 정책건의 등이 늘어나기는 했다. 하지만 많은 경우 정책결정에의 실질적 참여보다는 정부 주문에 따른 연구용역의 제공 수준에 가까웠고 정책의 라이프 사이클(정책이슈 발굴, 정책적 쟁점의 공개토론, 정책결정, 정책실시, 수행성과 점검 및 평가 등)과정에서의 이해관계자 참여 및 투명한 공개 관행은 아직 정립되지 못한 실정이다.

한편 대기업 집단 및 수출기업 지원에 중점을 둔 경제정책이 장기간 지속되면서 정부인사 및 유력 정치인을 대상으로 한 대기업 집단의 불투명한 로비활동이 지속되는 등 정경유착의 관행이 근절되지 않는 것도 경제정책 입안의 투명성이 극히 낮게 평가된 다른 요인으로 생각

---

10 이 문제의 보다 구체적인 해결방안에 관해서는 후술하기로 한다.

된다.

정부 규제의 부담이 크게 높은 것도 시급한 개혁과제인데, 그간 규제혁파가 여러 차례 추진되었지만 글로벌 기준에서 보면 아직도 1) 불필요한 규제, 2) 과도한 규제, 3) 행정 편의적 규제 등이 많이 남아 있다. 따라서 민간부문 이해관계자 집단의 참여 하에 규제의 존폐 여부를 원점에서 재검토해야 한다. 필요한 부문에서는 네거티브 리스트 방식(Negative List System)의 규제체계(원칙적으로 자유화하되 규제가 필요한 부분만을 법규에 나열하여 필요 최소한의 범위 내에서 규제하는 방식)로 과감하게 이행할 필요도 있다.

이와 함께 제도 및 기관부문 경쟁력이 크게 낮은 다른 경쟁력 지표들(예를 들어 정부관료 행정의사결정의 특혜성, 정치인에 대한 국민 신뢰 등에서 경쟁력이 취약하게 나타난 것)도 이미 위에서 살펴본 대로 정부정책 입안의 투명성이 낮게 평가된 배경 요인들과 크게 다르지 않다.

기업행태의 윤리성, 소액주주 이익 보호 등에서의 경쟁력이 중하위권에 머문 것도 역시 전반적으로 취약한 기업지배구조 및 퇴행적인 기업 조직문화에 기인한 것으로 생각한다.

이어서 금융시장의 성숙도부문에서의 우리나라 경쟁력 상황을 살펴보기로 한다(〈부록 1-1〉 참조). 이 부문은 총 8개의 세부 경쟁력 지표로 구성되어 있는데 국내주식시장을 통한 자금조달(financing through local equity market), 금융서비스 이용 비용(affordability of financial services) 등 2개 경쟁력 지표의 경쟁력만이 40위권에 있을 뿐 나머지 경쟁력 지표들은 모두 중하위권 내지 최하위권으로 뒤처져 있다.

구체적으로는 법적 권리보호지수(legal rights index)[11]가 60위권, 증권거래 관련 규제(regulation of securities exchanges), 모험자본의 가

용성(venture capital availability) 등 2개 경쟁력 지표가 70위권, 금융서비스의 기업필요 충족도(financial services meeting business needs)가 80위권, 은행의 건전성(soundness of banks)과 대출에의 접근 용이성(ease of access to loans) 등 2개 경쟁력 지표는 102위 및 92위로 최하위권에 근접해 있다.

우리나라의 경우 실물경제의 발전에 비해 금융산업의 경쟁력이 크게 낙후되고 금융시장 성숙도가 하위권에 머물고 있는데 그 이유는 비교적 자명하다고 생각된다. 우리나라의 금융산업은 경제개발 초기부터 정부의 광범위한 개입 및 보호에 안주함으로써 1980년대 이후 범세계적인 금융혁신 및 자율화 추세를 활용하여 금융시장의 고도화와 금융기법의 선진화를 통해 글로벌경쟁력을 획기적으로 키울 수 있었던 기회를 놓쳐 버렸다. 또한 금융산업이 국민 전체를 위한 산업부문이라기보다는 대기업 및 수출기업의 자금조달 창구 정도로 인식되면서 영세기업이나 빈곤층 등 사회적 취약층을 위한 저비용의 금융서비스가 제공되지 못하였다.

금융산업의 경쟁력과 금융시장의 효율성은 이미 살펴본 대로 효율성주도형 경제의 핵심 경쟁력 지표임에도 불구하고 우리나라가 이 단계로 이행한 1980년대 이후로도 정부는 금융기관의 경영 자율화나 시장기능에 의한 금융시장의 효율성을 정착시키는 데 소극적이었고 국민 모두가 금융서비스의 혜택을 누릴 수 있는 금융포용화(financial inclusion)에는 그다지 큰 관심을 기울이지 않았다.

아울러 금융산업이 갖는 기업성격보다는 공공성을 지나치게 강조

---

11 법적 권리보호지수는 차입자 및 대출자의 법적 권리가 담보 및 파산 관련법에서 보호되는 정도를 나타내는 지수이다.

함으로써 금융기관 내부로부터 자발적인 금융혁신 동력을 이끌어내기 어려웠다. 뿐만 아니라 금융기관 대표, 감사 및 사외이사 등 핵심직위를 전문성이 낮은 퇴직 관료나 정치인들이 대거 차지한 결과 지배구조의 취약화와 함께 경쟁력 약화 및 부실경영을 야기하기도 하였다.

특히 피감독, 피인허가 금융기관으로 진출한 퇴직 공직자 집단을 매개로 공익(금융감독 기관들의 공정한 검사감독 기능 행사)과 사익(금융기관 재취업 공직자의 고액 보수 및 예우 등) 간의 이익상충(conflict of interests)이 발생함으로써 결과적으로 금융감독 기능의 유효성이 심각하게 훼손되어 그 피해가 국민들에게 전가되는 결과가 되었다. 외환위기 이전 부실 금융기관이 양산되고 2000년대 이후로도 카드회사 및 저축은행의 집단적 부실화가 지속된 것이 이를 극명하게 보여주는 좋은 예라고 하겠다.

우리나라의 경우에도 공직자 윤리법, 공공기관 운영에 관한 법률, 부정청탁 및 금품 등의 수수금지법(일명 김영란법) 등의 제정으로 정책금융기관 및 공공기관의 대표, 감사, 사외이사 등 고위 핵심직책의 공개경쟁 모집이 이미 의무화된 지 오래이다. 그럼에도 불구하고 퇴임 공직자 및 정치인 출신인사들이 사전 내정되는 등 속칭 낙하산 인사 논란은 그치지 않아 왔다. 최근까지도 이 같은 인사 관행은 끊이지 않고 있는데 언론보도(MBC 뉴스데스크 2017.1.1)에 따르면 2008~2016년 중 금융기관에 1,004명의 낙하산 인사가 있었다(출처: 제윤경 의원실)고도 한다. 또한 최근 언론보도(JTBC 뉴스룸 2017.5.20)에 따르면 박근혜 전 대통령 탄핵 이후 문재인 대통령 당선일까지 관료들이 공공기관장으로 47명 중 32명, 상임 및 비상임이사로 503명 중 228명이 임명되었다고 한다. 국민의 돈으로 출자 및 운영되는 공공기관에서 속칭 관피아의 지배율이 기관장 68%, 상임 및 비상임이사 45%에 이르고 있는 것이다.

낙하산 인사의 경우 독립성이 약해 임명권자나 추천권자의 외압이나 청탁이 있을 경우 조직의 장기목표 및 비전 달성보다는 임명권자나 추천권자에 대한 보은 성격의 업무처리에 치중하는 문제가 나타난다. 특히 낙하산 인사는 해당 기관의 인재유치 능력을 손상시켜 직원사기 저하 및 경쟁력 약화를 초래하기도 한다.

이런 낙하산 인사의 부작용을 방지하기 위해서는 무엇보다 이들 법률들이 그 제정 취지대로 지켜질 수 있도록 퇴임공직자의 재취업제한 관련 조항들이 더욱 강화되어야 한다. 현재 이들 법률들은 퇴임공직자의 재취업제한을 이익상충 관점에서만 접근하고 있다. 이보다 더 심각한 문제는 핵심적 의사결정 권한을 갖는 고위 직책에 전문성과 독립성이 낮은 인사들이 진입함으로써 금융기관의 경쟁력 약화 및 경영 부실화가 초래되고 그 부담은 국민들에게 전가되는 것이다. 따라서 이를 방지하는 차원에서 추가적인 법률개정이 반드시 필요하다고 생각된다.[12]

이제 노동시장 효율성에서의 우리나라 경쟁력의 평가결과를 10개 경쟁력 지표별로 살펴보기로 한다(〈부록 1-1〉 참조). 이 부문의 10개 경쟁력 지표 중 보수 및 생산성(pay and productivity)은 16위, 국가의 인재보존 능력(country capacity to retain talent)이 29위로 높은 수준에 있고, 국가의 인재유치 능력(country capacity to attract talent)은 49위,

---

[12] 금융기관 경쟁력 강화에 초점을 맞추어 퇴임공직자의 재취업제한 관련 법제를 보다 실효성 있게 보완하는 문제와 관련된 보다 구체적인 내용에 대해서는 후술하기로 한다.

전문경영진에의 의존도(reliance on professional management)는 30위로 상위권에 들어 있다.

나머지 6개의 경쟁력 지표 중에서는 근로유인에 대한 조세의 효과(effect of taxation on incentives to work)가 64위, 임금결정의 신축성(flexibility of wage determination)이 73위로 중위권에 있을 뿐이다. 특히 남성 대비 여성노동인구의 비율(women in labor force, ratio to men)은 0.73으로 90위, 고용 및 해고 관행(hiring and firing practices)이 113위, 해고수당 비용(redundancy costs, weeks of salary)이 27.4주급으로 112위, 노사관계에서의 협력(cooperation in labor-employer relations)이 135위로 하위권에 머물러 있다.

위의 평가결과에 비추어 볼 때 우리나라는 향후 상생을 위한 협력적 노사관계의 정착, 해고수당 비용의 경감, 신축적인 고용 및 해고 관행정립 등을 적극 추진해야 한다. 아울러 근로유인을 약화시키는 조세제도 개선, 여성인력의 활용 제고 등을 위한 정책지원도 더욱 강화해 나가야 할 것이다.

이 부문의 평가결과에 관하여 저자는 우리나라의 낮은 노동유연성 문제가 갖고 있는 복합적 측면에 유의해야 한다고 본다. 기본적으로 노동(경영자 포함)과 자본은 생산의 핵심 축으로 기업활동의 과실이 양자 간에 공정하게 배분되어야 한다. 어떤 배분이 공정한 것이냐에 대해서는 논쟁이 분분하지만 여기에서는 과실배분의 이론적 논쟁보다는 원활한 노사관계의 실현을 위한 배분협상 규칙에 대해 논하고자 한다.

자본주의 경제체제하에서는 근로자든 경영자든 동일기업에 속한 공동운명체로서 당연히 그들이 속한 기업의 이익극대화가 가장 중요한 목표여야 한다. 가장 단순한 형태의 기업(세금이나 차입 등 외부자금조달은 없다고 가정)에서 이윤은 매출액-재료비-(근로자 임금+경영자 보수)이기 때문에 당연히 이윤극대화(기업목표)와 노동대가(근로자임금 및 경영자 보수)는 제로섬 게임(zero-sum game)의 성격을 갖는다.

이윤 = 매출액-재료비-(근로자 임금+경영자 보수)

즉, 전자가 늘면 후자가 같은 크기만큼 줄고 그 역도 성립한다(vice versa). 그렇다면 이윤과 노동대가의 배분의사 결정에는 경영자, 근로자, 주주이익 대변자(주주총회, 감사, 사외이사 등)의 공정한 참여가 보장되어야 하며 적정 기업이윤(주주에의 배당+사내유보) 확보나 기업경쟁력 유지를 위해 노사의 양보나 희생(과도한 임금, 경영보수 인상 억제 등)이 필요할 경우 그 부담도 노사 간에 공평하게 분담되어야 한다. 물론 이를 위해서는 기업경영 관련 재무 및 비재무 정보가 투명하게 공유되어야 하나 우리나라 기업회계 정보의 신뢰성은 대체로 낮은 편 (62위)으로 대형 회계부정 사건이 빈번한 것이 현실이어서 이의 개선을 위한 제재 강화 등 보다 적극적인 정책의지가 필요하다.

한편 자본주의체제하에서 원칙적으로 기업의 경상이익은 기업의 소유주인 주주에게 귀속되는 것인 만큼 중기적(일례로 3~5년)으로 임금 및 경영보수 인상률은 기업 경상이익의 증가율이나 주가상승률 및 배당증가율 등과 균형이 유지되도록 하여 기업성장의 과실이 주주에게 공정하게 배분되도록 해야 한다. 이를 위해서는 소액주주 등 주주권한을 보호하고 내부경영 감시책임이 있는 감사 및 사외이사의 역할수행이 정상화될 수 있도록 법제 및 관행이 조속히 정비되어야 한다.

원만한 노사협의, 분쟁해결 등 상생적인 노사관계를 위해서는 이 같은 협상규칙과 노동 관련 법령 및 규정 등이 철저하게 준수되어야 한다. 이럴 경우 우리나라 노동시장에 각인된 강성노조의 낙인도 지울 수 있고 국가의 글로벌경쟁력도 키울 수 있을 것이다.

이와 관련하여 또 다른 중요한 문제는 정규직과 비정규직 근로자 간의 임금격차 문제이다. 우리나라에서 비정규직 근로자, 파견근무제 등은 1997년 외환위기 당시 부실기업 구조조정 및 노동시장 개혁의 일환으로 도입되었다. 그런데 이들 제도의 확산으로 인해 근로자의 급여 및 복지 등 처우개선이 노동조합의 보호를 받는 정규직 근로자에 치중됨으로써 그렇지 못한 비정규직 근로자에 대한 처우가 크게 열악해지는 결과가 초래되었다. 아울러 노동조합의 위상이 강화되면서 기업구조조정이 필요해질 경우 경영자들이 정규직 잉여인력의 퇴출보다는 비정규직 근로자를 위주로 손쉬운 인력감축을 추진함으로써 비정규직 근로자가 노동수급 조정의 주 대상이 되어 버렸다.

이와 같은 정규직과 비정규직 근로자 간의 처우격차 확대는 노노갈등을 유발할 우려가 있다. 우리나라 노동시장에서의 경제정의 구현과 미래경쟁력 강화를 위해서는 지금부터라도 비정규직 근로자의 정규직 전환을 꾸준히 추진해 나가야 할 것이다.

지금까지 저자는 우리나라가 요소주도형 경제나 효율성주도형 경제에서 용인되었던 구태의 잔재를 털어내고 혁신주도형 경제로 옮겨가는 데 어떤 경쟁력 지표들이 심각한 장애요인인지를 식별하여 그 원인 및 배경을 살펴보면서 미래경쟁력 강화에 중요한 시사점을 찾아보았다.

이제부터는 향후 우리나라가 혁신주도형 경제권에서 여타 선진국들과의 치열한 경쟁 환경에서 살아남기 위해 어떤 부문의 경쟁력을 더욱 강화해야 하는지를 살펴볼 차례이다. 이와 관련하여 먼저 제4차 산업혁명이 어떤 변화를 가져올 것인지를 간략하게 살펴보도록 하겠다.

제4차 산업혁명은 우리나라에도 혁신과 변화의 소용돌이를 일으킬 것이다. 이 산업혁명의 물결이 우리나라의 글로벌경쟁력을 강화시키는 기회가 될 것인지 그 반대가 될 것인지는 전적으로 우리에게 달려 있다. 혁신주도형 경제에서 경쟁력 제고에 필요한 경쟁력 지표들이 과연 무엇인지를 잘 식별하여 그들을 개선시키는 데 얼마만큼 노력하느냐가 관건이라고 하겠다.

제4차 산업혁명은 그 진행속도, 파급범위 및 사회경제 시스템에 미치는 충격 등에서 과거의 산업혁명과는 현저히 다른 변화를 몰고 올 것으로 생각된다.

그런데 제4차 산업혁명이 전 세계인들의 소득수준 향상과 삶의 질 개선을 가져올 잠재력을 갖고 있지만 이러한 변화가 모든 국민들에게 보편적 혜택으로 확산되기 위해서는 새로운 비전과 사고의 전환이 필요하다.

먼저 혁신주도형 경제권에 진입해 있는 우리나라는 기술혁신 관련 정책의 유인체계를 시급히 정비해야 한다. 즉 다양한 기술혁신들이 새로운 시장을 열고 일자리를 창출하여 경제성장을 다시 점화시킬 수 있도록 창업기업 육성과 모험자본 투자의 활성화를 과감하게 뒷받침해야 한다.

또한 제4차 산업혁명은 광범위한 산업에서 비숙련 고위험 노동을 대체함으로써 소득분배의 불평등을 심화시킬 수도 있다. 따라서 혁신기술에 의한 노동대체가 비숙련 고위험의 일자리를 감소시키는 데 그치지 않고 양질의 안전한 일자리를 더욱 많이 늘려줄 수 있도록 유의해야 한다. 즉, 창업유발 및 일자리창출 효과가 높은 기술혁신에 대한 과감한 재정 및 금융지원을 아끼지 말아야 한다.

특히 노동시장이 저기술/저임금, 고기술/고임금으로 양분되고 중간단계의 노동수요가 감소함으로써 사회적 긴장을 유발할 수도 있다. 이럴 경우 제4차 산업혁명은 축복이 아닌 재앙으로 귀결될 수도 있으므로 이에 대비한 완충적 제도를 견고하게 구축하는 데에도 유의해야 한다. 제4차 산업혁명으로 지적 또는 물적자본 공급자(혁신가, 주식 등 지분 소유자, 첨단 생산설비 투자자 등)가 혁신의 최대수혜자가 됨으로써 노동의존 계층과 자본의존 계층 간에 부(wealth)의 격차가 심화되지 않도록 기술혁신 속도에 비례하여 고도기술력을 보유한 노동인구로의 전환을 위한 교육 및 직업훈련제도의 혁신에도 역점을 두어야 한다.

또한 기업들이 모바일 네트워크 및 데이터에 기반한 새로운 소비행태를 충족시킬 수 있도록 상품 및 서비스의 설계, 마케팅, 배송 등을 혁신하는 데 필요한 정책지원을 강화해야 한다. 이와 관련하여 소비자 기대, 상품 개선, 혁신을 위한 제휴 및 협력, 조직형태 등 다양한 측면에서 나타나는 제4차 산업혁명의 충격에 기업들이 신속하게 적응할 수 있도록 정책유인체계도 정비해야 한다.

제4차 산업혁명에 부응하여 정부도 신기술과 온라인 플랫폼의 활용 등으로 일반국민들이 정부행정에 보다 쉽게 참여하도록 하고, 일반국민들의 의견 개진과 상호 조정된 요구들이 늘어날 수 있게 획기적인 행정 혁신을 이루어야 한다. 궁극적으로는 정부도 기업 및 시민사회와 긴밀히 협력하여 변화된 환경에 민첩하게 부응하는 행정서비스를 제공할 수 있도록 투명성과 효율성이 높은 체제로 탈바꿈해야 할 것이다.

이제 세계경제포럼 보고서의 글로벌경쟁력 지수 평가결과를 기초로 이와 관련된 구체적인 문제들을 논의해 보기로 한다.

기업 세련화(business sophistication) 부문에서 9개 경쟁력 지표별 우리나라의 순위를 살펴보면 대체로 양호하지만 구태적인 기업문화를 보여주기도 한다(〈부록 1-1〉 참조). 우리나라는 국제적 유통의 통제(control of international distribution)에서 13위, 국내공급자의 공급물량(local supplier quantity)에서 14위에 들어 있고, 경쟁우위의 성격(nature of competitive advantage)에서 21위, 가치체인의 폭(value chain breadth)에서 23위, 국내공급자의 질적 수준(local supplier quality)에서 27위, 산업 클러스터의 조성상태(state of cluster development)에서 28위, 마케팅의 정도(extent of marketing)에서 34위를 차지하는 등 8개 경쟁력 지표가 모두 상위권으로 나타나 있다.

우리나라의 경우 수출 드라이브정책으로 다양한 수출지원제도가 구축되어 있다. 산업자원부 이외에 여러 경제부처들이 수출지원정책을 담당하고 있고 무역협회, 무역진흥공사, 수출입은행, 수출보험공사, 상공회의소, 산업진흥공단, 중소기업진흥공단 등 수 많은 정부투자기관과 사업자단체들이 수출지원 업무를 분담하고 있다. 아울러 은행 등 금융기관들이 기업의 수출 및 투자 등을 지원하기 위해 다양한 금융서비스를 제공하고 있다. 이처럼 다양한 수출기업 지원제도를 구축한 덕분에 우리나라 기업부문은 기업 세련화 부문에서 전반적으로 높은 경쟁력을 유지하게 된 것으로 이해된다.

다만 권한의 하부위임 의향(willingness to delegate authority)에서는 63위로 중위권에 머물고 있다. 이는 재벌 및 대기업 중심의 산업지원정책이 장기간 추진되면서 우리나라 경제에서의 재벌 등 대기업 비중이 과도하게 높아진 것과 무관하지 않다. 결과적으로 창업재벌가 출신 지배주주 및 대표이사(CEO)를 내부통제의 정점으로 하는 수직적 기업문화가 확산되고 권한의 하부위임 등을 통한 수평적 기업문화는 아직 전반적으로 미성숙한 상황을 반영한 것이다.

이미 보았듯이 이제 우리나라도 제4차 산업혁명의 급속한 혁신과 변화의 물결을 맞고 있다. 급속한 기술혁신과 변화가 광범위한 분야에서 가속적으로 확산되는 글로벌경제에서 민첩하게 대응하고 살아남기 위해서는 대기업에서도 수평적 기업문화를 창출하고 '민첩한' 거버넌스('agile' governance)[13]가 작동할 수 있도록 기업지배구조를 획기적으로 혁신해야만 한다.

위에서 본 기업 세련화 부문의 나머지 8개 경쟁력 지표들은 대부분 기업의 대외적 활동과 관련된 하드웨어라고 할 수 있다. 반면 권한의 하부위임 의향은 내부경영 의사 결정 및 조직문화 등과 관련된 소프트웨어로 볼 수 있다. 우수한 하드웨어는 우수한 소프트웨어를 장착할 때 그 진가를 발휘하듯이, 이제부터라도 우리나라는 재벌기업 및 대기업들에서도 수평적 조직문화와 민첩하고 효율적인 거버넌스[14]를 창출하는 데 정책역량을 집중해야 할 것이다.

〈부록 1-1〉에서 혁신(innovation)부문의 7개 경쟁력 지표별 우리나라의 경쟁력 순위를 보면 특허협력협정(Patent Cooperation Treaty)에

---

13 Klaus Schwab, "The Fourth Industrial Revolution: What It Means, How to Respond?" World Economic Forum(www.weforum.org).

14 거버넌스라는 용어는 그리스어에서 유래된 것으로 가족, 부족, 공식 및 비공식 조직 또는 영토 내에서 법률, 규범, 또는 권력 등을 통해 정부, 시장 또는 기타 조직 등이 취하고 있는 지배의 모든 과정을 의미한다. 거버넌스는 사회규범과 제도의 창출, 강화 또는 재생산 과정에서 집단 내 행위자 사이의 상호작용과 의사 결정 과정을 지배하는 구조로 이해할 수 있다.

의한 인구 100만 명당 특허 출원건수(PCT patent applications)에서 233.2로 6위, 기업의 R&D 지출(company spending on R&D)에서 23위, 혁신능력(capacity for innovation)에서 30위, 고도기술 제품의 정부조달 (government procurement of advanced technological products)에서 37위, 과학기술연구소의 질적 수준(quality of scientific research institutions)에서 34위로 6개 경쟁력 지표가 상위권에 들어 있다.

우리나라는 수출드라이브정책의 추진과정에서 기업활동과 과학기술 연구의 연계성을 강화하려는 정책노력을 기울여 왔다. 이에 따라 혁신을 유발할 수 있는 이들 5개 경쟁력 지표에서 우리나라가 높은 경쟁력을 키울 수 있었다고 생각된다. 다만 과학기술 인력의 가용성 (availability of scientists and engineers)에서는 39위로 경쟁력순위가 혁신주도형 경제권에서는 매우 낮은 상황이다.

우리나라에서는 최근 20여 년에 걸쳐 이공계 기피현상이 심화되는 등 글로벌경제에서의 디지털 혁명 추세에 역행하는 현상이 확산되었다. 이는 제4차 산업혁명의 새로운 물결이 급속히 다가오는 시점에서 우리나라 미래경쟁력의 심각한 약화요인이 될 수 있다.

특히 인공지능, 로봇공학, 사물인터넷, 자율주행 차량, 3-D 프린터, 나노 기술, 바이오 기술, 재료과학, 에너지집적 기술, 소셜 미디어, 클라우드 기반 서비스, 유전자 배열, 게놈 편집, 합성 생물학, 바이오 프린팅, 재생 약학, 뇌-컴퓨터 인터페이스 등 제4차 산업혁명의 주도 분야는 이미 폭넓게 확산되어 있다. 그러나 위에서 본대로 우리나라는 과학기술연구소의 질적 수준이 34위, 과학기술인력의 가용성이 39위 수준으로 최선두 주자들에 비해 경쟁력이 저조한 상황이다.

이들 두 항목의 선두주자들을 보면 스위스(1위, 14위), 스웨덴(7위, 20위), 네덜란드(4위, 21위), 독일(11위, 16위), 미국(5위, 2위), 핀란드(8

위, 1위), 이스라엘(3위, 8위), 영국(2위, 19위), 싱가포르(10위, 9위), 노르웨이(19위, 11위) 등이 두각을 나타내고 있다. 이들은 대부분 과학기술인력 양성을 최우선 목표로 하여 강력한 유인체계를 갖추고 있는 국가들이다. 이들 국가들에서 이공계 기피현상은 찾아보기 어렵다. 더늦기 전에 우리나라도 경쟁우위 과학기술분야를 선택하여 획기적인 지원체계를 마련해야 할 것이다. 이공계분야에서의 고급두뇌 육성은 국가의 백년대계와 국가 안보에도 직결된 사안이므로 과학기술인력 우대시책을 긴 안목에서 수립하여 지속성 있게 추진해야 할 것이다.

전반적으로 볼 때 혁신주도형 경제에서 중요한 경쟁력 지표에서 우리나라는 높은 경쟁력을 유지하고 있으나 기업의 의사결정 시스템 및 조직문화, 고급 과학기술인력의 가용성 등 결정적 분야에서 약점을 갖고 있다. 이제 우리나라는 제4차 산업혁명의 확산을 맞이하여 과학기술 집약형 창업기업을 보다 과감하게 지원하고 대기업 지배구조의 획기적 개선을 유도할 수 있는 새로운 경제정책 패러다임을 구축해야 할 것이다. 아울러 고급 과학기술 인력의 양성에 정책의 우선순위를 두고 다양하고도 과감한 지원을 아끼지 말아야 한다.

이제부터는 전체적으로는 경쟁력이 양호한 나머지 7개 부문에서도 일부 경쟁력 지표들이 취약한 상태로 남아 있으므로 이들 지표에 초점을 맞추어 논의해 보고자 한다.

먼저 고등교육 및 직업훈련(higher education and training)부문의 경쟁력 지표 중 우리나라는 교육시스템의 질적 수준(quality of the education system)이 75위, 경영대학원의 질적 수준(quality of management schools)이 63위, 전문적 직업훈련 서비스의 가용성(availability of specialized training services)이 58위 등으로 중위권을 맴돌고 있다

(〈부록 1-1〉참조). 우리나라가 교육열(고등교육 등록률이 98.5%로 2위)은 정상급이면서도 일자리 창출에 보다 중요한 교육제도 및 경영자 양성 교육의 질적 수준, 전문직업 훈련의 가용성 등에서 중위권에 머문 것은 실망스러운 결과이다. 특히 제4차 산업혁명의 큰 물결을 맞고 있는 현 시점에서 우리나라의 이 같은 취약점은 시급히 강화되어야 할 부분 인데 교육훈련에 관심이 많은 저자로서 이와 관련된 견해를 다음과 같이 밝혀 둔다.

먼저 교육훈련제도의 질적 수준 제고를 위해 산업혁명의 주도 분야 인 공학 및 자연과학분야에서 고급두뇌를 양성할 수 있도록 대학 및 대학원의 교육역량 강화가 교육제도 개혁의 중심이 되어야 한다. 글로 벌 교육 강국들과 어깨를 겨눌 수 있도록 국내 주요도시에 소재한 대학 교를 중심으로 공학 및 자연과학분야의 글로벌 교육허브를 구축해야 한다. 이들 분야 연구의 선두에 있는 과학자들과 우수한 학업 소양을 갖춘 학생들을 국내외로부터 과감하게 유치할 수 있도록 충분한 유인 을 갖춘 대학교육제도를 만들어야 한다. 이와 함께 중고등학교 교육과 정에서도 수학 및 과학분야 교육이 획기적으로 강화될 수 있는 다양한 유인을 제공해야 할 것으로 생각한다.[15]

상품시장의 효율성(goods market efficiency)부문에서도 제4차 산업 혁명 시대에 걸맞게 개선해야 할 경쟁력 지표들이 적지 않은데 중요한 것만 언급해 보면 다음과 같다.

우리나라는 외국인 직접투자의 규제 강도(business impact of rules on FDI)에서 97위, 상품시장에서의 지배적 공급자의 점유 정도(extent

---

15 이에 대한 보다 구체적인 논의는 관련 부분에서 후술하기로 한다.

of market dominance)에서 97위, 비관세장벽의 확산 정도(prevalence of non-tariff barriers)에서 95위, 외국인 소유권의 확산 정도(prevalence of foreign ownership)에서 83위, 평균수입관세율(trade tariffs, % duty)이 7.1%[16]로 86위 등 하위권으로 나타난 경쟁력 지표들이 총 16개 중 5개에 달하고 있다.

이들 경쟁력 취약요인들은 폐쇄적인 외국인투자 유치환경과 독과점적 공급자의 시장지배력에 따른 폐해와 관련된 것들이다. 이는 우리나라의 경제정책 기조가 아직까지는 국내 대기업 및 수출기업 보호에 치중하고 있고 국내 소비자 이익의 보호에는 소홀함을 보여주는 것이다. 또한 정부가 독과점적 국내 대기업의 시장지배력 남용을 통제하는 데 소극적이어서 중소기업 및 창업기업 지원을 통한 시장효율성의 제고 효과가 저조한 현실을 반영한다고 볼 수 있다.

흔히 자유경쟁시장은 자본주의 시장경제의 꽃이라고 불린다. 자유경쟁을 통해 창의와 기업가정신이 충만한 혁신적 사업가들이 사업기량을 선보이고 소비자들의 존경과 호응을 얻는 경기장이라고 할 수 있다. 제4차 산업혁명의 시대에서 정부는 이러한 경기의 기본규칙인 공정성이 훼손되지 않도록 시장감시 행정을 더욱 강화해 나가야 할 것이다.

---

16 2015년 기준으로 관세 및 특혜관세 대상 모든 상품의 수입관세를 품목별 수입규모에 따라 가중 평균한 것이다.

3. 한국은 미래경쟁력 강화를 위해 무엇을 누구에게 배워야 하나?

　　　　　　　지금까지 저자는 세계경제포럼의 보고서를 이용하여 우리나라 국가경쟁력의 실상을 자세히 살펴보는 한편, 보고서에 나타난 우리나라의 경쟁력 평가결과의 원인과 배경에 대한 나름대로의 견해를 간략하게 밝힌 바 있다. 여기에서는 우리나라가 앞으로 선진경제권의 일원으로서 기대되는 글로벌경제의 리더 역할을 할 수 있기 위해서 무엇을 누구로부터 배우고 익혀야 할지에 대해 논의해 보고자 한다.

　이를 위해 우리나라의 경쟁력이 최하위 수준으로 평가된 경쟁력 지표들의 경쟁력을 획기적으로 높이는 데 모범적인 벤치마킹 대상이 되는 선진국의 리스트를 〈표 1-4〉와 같이 정리해 보았다.

　먼저 기업 이사회의 효용성, 정부정책 입안의 투명성 등 2개 경쟁력 지표의 획기적인 개선을 위해 유익한 외국의 모범사례로는 전자의 경우 뉴질랜드(1위), 노르웨이(2위), 스웨덴(4위), 핀란드(5위), 오스트리아(6위), 덴마크(7위), 스위스(8위), 룩셈부르크(9위) 등의 제도를, 후자의 경우 싱가포르, 뉴질랜드, 스위스, 홍콩, 룩셈부르크, 노르웨이, 핀란드, 네덜란드 등(1~8위)의 사례를 벤치마킹할 필요성이 있다.

　우리나라의 경쟁력 순위가 90위권인 정치인에 대한 국민 신뢰, 정부 규제의 부담 등은 전자의 경우 싱가포르, UAE, 노르웨이, 뉴질랜드, 핀란드, 카타르, 르완다, 룩셈부르크 등(1~8위)의 모범사례를 적극 발굴하여 도입할 필요가 있으며, 후자의 경우 싱가포르(1위), 르완다(2

국명	제도 및 기관부문 경쟁력	기업 이사회의 효능	정부정책 입안의 투명성	정치인에 대한 국민신뢰	정부 규제의 부담	테러리즘 관련 기업 피해 비용	기업 행태의 윤리성	소액주주 이익 보호
핀란드	1위	5위	7위	5위	13위	3위	4위	2위
싱가포르	2위	11위	1위	1위	1위	46위	3위	6위
뉴질랜드	3위	1위	2위	4위	26위	39위	2위	4위
스웨덴	4위	4위	10위	9위	22위	20위	1위	14위
노르웨이	5위	2위	6위	3위	20위	30위	8위	3위
스위스	6위	8위	3위	11위	7위	26위	7위	19위
UAE	7위	19위	14위	2위	3위	7위	6위	11위
룩셈부르크	8위	9위	5위	8위	12위	41위	10위	12위
홍콩	9위	33위	4위	21위	4위	11위	17위	9위
카타르	10위	23위	15위	6위	5위	17위	12위	5위
네덜란드	11위	13위	8위	10위	31위	57위	9위	17위
아일랜드	12위	14위	11위	9위	9위	16위	16위	33위
르완다	13위	27위	9위	7위	2위	9위	21위	23위
영국	14위	18위	12위	17위	25위	92위	14위	8위
덴마크	15위	7위	26위	13위	84위	76위	5위	27위
일본	16위	20위	13위	26위	54위	77위	11위	13위
아이슬란드	17위	24위	17위	24위	16위	4위	20위	25위
캐나다	18위	16위	16위	20위	40위	67위	18위	10위
호주	19위	12위	23위	23위	77위	55위	13위	24위
오스트리아	20위	6위	20위	29위	50위	35위	19위	16위
한국	63위	109위	115위	96위	105위	81위	98위	97위

자료: WEF, *Global Competitiveness Report 2016-2017*(Switzerland, 2016)의 내용을 재구성함

위), UAE(3위), 홍콩(4위), 카타르(5위), 스위스(7위) 등의 모범사례로부
터 개선책을 마련해야 할 것이다.

기업행태의 윤리성, 소액주주 이익 보호 등의 경쟁력 제고를 위해

서는 전자의 경우 스웨덴, 뉴질랜드, 싱가포르, 핀란드, 덴마크, UAE, 스위스, 노르웨이 등(1~8위)의 모범사례를, 후자의 경우 핀란드(2위), 노르웨이(3위), 뉴질랜드(4위), 카타르(5위), 싱가포르(6위) 등의 우수한 제도를 연구하여 최적의 개선책을 모색할 필요가 있다.

또한 우리나라 금융시장의 성숙도가 하위권에 머문 치명적으로 취약한 경쟁력 지표들을 시급히 치유하기 위해서는 무엇보다 〈표 1-5〉에 요약되어 있는 금융선진국들의 우수한 제도와 최적관행을 도입하는 것이 첩경이라고 생각한다.

먼저 경쟁력이 최하위권에 있는 은행의 건전성과 대출에의 접근 용이성 등 2개 경쟁력 지표는 전자의 경우 핀란드, 남아공화국, 캐나다, 뉴질랜드, 호주, 홍콩, 노르웨이, 싱가포르 등(1~8위)의 장점을, 후자의 경우 뉴질랜드(1위), 싱가포르(3위), 스웨덴(4위), 대만(5위), 일본(6위) 등의 우수제도를 연구하여 최적의 제도개선을 도모할 필요가 있다.

또한 금융서비스의 기업필요 충족도를 높이기 위해서는 홍콩, 남아 공화국, 스위스, 싱가포르, 파나마, 미국 등(1~6위)의 모범사례를 적극 도입하여 활용할 필요가 있다.

이와 함께 법적 권리보호지수, 모험자본의 가용성 등 2개 경쟁력 지표의 경쟁력을 강화할 수 있도록 전자의 경우 뉴질랜드(1위), 호주(4위), 미국(4위), 과테말라(13위), 홍콩(20위), 싱가포르(20위) 등의 제도를 연구하여 장점들을 도입해야 하며, 후자의 경우 이스라엘, 싱가포르, 미국, 핀란드, 말레이시아 등(2~6위)의 최적관행에 벤치마킹하여 모험자본의 활성화를 위한 하부구조를 구축할 필요가 있다.

금융서비스 이용비용과 증권거래 관련 규제에서도 획기적인 경쟁력 향상을 위해 전자의 경우 홍콩, 싱가포르, 스위스, 핀란드, 일본,

국명	금융시장 성숙도	은행의 건전성	대출에의 접근 용이성	금융 서비스의 기업필요 충족도	법적 권리 보호지수	모험 자본의 가용성	금융 서비스 이용비용	증권거래 관련 규제
뉴질랜드	1위	4위	1위	11위	1위	16위	16위	9위
싱가포르	2위	8위	3위	4위	20위	3위	2위	1위
미국	3위	36위	7위	6위	4위	4위	14위	24위
홍콩	4위	6위	33위	1위	20위	11위	1위	4위
핀란드	5위	1위	10위	9위	28위	5위	4위	2위
호주	6위	5위	14위	24위	4위	44위	39위	8위
캐나다	7위	3위	24위	26위	13위	33위	25위	7위
스위스	8위	19위	13위	3위	46위	17위	3위	12위
노르웨이	9위	7위	11위	7위	68위	10위	13위	5위
스웨덴	10위	10위	4위	8위	46위	15위	12위	10위
남아공화국	11위	2위	12위	2위	68위	53위	27위	3위
파나마	12위	11위	8위	5위	28위	22위	6위	25위
말레이시아	13위	44위	26위	15위	28위	6위	17위	30위
룩셈부르크	14위	12위	9위	10위	97위	8위	8위	6위
대만	15위	22위	5위	14위	86위	13위	28위	17위
영국	16위	62위	49위	19위	28위	12위	10위	26위
일본	17위	29위	6위	16위	86위	26위	5위	13위
과테말라	18위	13위	22위	21위	13위	54위	19위	29위
이스라엘	19위	18위	27위	30위	46위	2위	46위	21위
독일	20위	45위	15위	22위	46위	21위	15위	28위
한국	80위	102위	92위	81위	68위	76위	43위	71위

자료: WEF, *Global Competitiveness Report 2016-2017*(Switzerland, 2016)의 내용을 재구성함

파나마 등(1~6위) 최근 혁신이 이루어진 금융선진국의 경험으로부터 개선책을 모색하고, 후자의 경우 싱가포르, 핀란드, 남아공화국, 홍콩, 노르웨이, 룩셈부르크 등(1~6위)의 제도적 장점들을 우리 실정에 맞게

도입해야 할 것이다.

여기에서 독자들은 우리나라 국민들에게 별로 알려져 있지 않은 남아공화국, 파나마, 말레이시아 등이 11~13위권의 금융강국에 들어 있는 사실에 적잖이 놀랐을 것이다. 남아공화국의 경우 국내 주식시장을 통한 자금 조달(1위), 은행의 건전성(2위), 금융서비스의 기업필요 충족도(2위), 증권거래 관련 규제(3위) 등에서 집중적으로 최고수준의 경쟁력을 보이고 있고, 파나마의 경우 금융서비스의 기업필요 충족도(5위), 금융서비스 이용비용(6위), 대출에의 접근 용이성(8위) 등에서 10위권 이내의 강한 경쟁력을 보이고 있다.

저자는 최근(2012~2015년) 말레이시아 쿠알라룸푸르에 본부를 둔 동남아중앙은행 조사연수센터(The SEACEN Research and Training Centre)의 소장 역할을 맡으면서 말레이시아의 금융정책과 금융산업을 가까이 보고 배울 수 있는 좋은 기회를 가졌다.

놀랍게도 말레이시아는 1997~1998년 아시아 금융위기 이후 두 차례의 금융산업 10개년 발전계획(Financial Sector Blueprint 2001~2010 및 2011~2020)을 수립하여 이를 내실 있게 실천함으로써 눈부신 금융혁신 성과를 거두고 있다. 이미 살펴본 것처럼 말레이시아는 모험자본의 가용성(6위), 금융서비스의 기업필요 충족도(15위), 금융서비스의 이용비용(17위)에서 높은 경쟁력을 유지하고 있다. 또한 말레이시아는 금융시장 성숙도부문에서 2014~2015년에는 세계 4위, 2015~2016년에는 세계 9위를 기록할 정도로 금융부문의 선두주자 위상을 꾸준히 유지하고 있다.

한편 말레이시아는 이미 오래전부터 라부안(Labuan) 국제비즈니스 센터를 조성, 발전시켜 현재 400여 개의 외국 금융기관 등 8,000개 이상의 외국기업을 유치하는 괄목할 만한 성과를 거두고 있었다. 이와 함께 말레이시아는 이슬람금융의 중심지로서 세계 1위의 이슬람증권 (Sukuk) 시장과 세계 2위의 이슬람보험(Takaful) 시장을 가진 금융강국 으로 부상하고 있다.

또한 쿠알라룸푸르에는 저자가 봉직하였던 동남아중앙은행 조사 연수센터 이외에도 이슬람 금융분야의 금융감독 및 규제의 국제기준 을 제정하는 이슬람금융 기준 위원회(IFSB: Islamic Finance Standards Board), 포용적 금융의 확산을 임무로 하는 국제기구인 포용적 금융연 합(AFI: Alliance for Financial Inclusion) 등 3대 국제기구가 본부를 설치 하고 있어 말레이시아는 국제금융을 리드하는 싱크탱크 역할도 톡톡히 하고 있다.

이제 노동시장 효율성에서 경쟁력이 높은 상위 20개국의 경우 우리 나라가 특별히 취약한 5개 경쟁력 지표의 경쟁력 순위가 어떠한지를 우리나라와 비교해 보기로 한다.

〈표 1-6〉에서 보듯이 노사관계에서의 협력은 노르웨이, 스위스, 싱 가포르, 덴마크, 스웨덴, 네덜란드 등(1~6위)의 사례를 참고하여 개선점 을 도출하고, 해고수당 비용 부담은 미국, 뉴질랜드(공동 1위), 싱가포 르(4위), UAE(7위) 등 해고수당 부담이 가벼운 국가들의 사례들에 비추 어 해고수당 비용을 적정 수준까지 꾸준히 낮춰 나가야 할 것이다.

고용 및 해고 관행은 스위스, 홍콩, 싱가포르, 아이슬란드, 덴마크, UAE, 미국 등 1~7위 국가들의 사례를 참고하여 개선책을 마련하고, 근로유인에 대한 조세의 효과는 카타르(1위), UAE(2위) 등 중동국가들

〈표 1-6〉 노동시장 효율성 강국의 경쟁력 지표 순위

국명	노동시장 효율성	노사관계에서의 협력	해고 수당비용	고용 및 해고 관행	근로유인에 대한 조세의 효과	여성노동인구의 비율
스위스	1위	2위	34위	1위	5위	34위(0.89)
싱가포르	2위	3위	4위	3위	3위	72위(0.80)
홍콩	3위	14위	14위	2위	4위	73위(0.80)
미국	4위	30위	1위	7위	24위	55위(0.86)
영국	5위	15위	28위	9위	42위	48위(0.86)
뉴질랜드	6위	9위	1위	18위	16위	39위(0.89)
르완다	7위	18위	47위	13위	9위	2위(1.05)
캐나다	8위	20위	32위	38위	32위	25위(0.91)
노르웨이	9위	1위	23위	81위	55위	14위(0.95)
아이슬란드	10위	12위	50위	4위	52위	12위(0.95)
UAE	11위	10위	7위	6위	2위	123위(0.46)
아일랜드	12위	19위	57위	14위	85위	68위(0.81)
덴마크	13위	4위	80위	5위	126위	19위(0.93)
네덜란드	14위	6위	23위	49위	80위	45위(0.87)
에스토니아	15위	28위	46위	17위	56위	29위(0.90)
룩셈부르크	16위	11위	95위	54위	8위	58위(0.83)
카타르	17위	13위	103위	8위	1위	118위(0.57)
스웨덴	18위	5위	58위	109위	120위	13위(0.95)
말레이시아	19위	17위	120위	10위	12위	104위(0.59)
카자흐스탄	20위	60위	19위	31위	28위	28위(0.90)
한국	77위	135위	112위	113위	64위	90위(0.73)

자료: WEF, *Global Competitiveness Report 2016-2017*(Switzerland, 2016)의 내용을 재구성함

과 싱가포르(3위), 홍콩(4위), 스위스(5위) 등의 모범사례를 발굴, 도입
하려는 노력이 필요할 것으로 보인다. 여성노동력의 참가율은 아이슬
란드(12위), 스웨덴(13위), 노르웨이(14위), 덴마크(19위) 등의 수준인

0.93~0.95 수준까지 높아지도록 꾸준한 정책노력이 필요할 것이다.

또한 다음의 〈표 1-7〉에서 보듯이 교육제도의 질적 수준을 획기적으로 향상시킬 수 있도록 교육선진국(스위스 1위, 싱가포르 2위, 핀란드

〈표 1-7〉 고등교육/직업훈련 강국의 경쟁력 지표 순위

국명	고등교육/직업 훈련 경쟁력	교육제도의 질적 수준	경영대학원의 질적 수준	전문직업훈련의 가용성
싱가포르	1위	2위	4위	5위
핀란드	2위	3위	18위	4위
네덜란드	3위	7위	6위	3위
스위스	4위	1위	1위	1위
벨기에	5위	4위	3위	2위
덴마크	6위	16위	12위	8위
노르웨이	7위	8위	11위	11위
미국	8위	17위	7위	16위
호주	9위	14위	17위	14위
뉴질랜드	10위	9위	24위	12위
아이슬란드	11위	11위	20위	21위
오스트리아	12위	32위	30위	7위
아일랜드	13위	6위	13위	10위
홍콩	14위	20위	10위	19위
스웨덴	15위	23위	19위	15위
독일	16위	13위	23위	13위
대만	17위	30위	29위	30위
에스토니아	18위	26위	31위	27위
캐나다	19위	15위	8위	9위
영국	20위	21위	2위	6위
한국	25위	75위	63위	58위

자료: WEF, *Global Competitiveness Report 2016-2017* (Switzerland, 2016)의 내용을 재구성함

4차 산업혁명 시대의 한국경제 발전전략

3위, 벨기에 4위, 네덜란드 7위, 노르웨이 8위 등) 교육제도의 우수사례를 폭넓게 연구 검토하여 적용 가능한 장점들을 도입할 필요가 있겠다.

　한편 우수한 전문경영 지식과 리더십을 갖춘 경영자 양성이 충분하게 이루어지도록 글로벌경영대학원 허브를 갖춘 선진국(스위스 1위, 영국 2위, 벨기에 3위, 싱가포르 4위, 네덜란드 6위, 미국 7위, 캐나다 8위)에 벤치마킹하여 국내 경영대학원의 글로벌화를 강력히 추진해야 할 것이다. 아울러 전문적 직업훈련 서비스의 가용성을 높이기 위해 선진경제권의 전문직업교육 강국(스위스 1위, 벨기에 2위, 네덜란드 3위, 핀란드 4위, 싱가포르 5위, 영국 6위, 오스트리아 7위, 덴마크 8위 등)의 우수사례를 두루 연구하여 그 장점들을 도입할 필요가 있겠다.

지수	값	순위
부문 1: 제도 및 기관	4.0	63
1.01 재산권	4.9	42
1.02 지적재산권 보호	4.4	49
1.03 공공자금 전용	3.5	69
1.04 정치인에 대한 국민 신뢰	2.5	96
1.05 부정지불 및 뇌물	4.5	52
1.06 사법부 독립성	3.9	72
1.07 정부관료 행정의사 결정의 특혜성	2.9	82
1.08 정부지출의 낭비성	3.2	70
1.09 정부규제의 부담	3.0	105
1.10 분쟁해소 관련 법제의 효율성	4.0	50
1.11 규제에 대한 이의제기 관련 법제의 효율성	3.6	59
1.12 정부 정책입안의 투명성	3.5	115
1.13 테러리즘의 기업 부담비용	5.0	81
1.14 범죄 및 폭력의 기업 부담비용	4.9	55
1.15 조직 범죄	4.9	69
1.16 경찰서비스의 신뢰성	5.3	41
1.17 기업행태의 윤리성	3.5	98
1.18 감사 및 회계보고 기준의 강도	4.7	62
1.19 기업 이사회의 효용성	4.4	109
1.20 소액주주 이익 보호	3.7	97
1.21 투자자 보호의 강도, 0-10(최고치)*	7.3	8
부문 2: 사회간접자본	6.0	10
2.01 전반적 사회간접자본의 질적 수준	5.6	14
2.02 도로의 질적 수준	5.6	14
2.03 철도 인프라의 질적 수준	5.5	9
2.04 항만 인프라의 질적 수준	5.2	27
2.05 항공운송 인프라의 질적 수준	5.7	21
2.06 가용 항공편 좌석 km/주, 백만 명*	2,631.0	18
2.07 전력공급의 질적 수준	6.2	29
2.08 휴대전화가입/인구 100명	118.5	64
2.09 유선전화선/인구 100명	58.1	4

부문 3: 거시경제 환경	6.6	3
3.01 정부예산 수지, GDP 대비 %	-0.2	18
3.02 국민 총저축, GDP 대비 %	35.7	8
3.03 인플레, 연율 %	0.7	1
3.04 일반정부 부채, GDP 대비 %	35.9	40
3.05 국가 신용도, 0-100(최고치)*		20
부문 4: 보건 및 초등교육	6.3	29
4.01 말라리아 발생빈도/인구 10만 명*	0.8	16
4.02 말라리아의 기업경영 피해	5.5	22
4.03 결핵 발생빈도/인구 10만 명	86.0	89
4.04 결핵의 기업경영 피해	5.2	86
4.05 HIV 만연도, 성인인구 대비 %	〈 0.1	1
4.06 HIV/AIDS의 기업경영 피해	5.2	80
4.07 영아사망률, 태아 1,000명당 사망자	2.9	13
4.08 기대수명, 연령	82.2	10
4.09 초등교육의 질적 수준	4.7	37
4.10 초등교육 등록률(순), %	96.3	54
부문 5: 고등교육 및 직업훈련	5.3	25
5.01 중등교육 총 등록률, %	97.7	58
5.02 고등교육 총 등록률, %	95.3	2
5.03 교육제도의 질적 수준	3.6	75
5.04 수학 및 과학 교육의 질적 수준	4.7	36
5.05 경영대학원의 질적 수준	4.3	63
5.06 학교에서의 인터넷 접근성	5.5	20
5.07 전문 직업훈련 서비스의 질적 수준	4.5	58
5.08 스탭 훈련의 정도	4.4	38
부문 6: 상품시장의 효율성	4.9	24
6.01 국내경쟁의 강도	5.9	8
6.02 국내시장의 독과점 정도	3.4	92
6.03 반독점정책의 유효성	4.4	28
6.04 투자유인에 대한 조세의 효과	3.7	61
6.05 총 조세율, 이윤 대비 %	33.2	54

6.06 기업창업 시의 행정절차 수*	3	11
6.07 기업창업 시의 소요일수	4.0	15
6.08 농업정책 비용	3.8	68
6.09 비관세장벽의 확산 정도	4.1	95
6.10 수입관세율, %*	7.1	86
6.11 외국인 소유기업의 확산 정도	4.3	83
6.12 외국인직접투자 관련 규칙의 기업 영향력	4.2	97
6.13 통관절차의 부담 정도	4.5	49
6.14 수입비율, GDP 대비 %*	39.9	74
6.15 소비자 지향성 정도	5.3	27
6.16 구매자 세련화 정도	5.1	1
부문 7: 노동시장 효율성	4.1	77
7.01 노사관계에서의 협력	3.4	135
7.02 임금결정의 신축성	5.0	73
7.03 채용 및 해고 관행	3.3	113
7.04 해고수당 비용, 주급 대비*	27.4	112
7.05 근로유인에 대한 조세의 효과	3.9	64
7.06 급여 및 생산성	4.8	16
7.07 전문 경영자에의 의존도	4.9	30
7.08 국가의 인재지탱 능력	4.4	29
7.09 국가의 인재유치 능력	3.7	49
7.10 여성노동인구 비율, 남성 대비*	0.73	90
부문 8: 금융시장 성숙도	3.9	80
8.01 금융서비스의 기업필요 충족도	4.1	81
8.02 금융서비스 이용 비용	4.2	43
8.03 국내 주식시장을 통한 자금조달	4.1	42
8.04 대출에의 접근 용이성	3.5	92
8.05 모험자본의 가용성	2.7	76
8.06 은행의 건전성	4.2	102
8.07 증권거래 관련 규제	4.2	71
8.08 법적 권리 보호지수, 0-12(최고치)*	5	68
부문 9: 기술적 준비도	5.5	28
9.01 첨단기술의 가용성	5.6	30
9.02 기업차원의 기술흡수 정도	5.3	28
9.03 외국인직접투자 및 기술이전	4.6	55

9.04 인터넷 이용인구 비율, %	89.9	13
9.05 유선-광대역 인터넷 이용인구 비율/100명*	40.2	5
9.06 국제 인터넷 대역, 사용자당 kb/s*	46.8	66
9.07 무선-광대역 인터넷 이용인구 비율/100명*	109.7	12
부문 10: 시장규모	5.5	13
10.01 국내시장 규모지수, 1-7(최대치)*	5.3	13
10.02 해외시장 규모지수, 1-7(최대치)*	6.1	8
10.03 GDP(구매력평가환율 기준, 10억$)	1,848.5	13
10.04 수출 비중, GDP 대비 %*	45.3	43
부문 11: 기업 세련화	4.9	23
11.01 국내 공급자의 규모	5.1	14
11.02 국내 공급자의 질적 수준	5.1	27
11.03 산업 클러스터 발전 정도	4.5	28
11.04 경쟁우위의 성격	5.1	21
11.05 가치체인의 광역화 정도	5.0	23
11.06 국제적 분배의 통제력	5.1	13
11.07 생산 프로세스의 세련화	5.2	22
11.08 마케팅의 정도	4.8	34
11.09 권한의 위임 의향	3.8	63
부문 12: 혁신	4.8	20
12.01 혁신 능력	4.8	30
12.02 과학 연구기관의 질적 수준	4.6	34
12.03 기업의 R&D 지출	4.5	23
12.04 R&D에서의 산학 제휴	4.4	29
12.05 첨단기술제품의 정부 조달	3.7	37
12.06 과학자 및 엔지니어의 가용성	4.4	39
12.07 PCT 특허 출원건수, 인구 100만 명당*	233.2	6

* 표시는 평가점수가 1~7점 범위로 되어 있지 않고 달리 정해지는 경쟁력 지표들임
자료: WEF, *Global Competitiveness Report 2016-2017*(Switzerland, 2016)

제2장

제4차 산업혁명의 도래

"과거의 산업혁명들은 인류를 동물의 힘으로부터 해방시켰고, 대량생산을 가능하게 하였으며, 수십억 명의 인간에게 디지털 기술을 가져다주었다. 하지만 제4차 산업혁명은 근본적으로 다른 것이다. 이는 물리적 세계, 디지털 세계, 생물학적 세계를 융합시키는 일정한 범위의 신기술들로 특징된다. 제4차 산업혁명은 모든 학문분야와 경제 그리고 산업에 충격을 주며 심지어는 인간이 어떤 존재인지에 대한 생각 자체에도 도전하고 있다(Previous industrial revolutions liberated humankind from animal power, made mass production possible and brought digital capabilities to billions of people. This Fourth Industrial Revolution is, however, fundamentally different. It is characterized by a range of new technologies that are fusing the physical, digital and biological worlds, impacting all disciplines, economies and industries, and even challenging ideas about what it means to be human)."

– 세계경제포럼(WEF) 홈페이지(www.weforum.org) 중에서

4차 산업혁명은 전 세계인들의 소득수준 향상과 삶의 질 개선을 가져올 잠재력을 갖고 있다. 이미 디지털 세계에 들어갈 여유가 있는 소비자 계층은 개인적 생활의 효율과 즐거움을 더해 주는 신상품 및 서비스의 혜택을 누리고 있다. 가까운 미래에 기술혁신은 공급 측면에서의 기적을 수반하여 운수통신 비용의 하락, 물류 및 글로벌 공급체인의 효율화, 교역비용 감소 등으로 경제성장을 재점화시킬 수 있을 것이다. 본장에서는 4차 산업혁명이 기업, 정부, 소비자에게 미치는 영향에 대하여 살펴보고자 한다.

첫째, 기업에 미칠 영향으로 공급 측면에서 제4차 산업혁명은 신기술 도입으로 기존의 소비수요를 충족시키는 전적으로 새로운 방법을 창출할 것이고 기존 산업의 가치체인도 크게 바꿀 것이다. 보다 민첩하고 혁신적인 경쟁자들이 R&D, 마케팅, 판매, 유통 등을 지원하는 디지털 플랫폼을 활용하여 상품 및 서비스의 품질과 배송속도를 개선시키고 판매가격을 떨어뜨림으로써 과거보다 빠른 속도로 기존의 공급자들을 밀어낼 것으로 보인다. 이와 함께 모바일 네트워크 및 데이터에 기반한 새로운 소비행태가 기업들로 하여금 상품 및 서비스의 설계, 마케팅, 배송 등을 혁신케 할 것으로 보인다.

둘째, 정부에 미칠 영향으로 제4차 산업혁명은 정부 행정에 혁신과 변화를 몰고 올 것으로 보인다. 신기술과 플랫폼이 활용되면서 일반국민들이 정부행정에 참여할 수 있도록 하고, 일반국민들의 의견 개진과 상호 조정된 요구들이 늘어날 수 있으며 공공기관들의 감독을 우회 또는 회피할 수도 있을 것이다. 동시에 정부는 과도한 감시 시스템과 디지털 인프라의 통제력 등을 기반으로 일반국민들에 대한 통제력을 강화할 수도 있을 것이다.

셋째, 일반 소비자에게 미칠 영향으로 신기술과 혁신은 사람들의 행동양식과 정체성에도 변화를 주어 프라이버시에 대한 인식, 소유권의 개념, 소비 패턴, 일과 노동의 선택, 경력 및 능력 개발, 인간관계 형성 및 소통방식 등을 바꿀 것이다.

1. 제4차 산업혁명의 시대적 의미

　　　　　　　이제부터는 우리나라가 혁신주도형 경제권에서 경쟁력을 강화하는 데 도움을 주는 새로운 시대에 대한 비전을 논의하고자 한다. 이와 관련하여 제4차 산업혁명이 어떤 변화를 가져올 것인지를 먼저 살펴보도록 하겠다. 저자는 이 부분의 논의에 있어서 제4차 산업혁명을 처음으로 화두에 올린 바 있는 세계경제포럼의 클라우스 슈밥(Klaus Schwab) 회장이 쓴 "제4차 산업혁명: 무엇을 뜻하며 어떻게 대응해야 하나?(The Fourth Industrial Revolution: What It Means, How to Respond?)" 자료(www.weforum.org)를 주로 참고하였음을 밝혀둔다. 하지만 저자는 제4차 산업혁명의 파도를 우리나라가 어떻게 타고 가야 할지를 다루는 부분에서 개인적 견해를 밝히고자 한다.

　　제4차 산업혁명은 전자공학과 정보기술에 기반을 두었던 제3차 산업혁명의 단순한 연장선이 아니라 앞으로 인류가 살고 일하고 상호 교류하는 방식을 근본적으로 바꾸게 될 또 다른 기술혁명이라는 점을 이해해야 한다. 제4차 산업혁명은 그 진행속도, 파급범위 및 시스템에 미치는 충격 등에서 과거와는 극명하게 다른 변화의 물결을 몰고 올 것이다. 이 혁명은 선형이 아닌 지수형 속도로 전개되어 거의 모든 국가에서 거의 모든 산업들을 요동치게 하면서 생산, 경영, 거버넌스의 총체적 시스템 변혁을 가져올 것을 예고하고 있다.

　　제4차 산업혁명은 전 세계인들의 소득수준 향상과 삶의 질 개선을 가져올 잠재력을 갖고 있다. 이미 디지털 세계에 들어갈 여유가 있는 소비자 계층은 개인적 생활의 효율과 즐거움을 더해 주는 신상품 및 서비스의 다양한 혜택(택시 호출, 항공편 예약, 상품 구입 및 지불, 영화 및 음악 감상, 게임 등등)을 누리고 있다. 가까운 미래에 기술혁신은 공급 측면에서의 기적도 양산할 수 있을 것으로 보인다. 운수통신 비용의 하락, 물류 및 글로벌 공급체인의 효율화, 교역비용 감소 등 다양한 혁신들이 새로운 시장을 열고 경제성장을 다시 점화시킬 수 있을 것이다.

또한 제4차 산업혁명은 광범위한 산업에서 노동을 대체하는 자동화 등으로 노동시장을 교란시켜 소득분배의 불평등을 심화시킬 수도 있을 것이다. 반면에 혁신기술에 의한 노동대체가 위험하고 숙련도가 낮은 일자리는 감소시킴에도 불구하고 양질의 안전한 일자리는 늘려줄 수도 있을 것이다.

과연 어떤 시나리오가 더 가능한 것인지 확신하긴 어렵지만 인류 역사의 경험에 비춰 보면 두 시나리오의 결합으로 귀결될 가능성이 높다. 이럴 경우 우려되는 것은 노동시장이 저기술/저임금, 고기술/고임금으로 양분되어 사회적 긴장을 유발할 수 있다는 것이다. 제4차 산업혁명은 경제적 이슈와 함께 불평등 심화에 따른 사회적 이슈를 수반할 가능성도 높다. 지적 또는 물적 자본 공급자(혁신가, 주식 등 지분 소유자, 투자자 등)가 혁신의 최대 수혜자가 됨으로써 노동의존 계층과 자본의존 계층 간에 부(富)의 격차가 심화될 수도 있다. 오늘날 고소득 선진국에서 보듯이 노동시장에서 저급 및 고급 양극단(high and low ends)의 노동수요가 늘어나고 중간단계의 노동수요가 감소함으로써 대다수 노동자들의 소득수준이 정체 또는 감소할 수도 있을 것이다.

2. 제4차 산업혁명이 기업에 미칠 영향

공급 측면에서 제4차 산업혁명은 신기술 도입으로 기존의 소비수요를 충족시키는 전적으로 새로운 방법을 창출할 것이고 기존 산업의 가치체인도 크게 바꿀 것이다. 또한 보다 민첩하고 혁신적인 경쟁자들이 R&D, 마케팅, 판매, 유통 등을 지원하는 디지털 플랫폼을 활용하여 상품 및 서비스의 품질과 배송속도를 개선시키고 판매가격을 떨어뜨림으로써 과거보다 빠른 속도로 기존의 공급자들을 밀어낼 것으로 보인다. 이와 함께 모바일 네트워크 및 데이터에 기반한 새로운 소비행태가 기업들로 하여금 상품 및 서비스의 설계, 마케팅, 배송 등을 혁신케 할 것으로 보인다.

전반적으로 보면 제4차 산업혁명은 기업활동에 네 가지 중요한 효과를 미칠 것으로 보인다. 이러한 효과는 소비자 기대, 상품 개선, 혁신을 위한 제휴협력, 조직형태 등에서 나타난다. 소비자들이 기업들의 소비 서비스의 제공방식을 개선시키는 데 중심 역할을 함으로써 소비자들이 경제변화의 진앙지가 될 것이다. 상품 및 서비스 가치가 디지털 기술에 의해 더욱 향상되고, 신기술들이 내구성과 복원력이 탁월한 가재도구들을 만들어 내며, 향상된 데이터나 분석기법(analytics)이 이들 도구의 관리유지 방법을 변화시킬 것이다.

반면 혁신과 변화의 속도가 빨라지면서 소비자 경험, 데이터 기반 서비스, 분석기법을 이용한 가재도구의 성능 제고 등 다양한 영역에서 새로운 형태의 제휴협력이 필요할 것이다. 아울러 글로벌 플랫폼과 새로운 사업모델이 등장하면서 재능, 문화 및 조직형태 등에서도 새로운 사고로의 전환이 요구되고 있다.

3. 제4차 산업혁명이 정부행정에 미칠 영향

제4차 산업혁명은 정부 행정에도 혁신과 변화를 몰고 올 것으로 보인다. 신기술과 플랫폼이 활용되면서 일반국민들이 정부행정에 참여할 수 있도록 하고, 일반국민들의 의견 개진과 상호 조정된 요구들이 늘어날 수 있으며 공공기관들의 감독을 우회 또는 회피할 수도 있을 것이다. 동시에 정부는 과도한 감시 시스템과 디지털 인프라의 통제력 등을 기반으로 일반국민들에 대한 통제력을 강화할 수도 있을 것이다.

그러나 총체적으로 보면, 정부는 일반국민의 참여 및 정책결정에 관한 기존의 접근방식을 바꾸라는 압력에 봉착할 것이다. 이는 공공행정과 경쟁하는 새로운 원천(source)의 출현과 기존권력의 재분배 및 분권화를 가능케 하는 신기술 발전 등으로 정책 수행에서 정부의 중심적 역할이 감소할 것이기 때문이다. 궁극적으로 정부가 획기적 변화를 포용하고 투명성과 효율성이 높은 체제로 탈바꿈한다면 생존할 수 있을 것이나 그렇지 못하면 어려움에 처할 것으로 보이는데 이는 특히 규제의 영역에서 뚜렷해질 것이다.

기존의 공공정책 및 의사결정체계는 정책결정자들이 특정 이슈를 검토하여 필요한 대응과 적합한 규제체계를 개발할 시간적 여유가 많았던 제2차 산업혁명기에 골격이 정립된 것이다. 따라서 대부분 상명하달식 접근법(top-down approach)을 따르고 전반적인 프로세스도 선형적이고 기계적인 구조로 설계되어 있다. 제4차 산업혁명의 빠른 변화속도, 넓은 충격범위 등에 비추어 볼 때 이런 접근법은 더 이상 지탱하기 어려워졌다. 민간부문이 소프트웨어 개발과 사업방식 변경 등으로 이에 민첩하게 적응한 것처럼 이제 정부도 '민첩한' 거버넌스를 포용함으로써 기업혁신과 기술발전을 계속 지원하면서도 소비자와 대중의 이익을 보호할 수 있어야 한다. 이는 규제자들이 새롭고 빠르게 변화하는 환경에 스스로를 적응시켜 그들이 규제해야 할 것이 진정 무엇인지 깨달아야 함을 의미하는데 이를 위해서는 정부 및 규제기관들이 기업 및 시민사회와 긴밀히 협력해야 한다.

제4차 산업혁명은 이해 충돌의 확률과 성격에 영향을 주어 국가 및 국제사회의 안보 성격도 변화시킬 수 있다. 전쟁터나 국제안보의 역사는 기술혁신의 역사였고 현재도 예외는 아니다. 현대에서 국가가 관련된 충돌은 복합적 성격을 갖는데 전쟁과 평화, 전투원과 비전투원, 심지어 폭력과 비폭력(일례로 사이버전장)의 구분이 모호해지기도 한다. 이러한 과정이 진전되고 생화학무기 등과 같은 신기술의 사용이 용이해지면서 개인이나 소그룹이 대규모 피해를 끼칠 수도 있게 되었다. 이처럼 새로운 취약성이 공포의 대상으로 떠오르기도 하지만 기술진보가 정밀 타깃팅이나 새로운 보호수단 개발 등을 통해 폭력의 규모와 충격을 감소시킬 수도 있게 되었다.

4. 제4차 산업혁명이 일반인들에 미칠 영향

신기술과 혁신은 사람들의 행동양식과 정체성에도 변화를 주어 프라이버시에 대한 인식, 소유권의 개념, 소비 패턴, 일과 노동의 선택, 경력 및 능력 개발, 인간관계 형성 및 소통방식 등이 크게 바뀔 수 있다. 이미 제4차 산업혁명은 사람들의 건강을 바꾸고 수량화된 자아(quantified self)[1]로 바뀌 가고 있는데 우리의 생각보다 빨리 인간의 증강(human augmentation)[2] 단계로 이끌 수도 있다.

인간생명과 기술의 냉혹한 통합이 공감이나 협동 등 인간 본연의 능력을 일부 감퇴시킬 수도 있고, 스마트폰과 인간의 관계에서 보듯이 타인들과 항시적으로 연결됨으로써 휴식 및 성찰 시간, 의미 있는 대화 등 인간 생활의 중요한 자산들을 박탈시킬 수도 있다. 신정보기술이 초래한 가장 큰 도전 중 하나는 프라이버시이다. 자신들에 관한 정보의 유출이 인간의 내면생활에 미치는 충격은 앞으로 더욱 큰 논쟁을 유발할 것이다. 마찬가지로 생명공학과 인공지능에서 나타나는 혁명

---

1 수량화된 자아(quantified self)는 일명 생활 로깅(lifelogging)으로도 알려져 있는데 기술을 적용하여 사람들의 일상생활을 추적함으로써 사람들 자신에 대한 수량화된 지식을 얻는 것을 뜻한다. 일례로 fitbit 등과 같은 착용 가능한 디바이스를 통해 사용자의 일상생활 패턴(하루 보행 수 등)을 수량으로 보여주는 것을 들 수 있다.

2 인간의 증강(human augmentation)은 인간 2.0(human 2.0)으로 불리기도 하는데 이 영역은 인체의 통합부분으로 인지적·신체적 성능 개량을 창출하는 데 집중하고 있다. 일례로 인간의 극한 능력을 초월하는 특징을 갖는 신체로의 변장술을 만들어 내는 제어시스템을 들 수 있다.

들이 수명, 건강, 인식, 능력 등 현존 인간의 태생적 한계를 확장시킴으로써 기존의 도덕적·윤리적 경계를 다시 정의하도록 만들 수도 있을 것이다.

제4차 산업혁명과 함께 다가오는 기술과 교란, 그 어느 것도 인간이 조절할 수 없는 외생적(exogenous)인 힘은 아니다. 인간이 일반국민, 소비자, 투자자로서 매일 매일 선택하는 결정들에서 이 혁명의 전개과정을 유도하고 안내하는 책임은 인류 자신에게 있는 것이다. 따라서 인간은 제4차 산업혁명이 인류 공동의 목적과 가치를 반영하는 미래를 지향하도록 그 모양새를 다듬어 나갈 기회와 힘을 잡아야 할 것이다. 가장 비관적이고 비인간적인 시나리오로 제4차 산업혁명이 인간성을 로봇화(robotize)시키거나 인간에게서 마음과 영혼을 박탈시킬 위험도 있지만 이 혁명이 인간 본성의 가장 좋은 부분(창의성, 감성, 정의감 등)의 보완수단으로서 인간성을 고취시킬 수도 있을 것이다. 제4차 산업혁명이 인간에게 무엇으로 전개될지는 전적으로 인간 자신들에게 달려 있다고 하겠다.

이렇게 볼 때 제4차 산업혁명의 진전에 보다 효과적으로 대응하기 위해서는 정부 정책(특히 경제정책)의 패러다임을 바꿔야 함을 독자들이 어느 정도 이해할 수 있을 것이다. 새로운 정책 패러다임은 소비자의 새로운 기대에 부합하는 차별화된 제품 및 서비스 제공, 디지털 기술에 의한 상품 및 서비스의 가치 제고, 상품의 내구성과 복원력 향상을 위한 신기술 개발, 향상된 데이터나 분석기법에 의한 상품의 관리유지 방법 개선 등을 지원하는 데 효율적이어야 한다.

또한 혁신과 변화의 속도에 대응하여 다양한 영역에서 새로운 형태의 제휴협력이 이루어지도록 유도하고 글로벌 플랫폼과 새로운 사업모델 등장에 따른 재능, 문화 및 조직형태 등의 유연한 변화를 뒷받침할 수 있어야 한다. 아울러 제4차 산업혁명의 전개과정에서 전통적인 화이트 컬러 직무를 소멸시키는 신기술 출현에 대비하여 산업인력의 재훈련을 지원하고 지속가능 발전 목표 달성에 기여하는 녹색 기술, 인간의 기초적 필요를 충족시키는 바이오 기술 등의 경쟁력 제고를 뒷받침해야 한다. 이와 관련하여 과학기술 교육의 혁신을 통해 지식기반형 산업클러스터를 형성하는 데 필요한 양질의 노동력이 지속적으로 공급될 수 있도록 해야 한다.

5. 혁신주도형 패러다임의 경제이론

현재 세계는 글로벌 금융위기를 거쳐 사회, 문화, 정치, 경제 등 폭넓은 분야에서 전환점을 맞고 있는데 이를 이해하고 많은 도전과제에 대처하기 위해서는 역사의 진화적 순환에 대한 성찰로부터 지혜를 찾는 것이 필요하다. 세계경제가 2007~2008년 글로벌 금융위기와 2010~2012년 EU 리세션의 소용돌이에 휘말리면서 이의 원인이 무엇인지에 대해 많은 논의가 있었고 닉슨, 레이건, 대처, 클린턴, 블레어, 브라운, 그린스팬 등의 정책에 대한 많은 논평들이 나왔지만 대부분은 역사와 무관한 것들이었다.

이들 논의에서는 2007~2008년 글로벌 금융위기를 경제발전의 역사에 연결시켜 보다 정교하고 상세한 원인을 도출하지는 못한 것이다. 어쩌면 이는 당연한데 오랫동안 경제학에서 역사는 배제되고 분석의 초점은 대부분 신고전파 경제이론(Neo-Classical Economics)에 기초한 경제모형 설정과 계량경제학 기법의 응용에 맞춰져 있었다. 그러나 이들 모형과 기법들의 정교함에도 불구하고 2007~2008년 글로벌 금융위기 및 2010~2012년 유럽연합(EU: European Union)의 재정위기를 예측하는 데는 실패하였다. 이 점에서 신고전파 주류 경제학자들과 경제정책 담당자들은 역사가 가르쳐 주는 지적체계에 대해 보다 깊은 관심을 가져야 한다. 신고전파 경제학이 제시하는 총수요 관리정책의 비현실성과 한계가 분명히 있기 때문이다.

1960년대에 하이먼 민스키(Hyman Minsky)가 금융 불안정성 가설 (Financial Instability Hypothesis)을 설파한 바 있다. 이 가설의 핵심은 1) 경제안정이 장기화되면 금융부문의 비현실적이고도 과도한 확신이 만연되어 지나친 레버리지를 부추기고 리스크에의 노출이 과도해져 사회전체의 부채가 지속불가능한 수준까지 높아지다가, 2) 차입자들의 부채상환에 문제가 나타나면서 레버리지가 급격히 축소되는 민스키 순간(Minsky Moment)에 들어서면 유동성 확보에 대한 공포 확산으로 금융위기가 발생한다는 것이었다. 그러나 1980년대 이후 경제안정과 금융혁신이 확산되면서 거의 30년간 민스키의 이론은 망각되었다. 하지만 1998년 러시아의 정부 채무 상환 불능으로 발생한 헤지펀드 위기를 거쳐 2007~2008년 글로벌 금융위기가 현대금융의 메카라 할 수 있는 월가에서 발생한 이후에 다시 민스키의 가설이 주목을 받았다.[3]

---

3 Justin Lahart, "In time of Tumult, Obscure Economist Gains Currency," *Wall*

물론 1996년 그린스팬의 유명한 "비합리적 열광(Irrational exuberance)"
에 대한 지적이 있었으나 시장의 광기를 식히기에는 역부족이었다.[4]

투자은행인 리먼 브라더스의 파산으로 선진국의 금융시장에서 주
가 폭락과 채권 및 파생금융상품 시장의 붕괴가 진행되는 데는 불과 한
달도 안 걸렸다. 이 같은 충격적 상황은 신고전파 경제이론과 금융자산
가격변동의 정규분포 가설(소위 Random Walk 가설)에 입각한 리스크관
리 모형의 신뢰성을 한 순간에 추락시켰다.[5] 이렇게 보면 이제 경제학
자들은 물론 정책 담당자들도 역사성을 배제하지 않고 복잡한 현실을
과도하게 단순화시키지 않는 새로운 경제이론에도 귀를 기울일 필요가
있다. 글로벌 금융위기를 통해 얻은 경험과 반성을 토대로 경제이론에
서도 혁신주도형 패러다임을 추구하는 기회로 활용해야 할 것이다.

6. 자본주의 발전과정에서의 긴장과 변화의 유형

여기에서 저자는 진화적 경제학(Evolutionary
Economics)의 전통을 이어가는 현존 경제학자들의 논점을 기반으로
제4차 산업혁명의 시대 그리고 이제부터 저자가 설명하려고 하는 제5

Street Journal (August 18, 2007).

4 Alan Greenspan, "The Challenge of Central Banking," American Enterprise
Institute 만찬강연 자료(December 5, 1996).

5 Anatole Kaletsky, *Capitalism 4.0: The Birth of a New Economy in the After-
math of Crisis* (New York: Public Affairs, 2010).

차 순환기의 전환점을 맞아 우리나라의 경쟁력 강화를 뒷받침할 수 있는 기술-경제 패러다임(techno-economic paradigm), 나아가 혁신중심형 패러다임의 구축 등을 주로 논의해 보고자 한다. 신고전파 경제학의 이론으로는 금융위기의 원인이나 기술혁신의 동학 메커니즘을 설명하는 데 한계가 있기 때문이다.

슘페터의 통찰력과 정신세계를 이어가는 칼로타 페레즈(Carlota Perez) 런던 정경대학 교수는 『기술혁명과 금융자본: 거품의 동학과 황금 시대(*Technological Revolutions and Financial Capital: The Dynamics of Bubbles and Golden Ages*)』에서 주요한 기술혁신과 금융호황 및 거품파열의 관계를 다루고 있다. 페레즈는 혁신, 열광, 시너지 및 성숙 등 4개 국면에 걸친 동태적 변화를 역사상 중요하였던 다섯 차례의 기술혁신에 적용하고 있다. 이들 기술혁신은 1770년대 방직산업, 1830년대 증기 및 철도, 1870년대 철강 및 전기, 1910년대 자동차 및 석유, 1970년대 정보통신 등으로 이어졌다. 이런 기술혁신들이 4개 국면을 거치는 데는 대략 20~30년이 걸렸는데 그 과정에서 거품파열로 귀결되는 금융투자의 열광시기를 거쳤다. 이러한 변천과정은 금융혁신뿐만 아니라 법, 규제제도, 기업형태 및 지배구조, 비정상적 고수익에 대한 대중적 기대 등에서도 상당한 사회경제적 변화를 수반하였다. 이는 다시 금융혁신, 전통적인 신중함의 퇴조, 무분별한 기업가 및 투자은행의 열광적 투자자에 대한 착취 등으로 이어졌다. 페레즈에 의하면 지금은 정보기술 혁명의 시너지가 실현되는 황금 시대로 진입하는 시기로 볼 수 있다.

죠셉 슘페터(Joseph Schumpeter), 사이몬 쿠즈네츠(Simon Kuznets), 크리스토퍼 프리맨(Christopher Freeman) 등은 진화적 경제학의 개척

자들인데 이들은 역사에 실재했던 경제적 진화의 패턴을 분석하는 데 큰 공헌을 하였다. 즉 자본주의체제에서의 근본적인 긴장(tensions), 자본주의체제가 작동하는 사회와 정치형태가 어떻게 경제적 진화의 패턴을 다듬어가는지를 설명한 것이다.

이러한 전통을 이어가는 페레즈는 역사상 금융위기와 리세션을 예견했던 긴장과 패턴을 연구하는 데 기념비적 업적을 이룬 바 있다. 페레즈의 연구에 대한 진지한 관심이 있었다면 2007~2008년 금융위기나 2010~2012년 EU 리세션과 같은 파멸의 가능성을 예측하고 그 시사점들을 찾아내기가 그리 어렵지는 않다. 페레즈는 자본주의체제에서 불안정성을 초래하는 세 가지의 기본 특성과 함께 호황, 거품 붕괴, 정체, 과감한 재창출의 속성이 나타나는 혁신(innovation), 열광(frenzy), 시너지(synergy), 성숙(maturity)의 네 가지 국면을 거치는 자본주의 경제의 진화과정을 설파한 바 있다.

먼저 이들 세 가지는 1) 기술 변화로 혁신 클러스터가 형성되면서 상업부문의 현대화를 이끄는 특성, 2) 금융자본(financial capital) 영역과 생산자본(production capital) 영역[6]에는 서로 다른 이해, 선호 및 제약이 존재한다는 특성, 3) 기술혁신 클러스터를 따르는 경제주체들보다 정치, 사회, 문화적 생활과 관련된 제도들이 상업부문의 패러다임 변화에 적응하는 데 더욱 저항이 크고 느리다는 특성들이다.

---

6 여기에서 금융자본이라 함은 금융기관 대출, 채권, 주식, 펀드 등 금융자산 형태로 금융시장에 유입되는 금융투자자들의 자금을 의미하며 생산자본이라 함은 생산, 투자, 고용, 구매 등 기업활동에 직접 소요되는 자금을 의미한다.

페레즈는 영국에서 자본주의가 태동한 18세기 이후 서구 선진국 경제는 이러한 패턴 변화와 불안정성을 네 차례 경험하였는데 이들 경험은 모두 앞서 언급한 혁신, 열광, 시너지, 성숙의 네 가지 국면을 거쳤다고 주장하였다. 여기에서 1) 혁신은 신기술 클러스터와 관련 기술-경제 패러다임7이 태동, 확산되는 국면, 2) 열광은 금융자본이 신기술에 집중 투자되면서 기업들을 응집시켜 정치적 영향력을 확산시키는 국면, 3) 시너지는 신기술과 패러다임이 사회 및 시장전반의 영역으로 확산되어 경제적 편익으로 이끄는 국면, 4) 성숙은 신기술과 패러다임의 생산성 증가 효과가 멈추고 시장이 포화되는 단계를 의미하며 '열광과 시너지 국면의 중간단계에서 금융위기를 거치게 된다'고 설명하고 있다.

페레즈는 신기술이 단순히 새로운 기계적 발전과정에 그치지 않고 기업들이 사고하고 행동을 조직하는 방식, 즉 기술-경제 패러다임이 획기적으로 바뀌게 된다는 분석체계를 사용하였다. 페레즈의 이론에 의하면 세계경제는 이미 1970년대부터 태동한 정보통신기술 등 현대 과학기술이 이끄는 경제적 패턴 변화와 불안정성의 제5차 순환기에 들어섰고 현재는 글로벌 금융위기와 EU의 리세션을 겪은 이후로서 시너지의 국면을 향해 이행하는 시점이라고 볼 수 있다.

이는 제4차 산업혁명의 도래를 주장하는 세계경제 포럼의 관점과 미묘한 차이가 있어 보이기도 한다. 하지만 페레즈는 거대한 금융위기 경험을 전후로 하는 경제의 대순환 과정에 초점을 맞추고 있는 반면

---

7 기술-경제 패러다임은 광범위한 산업들에서 새로운 기술이 채택되면서 새롭게 형성된 기업활동의 준칙이나 경영패턴을 의미하는 것으로 이해할 수 있다. 새로운 기술과의 밀접한 관련하에서 형성된 패러다임인 점을 강조하기 위해 기술-경제 패러다임으로 칭하고 있다.

세계경제 포럼은 정보통신기술 및 다른 현대 과학기술의 융합에 따른 사회경제적 변화에 더 주목하는 것일 뿐 근본적인 차이가 있는 것은 아니다.

7. 제5차 순환기의 기술-경제 패러다임과 한국의 현실

페레즈와 아담 렌트(Adam Lent) 등 진화적 경제학자들은 1900년대 이후 1970년대까지의 제4차 순환기와 1970년대 이후 정보통신기술 등 현대과학 혁명이 이끄는 제5차 순환기의 기술-경제 패러다임에 근본적인 차이가 있었다고 주장하였는데, 이는 〈표 1-8〉과 같이 요약할 수 있다. 이는 글로벌 금융위기 및 유럽의

〈표 1-8〉 제4차 순환기 및 제5차 순환기 기술-경제 패러다임의 변화

제4차 순환기의 기술-경제 패러다임	제5차 순환기의 기술-경제 패러다임
대량 생산	신축적 생산
폐쇄형 수직적 조직	개방형 네트워크
상품과 서비스의 안정적인 표준화	상품과 서비스의 연속적 개선
소모적 자원으로서의 근로자	창조적 자본으로서의 근로자
경직적 계획	유연한 전략
국제교역	세계화
고전적인 시장	고도로 다양화된 시장

자료: Carlota Perez, *Technological Revolutions and Financial Capital: The Dynamics of Bubbles and Golden Ages* (2002) 및 Adam Lent, "A New Economic Paradigm," *Renewal*, Vol.17, No.3(2009)에서 요약 정리

재정위기 이후 세계경제 및 금융의 구조적 변화가 추진되는 시점에서 우리나라 경제정책의 패러다임이 궁극적으로 어떻게 변화해야 하는지를 살펴보는 데 유용한 분석틀을 제공한다. 제4차 순환기와 제5차 순환기의 기술-경제 패러다임의 차이는 전자가 수직적 계급 구조, 폐쇄형 (self-contained) 조직, 통제 및 동질성(homogeneity) 등을 강조하는 데 비해 후자는 수평적 구조, 조직의 네트워크, 자치(autonomy) 및 다양성 등을 중시한다.

페레즈는 선진국들이 산업혁명 이후 5차례의 순환기에서 5차례의 대형 금융위기를 경험하였다고 설명한다. 이들 순환기의 주도기술과 금융위기 경험은 〈표 1-9〉와 같이 요약할 수 있다. 페레즈는 신기술이 출현하고 관련 패러다임이 생성되면 금융자본 투자자의 투자욕구가 분출되면서 신기술과 기술-경제 패러다임이 급속히 확산되고, 이 과정에서 금융자본의 경제적 중요성과 정치적 영향력이 생산자본보다 상대적으로 높아지면서 과잉투자 및 금융자산의 거품화가 초래되어 금융위기를 유발한다고 설명한다.

페레즈의 독특한 관점은 금융위기가 나타난다고 해서 지배적인 기

〈표 1-9〉 5차례 순환기별 주도 기술과 금융위기 경험

주도 기술	금융위기
1770년대 이후 기계화 및 운하 건설	1797년 금융위기
1830년대 이후 증기기관 및 철도 부설	1847년 금융위기
1870년대 이후 철강, 증기선, 화학기술 및 전기 발명	1890~1893년 금융위기
1910년대 이후 대량생산, 석유, 자동차 발명	1929년 대공황
1970년대 이후 정보통신기술	2007~2008 글로벌 금융위기

자료: Carlota Perez, *Technological Revolutions and Financial Capital: The Dynamics of Bubbles and Golden Ages* (2002)에서 요약 정리

업 패러다임이 일거에 사라지는 것이 아니라 변이(mutation)된다는 것이다. 즉 이동성이 높은 금융자본의 열광으로 과도하게 분출, 확산되었던 패러다임이 이동성이 낮은 생산자본의 통제에 다시 반응하면서 변형되는 시너지 국면으로 바뀐다는 것이다. 이 과정에서 새로운 기술-경제 패러다임 내에서 가능한 생산성 향상 기회가 대부분 활용, 소진되고 활용 가능한 상품 및 서비스 시장이 모두 개척, 개발된다고 보고 있다. 즉 시너지 국면에서 신기술과 패러다임이 경제의 전 영역으로 파급되고 경제발전의 동력이 생산적이고 의욕적인 인적자본 투자, 작업장의 혁신, 지속가능한 소비수요 증대 등으로 옮겨가는 것이다.

페레즈는 이런 국면을 황금 시대라 불렀는데 경제안정, 생산성 증대, 진보적 개혁, 사회적 연대감의 회복 등이 이 시기를 이끈다고 보았다. 다만 금융위기로부터 황금 시대로의 이행은 자동적으로 이루어지는 것이 아니라 사상, 가치 및 이해관계 등 보다 복잡한 유인이 지배하는 사회적·제도적 영역에서도 신기술이 제공하는 기회와 시사점들이 널리 받아들여질 수 있을 때 가능하다고 보았다.

시너지 국면은 다시 성숙 국면으로 연결되는데 이 시기에 신기술과 패러다임은 이미 전 영역과 전 시장으로 파급되어 경제의 정체 또는 리세션이 이어지고 정치적·사회적 충돌이 뒤따르게 된다. 이런 성숙 국면은 또 다른 신기술과 기술-경제 패러다임이 구축되기까지 지속되다가 다음 차례의 순환기로 이어지게 된다.

최근 세계경제포럼이 제4차 산업혁명을 단순한 정보통신기술의 확장이라기보다는 디지털 기술, 물리학 응용기술, 바이오 기술 등 여러 영역의 융합에 의한 또 다른 산업혁명으로 인식한 것과 달리 페레즈는 2000년대 초부터 발표된 자신의 논문들을 통해 이미 세계경제가 정보

〈표 1-10〉 제5차 순환기 패러다임과 현재 우리나라의 패러다임 비교

제5차 순환기 기술-경제 패러다임	현재 우리나라의 패러다임
신축적 생산	대량생산 〉 신축적 생산
개방형 네트워크	폐쇄형 수직적 조직
상품과 서비스의 연속적 개선	안정적인 표준화 〉 연속적 개선
창조적 자본으로서의 근로자	소모적 자원으로서의 근로자
유연한 전략	경직적 계획+유연한 전략(초기 단계)
세계화	국제교역+세계화(진전 단계)
고도로 다양화된 시장	중간 단계의 시장 다양화

통신기술이 이끄는 열광국면의 확산과정을 밟고 있다고 보았다. 이처럼 미묘한 차이가 있지만 제4차 산업혁명에 대한 관심이 고조되는 상황에서 앞으로 우리나라 경제정책의 패러다임을 어떻게 바꿔야 할지를 본격적으로 논의하기 전에 저자는 페레즈가 분석한 제5차 순환기의 기술-경제 패러다임과 현재 우리나라에서 폭넓게 형성되어 있는 기술-경제 패러다임을 〈표 1-10〉과 같이 비교해 보는 것도 의미 있다고 생각한다.

위에서 보듯이 우리나라는 아직 제4차 순환기와 제5차 순환기의 기술-경제 패러다임이 혼재된 상황이며 특히 개방형 네트워크, 창조적 자본으로서의 근로자, 유연한 전략 등은 아직 초기 단계에 머물러 있다고 판단된다. 이에 비추어 보면 우리나라가 제5차 순환기의 다양한 혜택을 다양한 계층이 성취할 수 있는 기술-경제 패러다임을 구축하기 위해서는 무엇보다 먼저 중소기업, 중견기업, 창업기업, 벤처기업 등을 중심으로 하는 미래형 산업구조로 시급히 개편해야 할 것으로 보인다.

앞에서 보았듯이 세계경제는 이미 교역신장률이 성장률을 밑돌고 있는 단계에 들어서고 있다. 영국의 EU 탈퇴, 미국의 트럼프 대통령 당선 등은 글로벌화(globalization)의 감속화로 이끌어 가는 사전 징조로 해석할 수 있다. 또한 그동안 글로벌화 시대가 진전되는 과정에서 고용 없는 성장(Jobless Growth)이 많은 국가에서 확산되어 왔다. 따라서 대기업과 수출기업의 고용기여율이 이미 크게 낮아진 상황에서 대기업과 수출기업에만 의존하는 총수요관리정책의 낡은 패러다임에서 벗어나지 못할 경우 미래성장을 위한 기술혁신과 고용창출 효과는 크게 기대하기 어렵다. 혁신과 고용창출의 주체이자 중산층의 성장기반인 중소기업, 중견기업, 벤처기업, 창업기업, 소기업 등에 대한 정책지원이 획기적으로 강화되어야 안정적이고 지속적인 성장과 양질의 일자리가 확보될 수 있는 전환점에 들어선 것이다.

특히 혁신과 고용창출의 주체들이 혁신기술 개발 및 상업화를 효율적으로 추진할 수 있는 사회경제적 토양을 배양하고 이에 걸림돌로 작용하는 요인들을 제거함으로써 연속적인 혁신과 창조적 파괴(creative destruction)의 선순환구조를 확립하는 데 정책의 초점이 맞추어져야 한다. 아울러 지금까지 중소기업, 중견기업, 창업기업, 벤처기업 등이 감수해야 했던 제도금융권의 소극적인 금융서비스 제공과 높은 금융비용 등을 과감하게 개선시키기 위한 정책노력도 병행되어야 한다. 이와 함께 중요한 것은 대기업 및 재벌기업의 행태와 조직문화를 미래경쟁력 확보에 유리하도록 탈바꿈시키는 것이다. 이를 위해서는 개방형 네트워크, 창조적이고 혁신적인 인적자본으로서의 근로자, 유연한 경영전략 등이 뿌리내리는 데 효과적인 정책유인체계가 마련되어야 한다.

페레즈의 분석틀로 보면 지금은 글로벌 금융위기를 겪고 나서 시너지 국면으로 옮겨가는 시점으로 우리나라는 제5차 순환기를 이끌어가는 신기술과 새로운 기술-경제패러다임이 전 영역으로 파급되고 뿌리내릴 수 있는 사회경제적 토양을 조성해야 할 것이다.

8. 혁신을 위한 정책 패러다임

　　　　　여기에서는 글로벌 금융위기 이후 영국의 공공
정책연구소(IPPR: The Institute for Public Policy Research)가 주축이 되
어 진행하고 있는 새로운 시대를 위한 경제학 프로젝트(The New Era
Economics Project)에서 논의된 바 있는 혁신중심형 정책 패러다임
을 소개하고자 한다. 이 연구소(IPPR)는 정의롭고 민주적이며 지속가능
한 세계(a just, democratic and sustainable world)를 지향하는 첨단연
구 및 혁신 아이디어를 생산하는 영국의 대표적인 연구소로 알려져
있다. 저자는 이 연구소가 발표한 혁신중심형 정책 패러다임이 영국뿐
만 아니라 우리나라와 같은 혁신주도형 경제권에 속한 모든 국가들에
서도 매우 유용할 것으로 생각한다.[8]
　혁신중심형 경제정책은 어떤 것인지 또 어떤 원칙들에 근거하는
것인지가 가장 중요한 이슈들인데 여기에서는 이를 중심으로 다루고자
한다.

---

8 이 부분에서 저자가 소개하는 내용은 IPPR이 발표한 팸플릿 Adam Lent and
　Matthew Lockwood, *Creative Destruction: Placing Innovation at the Heart of
　Progressive Economics* (December 2010)을 참고한 것이나 이의 해석에서 혹시
　오류가 있다면 이는 전적으로 저자에 있으며 IPPR과는 무관함을 밝혀둔다.

혁신중심형 정책 패러다임

이미 살펴본 것처럼 자본주의 역사에서 혁신은 국부와 성장 및 생활수준 향상의 근본적인 원천이었다. 혁신과 기업의 변혁을 장려하고 지지해야 하는 이유도 여기에 있다. 이 같은 혁신의 중요성에 비추어 보면 거시경제 상황의 통제에만 관심을 기울이는 총수요 관리정책은 부적절한 접근법으로 보인다.

물론 양호한 거시경제 상황이 사업과 혁신을 풍부하게 하고 거시경제 상황의 불안정성과 불확실성이 사업과 혁신을 어렵게 하는 것은 사실이다. 경기불황 국면에서 기업의 혁신을 지원하는 데 필요한 금융부문이 취약한 국가들에서 경기변동을 완화하는 총수요 관리정책이 중요할 수는 있다. 그러나 거시경제 안정을 이끌어내는 재정 및 통화정책 그 자체가 혁신적인 고성장 경제를 보증하는 것은 아니다. 이는 단지 필요조건일 뿐 충분조건은 아닌 것이다. 또한 혁신이 없는 개방경제가 진화하는 세계경제에서 거시경제 안정을 지속시키기도 어렵다. 혁신을 유도하는 견고한 정책이 경제의 많은 부문을 지지하지 않을 경우 어떤 거시경제체제도 실패할 수밖에 없다. 혁신을 위한 정책이 무엇을 포함해야 하는지에 대한 아이디어는 많지만 중요한 것은 혁신을 지향하는 기업투자가 이루어져야 하는 것이다. 혁신적 활동에 충분한 수준의 투자가 실현되도록 보증하기 위해서는 정책담당자들이 이를 방해하는 장애요인들을 적극적으로 찾아내어 제거해 주어야 한다.

i) 혁신과 시장구조

투자자들에 가장 근본적인 문제 중 한 가지는 혁신이 성공할 경우 그 수익은 엄청나지만 대부분의 혁신들은 매우 비싸고 위험하며 오직 장기적으로만 높은 수익을 가져온다는 것이다. 게다가 일부 혁신적인 모험사업들은 기술적, 상업적 이유로 중간단계에서 완전히 실패하기도 한다. 새로운 상품이나 서비스가 성공적으로 완결된 경우에도 다른 기업들이 이를 즉시 모방할 수도 있다. 지적재산권의 보호가 이를 방지할 것으로 기대되지만 이를 실행하는 데 비싼 비용을 치르기도 하며 또 실행 자체가 불가능할 수도 있다. 이보다 더 복잡한 이슈는 휴대폰 산업에서 보듯이 지적재산권을 침해하지 않고도 창조적인 아이디어를 경쟁기업들이 완벽하게 모방할 수도 있다는 것이다.

이런 리스크들이 경쟁, 독점 및 혁신 간의 관계를 복잡하게 만들 수 있다. 일찍이 슘페터가 주장한 대로 특정 상품과 서비스에서 독점을 누리는 기업들이 혁신의 유인을 갖는 것은 경쟁자들의 모방이 나타나지 않으리라는 믿음 때문이다. 기업들이 혁신에 따른 고수익을 확실히 누리지 못한다면 혁신을 위한 노력도 소홀해질 수밖에 없다. 독점대기업들은 통상 대규모 R&D 투자에 필요한 풍부한 자금력을 갖추고 있다. 따라서 모방이 쉽고 지적재산권 보호가 느슨한 국가들에서 지나친 경쟁은 오히려 혁신을 방해할 수도 있다. 정책적 시사점은 경쟁정책이 지나치게 강력하여 이미 시장에 진입한 기업들의 혁신유인을 좌절시켜서는 안 된다는 것이다.

또한 독점기업들이 신규진입자의 위험으로부터 지나치게 보호될 경우 독점기업들은 혁신에 대해 안이한 행태를 보일 수 있다. 신규진입자의 위험 역시 혁신을 부추기는 중요한 요소인 것이다. 궁극적으로 기업들은 경쟁시장에서 더 강력한 혁신동기를 갖는다는 점을 유의해야 한다.

이렇게 볼 때 지나친 독점도 과도한 경쟁도 모두 혁신정책에 좋은 것은 아니다. 중요한 핵심은 기업들이 새로운 상품과 서비스를 창출할 필요가 있다고 느끼기에 충분한 정도의 경쟁이 이루어져야 하고, 동시에 그들의 혁신이 빠르게 노후화될 정도로 경쟁이 과도하지 않아야 혁신이 활발해진다는 것이다. 혁신은 독점과 경쟁, 리스크와 보상 간의 균형이 적절하게 유지되는 골디락스(Goldilocks)9 조건에서 번창하는 것이다. 혁신이 중요한 상황에서도 시장은 시간이 지남에 따라 일부 대기업들, 심지어는 단 하나의 독점기업에 의해 지배되는 경향이 있으며, 이럴 경우 경쟁은 봉쇄되고 혁신은 저지된다. 새로운 기업이 창의와 혁신기술 개발력을 무기로 시장에 진입할 수 있는 적절한 수준의 경쟁이 혁신을 촉진하는 데 필수적이며, 정부는 그러한 수준의 경쟁을 유지하는 데 핵심적 역할을 수행해야 한다.

ii) 혁신을 위한 미시정책

정부개입이 어느 정도 필요한 또 다른 혁신에의 장애물들이 있다. 혁신기술이 해당기업에 주는 사적 수익보다 사회와 경제에 주는 사회적 수익이 훨씬 크기 때문에 혁신이 나타나지 않을 수도 있다. 전기나 개인용 컴퓨터 등과 같은 범용기술의 경우에는 이 같은 파급효과 (spillover effects)가 매우 크고 광범위할 수밖에 없어 정부의 지원이 필요하게 된다. 혁신기술이 범용기술보다도 덜 파격적인 경우에도 사회적 수익률이 사적 수익률보다 상당히 높을 수도 있다. 그러나 기업들이 이들 광범위한 수익을 누리기 어렵기 때문에 혁신에의 사적 투자가 과소해질 수도 있다. 즉, 혁신의 파급효과가 외부경제성(positive ex-

---

9 '골디락스'는 영국동화 골디락스와 세 마리 곰에 등장하는 소녀의 이름에서 유래한 용어로 '뜨겁지도 않고 차갑지도 않고 알맞게 따뜻한 경제호황'을 의미한다. 골디락스란 이름을 가진 소녀가 숲속을 거닐다 발견한 곰의 집에서 곰이 끓인 세 가지 스프, 즉 뜨거운 것, 차가운 것, 적당히 따뜻한 것 중에서 적당히 따뜻한 것을 먹고 좋아했다는 데서 따온 용어이다.

ternal economy)을 갖기 때문에 시장의 실패가 나타나는 것이다.

또한 높은 정보비용(information cost)과 조정비용(coordination cost)으로 인해 혁신이 저조할 수도 있다. 많은 혁신들은 기업들 간의 소통 및 협업과 산학협력을 필요로 하는데 이를 위한 조정 네트워크와 컨소시엄은 높은 비용을 유발한다. 소규모의 창업기업이 이런 비용을 감당하기는 어렵다. 또한 혁신의 특정영역에서 관련된 모든 필수정보를 습득하고 유지하는 데도 높은 비용이 소요된다. 결과적으로 기업들은 잠재적인 연구 파트너나 보완기술을 찾지 못할 수도 있고 이를 완전히 이해하지 못할 수도 있다.

이 같은 시장 실패와 정보 및 조정비용으로 인해 혁신이 좌절되지 않도록 정부가 정책적으로 지원해야 할 뚜렷한 역할이 있다. 기업들이 혁신의 폭넓은 이익을 거두도록 정부가 보장할 수는 없지만 관련 리스크와 비용을 대폭 낮춰줄 수는 있다.

많은 기업들이 혁신기술의 출시와 상용화 사이에서 어려움을 겪고 좌절하는 경우가 허다하다. 혁신기업들이 겪게 되는 죽음의 계곡(valley of death)을 통과할 수 있도록 하기 위해서는 정부가 투자세액 공제, 가격 지지, 성능표준의 의무화 및 우선적 조달 등과 같은 정책지원을 제공할 필요가 있다. 또한 혁신 클러스터의 조성, 행정 및 기업서비스 정보제공 프로그램, 대학과의 컨소시엄 등 조정 및 정보비용을 감축하기 위한 정책지원도 중요하다.

한편 금융부문의 기업혁신 지원도 매우 중요하다. 대부분의 혁신은 리스크가 높고 전문가의 기술적 지식이 필요하기 때문에 금융부문이 낙후된 국가들에서는 금융기관들이 혁신적 투자 프로젝트에 자금을 제공하기를 주저할 수 있다. 민간 벤처자본이 대안으로 제시되기도 하지만 특정 산업이나 특정지역에 풍부한 지식을 갖춘 정책 금융기관들의 역할이 여전히 중요하다. 과거 대량생산 시기나 신축적인 생산체제 시기에 혁신에 필요한 장기자금을 제공하는 데 이들 기관들이 중요한 역할을 담당하였다.

실용적 접근법

혁신의 이론과 역사적 경험에 비추어 보면 혁신을 장려하는 정부의 역할을 배제하거나 무조건적으로 받아들이는 접근법들은 모두 실패하기 쉽다. 이상적인 접근법보다는 실용적인 접근법이 중요한데 이는 유연한 접근법과 학습의 중요성을 인정하는 것이다. 2차 대전 이후 정부의 역할에 대해서는 다양한 논쟁이 지속되었지만 좀 더 실용적인 관점에서 보면 상이한 기업들의 변혁을 유도하기 위해서는 상이한 부문별로 상이한 정책 패러다임이 적용될 필요가 있다. 즉 정책담당자들의 중요한 책무는 친정부(pro-state) 또는 반정부(anti-state)적 수사(rhetoric)를 모두 배격하고 어느 부문에 어떤 접근법을 선택할지를 결정하는 것이다.

예를 들어 소매업부문이나 음식료품 등 접객 서비스부문들은 경쟁적 시장 환경에서 혁신이 보다 활발해지는 반면 R&D 집약적이고 글로벌시장을 지향하는 의약품, 전자제품 등의 부문들은 인력기반 형성과 국내수요 진작을 위해 정부가 일정한 역할을 할 필요가 있다. 반면 사회간접자본부문에서는 정부가 보다 직접적인 투자자 역할을 수행해야 한다. 따라서 전 부문을 다루는 일률적인 접근법(one-size-fits-all approach)은 실패하기 쉽다.

동시에 실용적 접근법은 혁신정책이 결코 단순하거나 명료하지 않다는 것을 인정한다. 따라서 이 접근법은 정책담당자들이 주기적, 공개

4차 산업혁명 시대의 한국경제 발전전략

적으로 혁신정책을 재평가하고 기존정책을 필요한 만큼 조율(calibrate)하는 재귀적(reflexive) 스타일을 취할 것을 권장한다. 거시경제, 금융 및 혁신 등 많은 부문에서는 비용이나 선호가 고정되어 있지 않고 부단히 변화하기 때문에 이상적이고 합리적인 경제주체나 고정된 선호체계에 기초한 신고전파 경제학의 접근법은 실패하기 쉽다.

신고전파 경제학과는 달리 복잡계 경제학(complexity economics)은 개인들 간의 직접적이고 단순한 상호작용들이 단기적 예측을 어렵게 만드는 복잡한 결과를 낳을 수 있다는 점을 강조한다. 대규모의 강력한 개입은 의도한 결과를 만들지 못할 수 있고 소규모의 개입은 의미 있는 효과를 낳을 수 있으나 단기적 효과는 불투명할 수 있다. 따라서 정책담당자들도 부분적으로는 경제주체들의 피드백으로부터 부분적으로는 잠정적인 정책의 입안 및 실시과정에서 현실경제의 기초적 동학(underlying dynamics)을 찾아내어 주기적, 공개적으로 평가하고 학습하며 보완해 가는 추론적 수선(deductive tinkering)전략을 취할 필요가 있다.

경제의 복잡성이 반드시 공공정책의 역할을 배제하는 것은 아니며 오히려 종래와는 다른 경제정책의 수행방법을 생각하도록 하는 것임을 이해해야 한다. 즉, 1) 단기적이고 세부적인 개입은 지양하면서도 2) 특정 문제에 대해서도 전체적인 체계하에서 기초적 동학을 이해하면서 적합한 정책과 제도를 강구하는 재귀적인 해법을 모색해야 한다. 이를 위해서는 혁신정책의 진화적 성격을 학습하는 데 공공 및 민간부문의 다양한 주체들을 참여시키는 것이 중요하다.

인지능력(awareness)

역사적 경험에 비추어 보면 효과적인 혁신정책을 위해서는 정책 담당자들이 세계적으로 일고 있는 혁신추세를 잘 인지하고 있어야 한다. 정책담당자들은 협소한 영역의 기술개발에 대한 관심보다는 체계적인 혁신을 성공적으로 이루는 데 중요한 경제, 사회, 문화적 맥락(context)을 잘 이해하고 이에 적절한 대응책을 마련하는 데 더 많은 관심을 두어야 한다.

또한 이러한 인지능력은 시기적절하게 혁신정책으로 발휘되어야 한다. 다른 국가들에서 이미 기업들의 변혁이 이루어져 있는 상황에서 자국기업들의 변혁을 위한 대응조치를 주저할 경우 장기적으로 부정적 결과를 초래할 수 있다. 기업은 자신들의 영역에서 기술과 시장을 잘 알고 있는 것이 사실이지만 정부는 보다 넓은 관점에서 변환적인 혁신, 경쟁국을 따라갈 수 있고 경계를 넓힐 수 있는 기회들에 대해 숙고해야 한다. 현재 급속히 발전하고 있는 웹기반 기술이 자국의 기업변혁에 미치는 영향을 민첩하게 인지하여 자국의 다양한 산업부문들이 생산, 유통, 소비 단계에서 일어나는 중요한 변화에 어떻게 적응하고 이익을 창출할 수 있도록 지원할 수 있는지를 살펴보아야 한다.

9. 혁신주도형 경제를 위한 진보적 원칙

글로벌 금융위기는 각국의 경제정책들이 차세대에 걸쳐 어떤 원칙들에 의해 인도되어야 하는지를 새롭게 생각할 필요성과 기회를 열어주었다. 이처럼 새로운 생각들은 혁신과정에 기반을 둔 것으로 현대 자본주의가 보다 지속가능하고 포용적인 경제성장과 국부의 창출을 이끄는 데 유용할 것이다. 이들 생각들은 창조적 파괴과정이 모두를 위한(for all) 부 및 생활수준 향상을 실현시킬 수 있는 강력한 잠재력을 갖고 있으며 자본주의체제는 본질적으로 불안정하다는 것을 함축하고 있다. 또한 생태적 한계와 양립할 수 있는 방법으로 경제가 지속적으로 성장하면서 진화할 수 있도록 하는 원칙들을 정립하기 위한 것이다.

글로벌 금융위기의 가장 중요한 교훈은 신자유주의의 주장과는 달리 금융시장이 정보처리나 자본분배에 있어 효율적이지 않다는 것을 일깨워 준 것이다. 정교한 파생금융상품이나 신용부도스왑(CDS: Credit Default Swap)[10]들이 정보기술과 인터넷 창업기업들의 초기 발전 단계에서 필요한 금융자금을 제공한 것은 사실이지만 21세기에 들어서면서 금융혁신은 점점 더 불안정하고 기능장애적(dysfunctional)인 것으로 변하게 된 것도 사실이다. 또한 금융혁신의 이익은 극히 불균형적으로 분배되어 소득의 정점에 있는 극소수계층의 소득을 전례 없는 수준으로 부풀려주는 결과를 초래하였다. 미국, 캐나다, 영국 등에서 소득의 불평등성은 1920년대 이래 최고수준으로 높아져 있다. 반면에 2000년대 들어 부채에 의존한 소비호황은 경제적으로 지속 불가능할 뿐만 아니라 생태계에도 재앙을 유발하고 있다.

---

10 신용부도스왑(credit default swap)은 '기업의 파산위험 자체를 거래할 수 있는 파생금융상품'을 말한다. 거래당사자 중 한쪽(A 금융기관)이 다른 상대방(B 금융기관)에게 수수료를 지급하고 기업파산 시 한쪽(A 금융기관)이 입게 되는 손실을 다른 상대방(B 금융기관)에게 팔아넘기는 것으로 보험적 성격을 갖는다. 채무불이행 부담을 서로 교환한다는 특징으로 인해 신용부도스왑이라고 불린다.

혁신과 진보적 가치

끊임없이 진화하는 경제에서 개인과 기업들은 생존을 위해 환경변화에 적응해야 하며 혁신은 이러한 반응의 핵심적 형태이다. 이러한 혁신들의 성공 여부는 사회경제적 환경변화에 대한 적응성(fitness)에 따라 결정되며, 반대로 이러한 환경은 시장의 변화, 외부적 충격, 제도, 사회운동 등의 혼합체(mix)에 의해 영향을 받으며 특히 정책에 의해서도 상당한 영향을 받는다. 경제에 대한 진보적 접근법(progressive approach)은 부의 원천으로서 혁신에 주로 집중하지만 혁신이 일어나는 실질적 내용을 조절함으로써 혁신이 사회경제적으로 생산적인 수단이 되도록 하는 데도 주의를 기울여야 한다.

앞으로 혁신은 기후변화와 인구노령화에 따른 도전적 과제들을 해소하기 위한 유용한 수단으로 활용될 수 있다. 또한 진보적 접근법은 혁신의 목표뿐만 아니라 혁신의 과정에도 주의를 기울여야 한다. 지난 세대의 혁신은 일부 분야에 집중되었고 보상의 분배도 소수계층에 머물러 형평성을 악화시켰다. 반면 창조적 파괴의 사회적 비용과 충격은 취약계층에 감당하기 어려운 부담을 주게 되었다.

앞으로 정부정책은 혁신에의 참여를 확대하고 보상받는 그룹을 넓히며 혁신의 과정 자체를 교란시키지 않으면서도 혁신에 따른 패자를 보호하는 데에서 보다 좋은 역할을 수행할 수 있을 것이다.

혁신과 기후변화

과거의 기술혁신에서도 '유도된 기술변화(induced technical change)'가 있었다. 일부는 긍정적이었고 일부는 부정적이었는데 레이더, 수중음향탐지, 합성고무, 공기역학 기술, 원자폭탄, 페니실린 등 의약품 개발이 확산되었다. 이와 함께 복지국가의 설계, 우주경쟁 등 제도적 혁신도 이루어졌다. 이와 마찬가지로 앞으로도 차세대의 범용기술 출현을 정책적으로 유도할 필요가 있다. IT를 활용하는 바이오 기술과 나노 기술이 차세대의 유망한 범용기술이 될 수도 있을 것이다. 이러한 발전은 재생가능 에너지의 생산성을 높이고 에너지집적을 용이하게 할 것이다.

이 같은 변화를 이끌기 위해서는 R&D 지원, 산학협력, 틈새시장(niche market) 형성(조달, 보조금 및 규제 등을 활용), 초기 시장개척을 위한 금융지원, 혁신기업들의 네트워킹 및 클러스터 형성 등에서 정부가 적절한 역할을 수행해야 한다.

혁신, 불평등, 빈곤

혁신적 발명은 생산성 향상과 비용절감을 통해 생활수준 향상을 가져오기도 하지만(자동차, 항공여행, 휴대폰 등) 창조적 파괴과정에서 불평등과 빈곤을 가져오는 양날의 칼이 될 수도 있다. 1970년대 개발된 IT 기술이 1980년대에 크게 확산되면서 선진국에서는 실업이 급증하고 숙련된 비일상적 노동(non-routine work)에 대한 임금 보상과 중위수 임금(median income)이 상승하면서 실업인구, 연금소득자와의 격차가 확대되었다. 이러한 경험에 비추어 미래의 정부정책도 혁신을 유도하면서도 포용성을 높일 수 있는 양날의 칼의 역할을 담당해야 한다.

i) 혁신 이익의 확산 및 혁신과정에의 참여 확대

혁신으로 창출되는 새로운 시장에의 참여(기업, 지역 및 사회적 기업 등)를 확대하기 위해 1) 고등교육 인구 증대, 2) 고등교육 비용부담을 낮추기 위한 재정투자 확대, 3) 평가 및 스킬을 덜 강조하고 창의성을 더욱 강조하는 교육 커리큘럼의 개혁 등이 이루어져야 한다.

또한 보다 다양한 일에 있어서 창의성이 장려, 인정, 보상받을 수 있도록 경제적·사회적 유인체계를 설계할 필요가 있다. 일본의 카이젠(개선을 의미)제도처럼 아래로부터의 개선을 장려하고 보상하는 정책을 참고할 필요도 있다. 사회적 가치가 높은 돌봄 서비스(care work) 등에서의 혁신을 장려하고 보상을 높이는 것도 중요하다.

기술이 급변하는 세계에서 생산과 소비의 경계는 엷어지고 있다. 소비자들이 자신들의 취향과 선호를 위해 제공하는 피드백이 생산에 적용되는 Prosumtion(production과 consumption의 합성어)의 확산도 중요하다. 이와 함께 작업장에서의 자율(autonomy) 향상을 위해 계층조직을 보다 수평적인 조직으로 바꿀 필요성도 있다.

ii) 파괴에서 창출로의 인간이동 지원

과거 IT 혁명으로 인한 사회경제적 변화과정에서 많은 선진국 정부들은 실업뿐만 아니라 지역사회 붕괴 등으로 인한 사람들의 고통을 소홀히 함으로써 범죄, 우울증, 마약 복용 등 사회 문제의 악화를 초래하였다. 혁신으로 기술과 산업은 노후화되더라도 사람은 노후화하지 않도록 독일과 스칸디나비아 국가들처럼 혁신과 인간보호의 균형을 유지할 필요가 있다. 노동의 유연성과 사회적 보호시스템이 균형감 있게 조합을 이루어야 하는 것이다. 스웨덴 사회민주당의 "Secure People Dare" 슬로건처럼 안정감을 느끼는 사람들이 기업과 혁신에 관련된 리스크를 좀 더 감내하려고 노력할 수도 있다. 창업주의 실패부담을 덜어줄 수 있도록 유한책임회사(LLC: Limited Liability Company)의 창사업체의 법적 형태는 자영업자(Sole Proprietorship), 주식회사(Corporation), 파트너십(Partnership), 유한책임회사(Limited Liability Company) 등이 있다.

유한책임회사(LLC)에서 투자자는 투자액의 한도 내에서 법적 책임을 갖는 점에서 주식회사와 동일하지만 LLC 자체는 세금을 내지 않고 투자자 각자가 본인의 지분만큼 회사의 손익을 분할하여 소득세 신고를 해야 하는 점에서 자영업자나 파트너십과 같다.

LLC에 투자해서 지분을 갖는 납세자들을 LLC 멤버라 하는데 개인이든 회사든 누구나 멤버가 될 수 있다. LLC 멤버들 사이의 관계나 멤버와 회사와의 관계는 계약에 의해 정해지며 LLC를 운영하는 사람을 Manager라 부르고 Manager는 LLC의 멤버일 수도 멤버가 아닐 수도 있다.

LLC는 주식회사의 유한책임과 파트너십의 이중과세 회피를 동시에 달성할 수 있는 장점이 있다. 반면 주식회사에 비해 회사설립 과정이 복잡하고 회사 결산에 의한 순수익이나 손실이 멤버들의 개인소득에 이전(by pass)되기 때문에 개인소득이 이미 높은 단계에 있는 멤버에게는 누진세로 인한 불이익이 나타날 수 있다.

출을 법적으로 지원하는 정책을 강화함으로써 기업혁신을 소수 엘리트의 일(elite affair)이 아니라 다수 대중의 일(mass affair)로 바꿀 수도 있는 것이다(〈Box 1-1〉 참조).

iii) 저기술 일의 장래

혁신으로 기존 일자리에서 퇴출된 사람들은 실제로는 기술변화에 의해 퇴출된 것이라기보다는 기술변화가 이들의 임금과 생산성을 향상하는 데 활용되지 못했기 때문이기도 하다. 이들 인력들은 평생교육 및 훈련을 통해 보다 생산적인 일자리로 옮겨갈 수 있도록 지원해야 한다. 과거의 혁신과정에서 일자리의 보수가 생산성 향상과 반드시 비례한 것은 아니다. 선진국에서 평균임금 대비 CEO의 보수 비율이나 금융산업 고위직의 천문학적 보너스 등은 생산성 변화의 결과로 보기 힘들 정도로 부풀려져 있다. 한편 저 스킬, 비일상적 일의 사회적 필요성은 혁신주도형 경제에서도 반드시 필요한 일이므로 기초적 생활수준 보호에 충분한 최저임금의 보장이 이루어져야 한다.

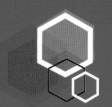

제**2**부

미래경쟁력 강화를 위한
패러다임

제3장

포용적 경제성장

"포용성과 성장은 상호배타적인 것이 아니라 상호보완적인 것이다(Inclusiveness and growth are not mutually exclusive but a complement of one another)."

－죠셉 스티글리츠, 2001년 노벨 경제학상 수상자, 현재 콜롬비아 대학교 교수

1 인당 GDP 성장률은 사회의 다양한 기대를 만족시키기 위한 필요 조건일 뿐 충분조건은 아니다. 그동안 보다 포용적인 경제발전 모델이 필요하다는 공감대 형성에는 진전이 있었으나 아직 포용적 발전 모델이 구체적인 정책 가이드라인으로 설정되지는 못하고 있다. 따라서 이러한 목적에 적합한 포용적 발전 모델의 분석체계와 실증적 해법이 필요하게 되었다.

고율의 경제성장이 생활수준 개선의 필수요소이기는 하다. 전체 파이의 크기가 늘지 않는 한 산술적으로 모든 가구의 몫이 커질 수는 없기 때문이다. 그렇지만 각국의 경험에 기초한 실증적 분석 결과에 비추어 보면 국민경제의 파이가 커진다고 모든 가구의 몫이 자동적으로 커지는 것은 아니다. 경제성장이 사회의 구성원 모두에 상생의 혜택을 주는 포지티브 섬 게임으로 확실히 연결되기 위해서는 고율의 경제성장 이외에 다양한 사회경제적 부문에서 정책과 제도의 유인이 원활하게 작동해야 하는 것이다.

OECD는 2012년에 포용적 성장 이니셔티브(Inclusive Growth Initiative)를 출범시켰는데 이는 소득 및 부 이외에 인류의 웰빙은 비소득적 영역(의료, 교육, 고용상태, 환경 등)에서의 개선에 의존한다는 인식에서 출발한 것이다. 세계경제포럼의 2017년 보고서가 평가한 우리나라의 사회적 포용성 평가결과를 보면, 교육 및 직무능력 개발부문에서 중하위, 기초적 서비스와 사회간접자본부문에서 중하위, 부패 및 경제적 렌트부문에서 하위, 실물경제 투자의 금융중개부문에서 중위, 자산 형성과 기업가정신부문에서 하위, 고용 및 노동보상부문에서 중하위, 재정적 이전부문에서 중위에 들어 있다. 즉, 우리나라의 경우 실물경제 투자의 금융중개부문과 재정적 이전부문에서만 중위권에 있을 뿐, 여타 부문에서는 전반적으로 저조한 상황이다.

1. 왜 포용적 성장과 발전 모형이 희망인가?

글로벌 금융위기 이후 생산적 고용의 새로운 원천을 찾아내고 경제성장의 혜택이 생활수준의 폭넓은 진전으로 옮아갈 수 있기 위해서는 어떻게 정책과 제도를 재설계할 것인지가 선진국 및 개도국의 정치 지도자 및 기업 리더들의 주요 관심사가 되었다. 국가경제 성과의 상위(top-line) 측정치인 1인당 GDP 성장률과 하위(bottom-line) 측정치인 보다 폭넓고 지속가능한 생활수준의 향상 간에 정책당국의 강조점이 균형을 잡을 필요가 있다는 인식이 확산된 것이다.

1인당 GDP 성장률은 사회의 다양한 기대를 만족시키기 위한 필요조건일 뿐 충분조건은 아니다. 그동안 보다 포용적인 경제발전 모델이 필요하다는 공감대 형성[1]에는 진전이 있었으나 아직 포용적 발전 모델이 구체적인 정책 가이드라인으로 설정되지는 못하고 있다. 따라서 이러한 목적에 적합한 포용적 발전 모델의 분석체계와 실증적 해법이

---

[1] 글로벌 금융위기 이후 G20 국가 지도자들은 새롭고 대폭 개선된 경제성장 및 발전 모델의 구축이라는 목표를 수차례 언급한 바 있다. 2009년 런던 G20 정상회의에서 정상들은 "우리는 성장의 회복뿐만 아니라 공정하고 지속가능한 세계경제의 기초를 다질 결심에 차 있다. 우리는 포용적이고, 녹색의, 지속가능한 회복을 위해 필요한 모든 것을 할 것을 약속하였다(We are determined not only to restore growth but to lay the foundation for a fair and sustainable world economy. We have pledged to do whatever is necessary to ······ build an inclusive, green, and sustainable recovery)"는 선언문을 발표한 바 있다. IMF, 세계은행, OECD 등도 높아지는 불평등에 대한 우려를 표명하고 이의 해소를 위한 새로운 전략을 촉구한 바 있다. 최근에는 UN 지속가능 발전 목표의 제안에서 포용적 성장을 우선적 의제로 삼고 있다.

필요하게 되었다.

세계경제포럼은 2015년에 경제성장과 사회적 포용성에 관한 글로벌사회의 도전적 이니셔티브의 일환으로 포용적 성장 및 발전 보고서 2015(The Inclusive Growth and Development Report 2015)를 처음으로 선보인 이래 2017년에 들어서는 두 번째 보고서(The Inclusive Growth and Development Report 2017)를 발표한 바 있다. 이들 보고서는 각국에서 일, 저축, 투자 등 경제성장의 유인을 약화시키지 않으면서도 사회적 포용성을 높일 수 있는 정책과 제도의 다양한 유인들을 어떻게 설계하여 활용할 수 있는지에 대한 이해를 돕기 위한 것이다.

먼저 저자는 이들 두 보고서의 중심 내용을 소개함으로써 포용적 경제성장 및 발전이 왜 우리나라에서 미래의 발전을 위한 희망의 끈이 될 수 있는지를 설명하고자 한다. 이들 보고서는 구조개혁에 대한 사고의 혁신을 강조하고 있는데 이를 위해 2017년 세계경제포럼 보고서의 관련 기술내용을 인용하고자 한다.

> "많은 국가들이 경제성장과 사회적 형평성을 동시에 증진시킬 수 있는 잠재력을 충분히 갖고 있다. 그러나 포용적 성장의 선순환과정을 보다 완전하게 되살리기 위해서는 구조개혁에 대한 접근법을 바꿔야 한다. 즉 수요 및 공급 측면의 정책과 제도가 작동하는 다양한 생태계 내에서 연속적 개선이 진행되는 과정으로 구조개혁에 대한 생각을 재상상하는 것이다. 이러한 구조개혁은 수요 및 공급 측면 정책의 결합 효과로서 경제성장 과정에서 기회, 소득, 안전 및 생활 수준 향상을 확산시키게 된다."[2]

이들 보고서는 140여 개의 사회경제적 수량지표(socio-economic indicators)를 분석함으로써 포용적 경제성장 및 발전(inclusive growth and development)과 관련성이 높은 정책영역에서 각국의 성과 및 환경조건을 비교해 볼 수 있도록 하고 있다. 이들 수량지표는 109개국을 대상으로 7개 부문(pillars)과 15개 하부부문(sub-pillars)을 포괄하고 있다. 이들 보고서의 목적은 다양한 사회경제적 정책영역(policy domain)에서의 성공적인 정책 및 제도의 접근법과 최적의 기업 관행 및 공공-민간의 제휴협력 등을 검토, 비교, 평가하는 데 있다. 이러한 접근법을 통해 정책당국, 기업리더 및 여타 이해관계자들(stakeholders)은 동류국가들의 경험과 자신들의 역사적 경험으로부터 사회적 포용성을 높이는 데 활용가능한 정책유인과 최적관행 등을 어떻게 발굴하여 활용할 수 있는지 명확히 알 수 있게 된다.

현재 전 세계 리더들이 관심을 두는 가장 큰 정책과제는 사회각층이 경제성장과 통합화(integration)의 과정에 보다 폭넓게 참여하고 그 혜택을 누릴 수 있도록 지원하는 것이다. 세계경제의 글로벌화 과정에서 많은 국가들이 경험한 불평등의 확대와 가계소득 중간값(median)의 정체 현상이 왜 나타났는지, 또 이의 중요성은 어느 정도인지는 논쟁의 여지가 있다. 하지만 경제발전 모델이 보다 새로워지고 훨씬

---

2 Many countries have sufficient unexploited potential to simultaneously increase economic growth and social equity. But activating the virtuous circle of inclusive growth more fully will require them to change their approach to structural reform, re-imagining it as an ongoing process of continuous improvement within a diverse ecosystem of demand- and supply-side policies and institutions, the combined effect of which is to diffuse opportunity, income, security, and quality of life as part of the growth process.

〈Box 2-1〉 불평등 축소와 경제성장의 관계에 대한 실증적 연구

- IMF는 i) 지니계수의 3포인트 하락(불평등 감소를 의미)이 경제성장을 0.5% 포인트 증가시키고 ii) 경제성장을 좀 더 지속가능하게 하는 것으로 분석한 바 있다.[3]

  또한 i) 상위 20% 계층의 소득점유율이 높아지면 GDP 성장률이 중기적으로 감소하는데 이는 부유층 가계의 한계소비성향이 낮아 총수요를 감소시키고 성장을 약화시키는 데 기인한다고 분석한 바 있다.[4]

  아울러 상위 20% 계층 소득점유율이 1% 포인트 오르면 GDP 성장률이 0.08% 포인트 낮아지며, 중위 및 하위계층 소득점유율이 1% 포인트 오르면 GDP 성장률이 5년에 걸쳐 0.38% 포인트 오른다고 분석한 바 있다.[5]

- 또한 OECD도 지니계수가 3포인트 오르면 경제성장이 25년에 걸쳐 매년 0.35% 포인트 낮아져 누적효과가 8.5%에 달한다고 분석한 바 있다. 이는 불평등성이 높을수록 빈곤계층이 의료 및 교육 서비스를 충분히 받지 못해 인적자본 축적과 사회적 이동성에 장애를 받기 때문인 것으로 분석되었다.[6]

의미 있는 것으로 개선되어야 한다는 데는 이미 폭넓은 공감대가 형성되어 있다. 그런데 불평등의 축소가 경제성장을 촉진한다는 실증적 연구가 그동안 축적되었음에도 불구하고 포용적 발전과 성장에 대한 정치적 공감대의 형성은 아직 충분하지 않아 구체적인 정책처방으로

3 J. D. Ostry et al., "Inequality and Unsustainable Growth: Two Sides of the Same Coin?"(2014).

4 L. Carvallo and A. Rezai, "Personal Income Inequality and Aggregate Demand," Working Paper 2014-23(2014).

5 IMF, "Causes and Consequences of Income Inequality: A Global Perspective" (2015).

6 Ibid.

이어지지는 못하고 있다(〈Box 2-1〉참조). 그렇다면 어떻게 포용적 경제성장과 발전을 실천가능한 국가전략체계로 끌어올릴 수 있을까?

글로벌화(globalization)에 의한 경제성장 및 교역자유화의 이익실현을 강조하는 소위 워싱턴 컨센서스(Washington Consensus)[7]는 글로벌경제와의 통합화를 통해 부분적으로 국민소득의 높은 증가를 추구하는 국가들에게 로드맵을 제공하기도 한다. 하지만 이는 GDP 성장률의 견인요소에만 관심을 두고 경제성장이 생활수준의 폭넓은 향상으로 이끄는 정도에 중요한 영향을 미치는 정책의 구조적, 제도적 특징들에 대한 관심이 상대적으로 소홀하다. 글로벌 금융위기 이후 국제사회가 새로운 성장 및 발전모델을 추구하는 것은 이 같은 불균형을 바로잡기 위한 것이기도 하다.

세계은행은 최근 2030년까지 절대빈곤인구 비율을 3% 이하로 낮추고 각국에서 하위소득 40% 계층의 소득점유율 향상을 통해 공유된 번영(shared prosperity)을 제고시킨다는 2개 목표를 채택하였는데 이는 경제성장만으로는 달성하기 어려운 것이다. 지난 10년간의 경제성장률이 2030년까지 지속될 경우 절대빈곤인구 비율은 현재의 14.5%에서 5.6% 정도로 감소할 뿐이다.[8] 따라서 세계은행은 다양한 영역(성, 부모소득, 인종, 지역 등)에서의 기회의 불평등을 해소하는 데 정책노력을 집중하고 있다.[9]

---

7 John Williamson, ed., *Latin American Adjustment: How Much Has Happened?* (Washington: Institute for International Economics, 1990).

8 World Bank, "A Measured Approach to Ending Poverty and Boosting Shared Prosperity: Data, Concepts, and the Twin Goals," *DECRG Policy Research Report* (2014).

고율의 경제성장이 생활수준 개선의 필수요소(sine qua non)이기는 하다. 전체 파이의 크기가 늘지 않는 한 산술적으로 모든 가구의 몫이 커질 수는 없기 때문이다. 그렇지만 각국의 경험에 기초한 실증적 분석 결과에 비추어 보면 국민경제의 파이가 커진다고 모든 가구의 몫이 자동적으로 커지는 것은 아니다. 경제성장이 사회의 구성원 모두에 상생(win-win)의 혜택을 주는 포지티브 섬 게임(a positive-sum game)으로 확실히 연결되기 위해서는 고율의 경제성장 이외에 다양한 사회경제적 부문에서 정책과 제도의 유인이 원활하게 작동해야 하는 것이다. 즉 경제성장이 경제적 기회와 생활수준 향상을 가져오는 정도는 경제 및 사회의 구조와 제도가 어떻게 설계되는가에 의해 상당한 영향을 받는 것이다.

　　특히 경제성장 과정에서의 사회경제적 형평성의 진전이 확보되기 위해서는 과거 불평등의 논의에서 가장 많이 거론되었던 교육과 재분배의 두 영역을 넘어 광범위한 영역에서의 개선이 필수적이다. 경제발전 과정에서 제도(특히 규칙과 유인을 관리하는 법률체계와 공공기관)가 결정적 역할을 한다는 것은 지난 수십 년간의 학문적 연구와 실제적 경험에 의해 폭넓은 지지를 얻은 바 있다(〈Box 2-2〉 참조). 사실 경제제도의 구축은 산업고도화와 생활수준 향상을 성공적으로 이룬 국가들의 발전과정에서 핵심동력이었다.

　　경제발전은 복잡하고 다양한 부문에 걸친 사회경제적 제도의 심화과정으로 이해할 수 있다. 경제성장과 동시에 사회가 빈곤의 만연 단계에서 중산층의 지속적인 성장단계로 옮겨가기 위해서는 많은 조건

---

9 World Bank, *World Development Report 2006: Equality and Development* (2006).

OECD는 2012년에 포용적 성장 이니셔티브(Inclusive Growth Initiative)를 출범시켰는데 이는 소득 및 부 이외에 인류의 웰빙은 비소득적 영역(의료, 교육, 고용상태, 환경 등)에서의 개선에 의존한다는 인식에서 출발한 것이다.

또한 OECD는 인류의 웰빙 향상이 평균소득 증가율보다는 중위수 소득 및 극빈계층 소득의 증가율과 더욱 밀접하게 관련되어 있다는 인식하에 가계평균소득과 다른 계층(중위수 또는 하위 10% 계층)의 가계소득 간의 불평등 정도로 가계 실질가처분소득 증가율을 조정한 다방위 생활수준 측정치(multidimensional living standards)를 활용하고 있다.

이와 함께 세계은행도 2030년까지 전 세계 극빈층 인구를 3% 이하로 낮추고 모든 국가에서 하위 40% 계층의 소득을 증가시킨다는 번영의 공유(sharing of prosperity) 목표를 추구하고 있다. 또한 세계은행은 소득불균형 이외에도 성별, 부모 소득, 인종, 지역 등에 따른 차별 등 다양한 영역에서의 기회의 불균형(inequality of opportunity)을 해소하는 데 초점을 맞춰 빈곤계층의 교육 서비스 및 의료 서비스에의 접근성 제고에 각국의 정책 노력을 집중시키는 데 노력하고 있다.

자료: OECD, "All on Board: Making Inclusive Growth Happen"(2014); OECD, *Report on the OECD Framework for Inclusive Growth*(2014)

들이 충족되어야만 한다. 이 같은 제도적 심화과정은 다양한 정책영역에서 동시다발적으로 나타나야 하는 것으로서 경제성장 하나만으로 자동적으로 나타나는 것은 아니다.

국민소득의 증대는 다양한 제도(공적 교육제도, 독립적인 사법부, 효율적인 노동시장 및 보호제도, 공정하고 경쟁적인 시장, 사회보험제도 등)의 설립과 정착을 위한 원천을 제공할 뿐이며 이를 보증하지는 않는다. 건전한 사회경제적 제도를 구축하는 속도와 유형은 사회구성원들이 선택하기 나름이고 투명하고 합리적인 정책 결정과 공공-민간의 제휴

협력에 의존한다. 따라서 포용적 성장과 발전을 실현시키기 위해서는 국가경제 운용전략에서 우선순위를 관찰하고 선택하는 렌즈의 크기를 먼저 확대해야 하는 것이다.

거시경제의 안정적 성장, 교역 확대, 금융안정 등 지금까지 경제정책에서 큰 비중을 차지하였던 요소들이 경제성장에 필요한 생산성 향상의 조건을 마련하는 데 여전히 중요하기는 하다. 그러나 다른 영역에서의 제도 구축 또한 광범위한 계층의 생활수준 향상에 결정적으로 중요하다. 따라서 이들 두 가지가 국가정책에서 동일하게 강조되어야 한다. 이와 같은 강조점의 균형 회복(rebalancing)을 위해서는 사회 지도층의 노력도 중요하다. 구조개혁에 대한 사고와 사회문화적 발상과 태도의 전환이 필요하기 때문이다.

그렇다면 포용적 성장, 즉 경제성장의 과정(생산적 고용)과 결과(가계소득의 중위값)에 사회 각층의 참여를 극대화시키는 데 유용한 정책 영역 및 제도적 역량은 무엇일까? 이미 언급한 대로 이들 두 보고서는 국민소득 수준이 근사한 동류국가 그룹 내에서 포용성 정도를 비교 평가할 수 있도록 7개 부문, 15개 하부부문 및 140여 개의 수량지표를 엄선하여 이에 대한 평가결과를 제시하고 있다. 이런 평가결과는 각국에서 경제성장과 사회적 포용성 간의 시너지를 실현시키는 능력이 어느 정도인지에 대한 정밀진단이라고 이해할 수 있을 것이다. 이 같은 분석체계는 각국의 정책당국과 여타 이해관계자들이 보다 포용적인 경제성장 및 발전 모델에 대한 사회적 염원을 실행 가능한 국가전략으로 승화시키는 데 도움을 주려는 것이다.

이러한 분석체계에 따른 다양한 정책 및 제도 지표(PIIs: Policy and Institutional Indicators) 평가를 통해 2017년 보고서는 109개국에 대한 네 가지의 유의한 분석결과를 다음과 같이 요약하고 있다.

i) 포용적 성장의 추구를 위한 통일적이고도 이상적인 정책조합(policy mix)은 없다. 가장 중요한 것은 포용적 성장을 지지하는 정책과 제도의 생태계에서 관찰되는 전체적 스펙트럼을 하나의 통합된 체계로서 보는 것이다. 이러한 분석체계는 경제발전 과정에서 취약부문의 주기적 보완을 이루어내는 보다 사려 깊은 발전전략으로서의 장점을 갖고 있다.

ii) 대규모의 재정적 이전이 장기적인 성장과 경쟁력의 확보와 반드시 배치되는 것은 아니며 사회경제적 포용성 확대를 위한 가장 효과적인 옵션으로 항상 기능하는 것도 아니다. 가장 경쟁력 있는 국가들 중 많은 국가들이 높은 수준의 사회적 보호제도와 이에 상응한 높은 조세부담을 허용하고 있지만 또 다른 국가들은 상당 규모의 재정적 이전에 의하기보다는 이전지출 이전의(pre-transfer) 불평등성을 낮춤으로써 보다 형평적인 소득분배(낮은 지니계수)를 성취하고 있다.

iii) 사회경제적 포용성을 지원하는 정책과 제도는 고소득국가들의 전유물만은 아니다. 15개 하부부문 중 7개 하부부문(기업가 및 정치인의 윤리, 조세법규, 금융제도의 포용성, 금융중개 및 실물기업 투자, 생산적 고용, 경제적 렌트의 집중도, 교육의 질적 수준 및 형평성)에서 4개 국가그룹(선진경제권, 중상위소득 경제권, 중하위소득 경제권, 하위소득 경제권) 중 3개 국가그룹들의 평가점수가 큰 차이를 보이지는 않는다.

iv) 견고한 포용적 성장전략은 친노동적(pro-labor)이자 동시에 친기업적(pro-business)이다.[10] 이는 제도의 개선에 보다 강력하게 집중함으로써 사회적 포용성과 경제적 효율성을 모두 향상시키기 위한 것이기도 하다.

이제 이들 보고서의 포용적 성장 및 발전 평가체계(Inclusive Growth and Development Framework)가 어떻게 구성되어 있는지를 살펴보도록 하겠다.

〈그림 2-1〉에서 보듯이 평가체계는 7개 부문(pillars)으로 1) 교육 및 스킬(Education and Skills), 2) 기초적 서비스와 사회간접자본(Basic Services and Infrastructure), 3) 부패와 경제적 렌트(Corruption and Rents), 4) 실물경제 투자의 금융중개(Financial Intermediation of Real Economy Investment), 5) 자산 형성과 기업가정신(Asset Building and Enterpreneurship), 6) 고용 및 노동보상(Employment and Labor Compensation), 7) 재정적 이전(Fiscal Transfers) 등으로 되어 있다. 앞의 6개 부문은 사회적 포용성을 지원해 주는 비재정적 요소들이며 마지막 부문은 재정적 요소(이전지출)인데 이들 7개 부문은 다시 2~3개의 하부부문으로 구성되어 있다.

맨 앞의 부문 1(교육 및 직무능력 개발)은 접근성(Access), 질적 수준(Quality), 형평성(Equity) 등 3개 하부부문으로 나누어지며, 부문 2(기초적 서비스와 사회간접자본)는 기초 및 디지털 사회간접자본(Basic and

---

10 세계경제포럼이 발표하는 글로벌경쟁력 지수(Global Competitiveness Index)의 강국들 중 상당수(스위스, 싱가포르, 캐나다, 핀란드, 네덜란드, 덴마크, 룩셈부르크 등)가 포용적 성장 및 발전에서도 상대적 강국으로 나타나고 있다.

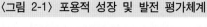

〈그림 2-1〉 포용적 성장 및 발전 평가체계

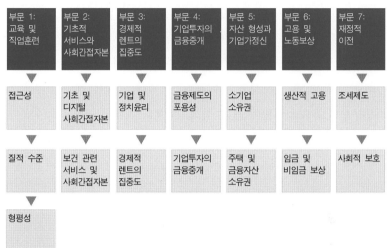

부문 1: 교육 및 직업훈련	부문 2: 기초적 서비스와 사회간접자본	부문 3: 경제적 렌트의 집중도	부문 4: 기업투자의 금융중개	부문 5: 자산 형성과 기업가정신	부문 6: 고용 및 노동보상	부문 7: 재정적 이전
접근성	기초 및 디지털 사회간접자본	기업 및 정치윤리	금융제도의 포용성	소기업 소유권	생산적 고용	조세제도
질적 수준	보건 관련 서비스 및 사회간접자본	경제적 렌트의 집중도	기업투자의 금융중개	주택 및 금융자산 소유권	임금 및 비임금 보상	사회적 보호
형평성						

자료: WEF, *The Inclusive Growth and Development Report 2017*(Switzerland, 2017)

Digital Infrastructure), 보건 관련 서비스 및 사회간접자본(Health-related Services and Infrastructure) 등 2개 하부부문으로, 부문 3(부패와 경제적 렌트)은 기업 및 정치윤리(Business and Political Ethics), 경제적 렌트의 집중도(Concentration of Rents) 등 2개 하부부문으로, 부문 4(실물경제 투자의 금융중개)는 금융제도의 포용성(Financial System Inclusion), 기업투자의 금융중개(Intermediation of Business Investment) 등 2개 하부부문으로, 부문 5(자산 형성과 기업가정신)는 소기업 소유권(Small Business Ownership), 주택 및 금융자산 소유권(Home and Financial Asset Ownership) 등 2개 하부부문으로 구성되어 있다.

부문 6(고용 및 노동보상)은 생산적 고용(Productive Employment), 임금 및 비임금 보상(Wage and Non-wage Labor Compensation) 등 2개 하부부문, 부문 7(재정적 이전)은 조세제도(Tax Code), 사회적 보호

(Social Protection) 등 2개 하부부문을 포괄하고 있다.

그런데 이들 15개 하부부문의 평가는 실제로 140여 개의 정책 및 제도 지표(PIIs)에 대한 평가결과를 기초로 산출된다. 따라서 이들 하부부문들이 어떤 지표들을 포괄하고 있는지를 살펴보아야 특정 국가의 사회적 포용성 수준을 정확히 이해할 수 있다. 〈부록 2-1〉은 부문 및 하부부문별로 이들 140여 개의 정책 및 제도 지표의 구성을 보여준다.

아울러 세계경제포럼의 보고서는 〈그림 2-2〉에 나타난 대로 개별 국의 핵심 성과지표(National Key Performance Indicators)체계를 보여 준다. 이들 핵심 성과지표는 1) 성장 및 발전(Growth and Development), 2) 포용화(Inclusion), 3) 세대간 형평성 및 지속가능성(Intergenerational Equity and Sustainability) 등 3개 부문으로 구성되어 있고 다시 이들 3개 부문은 각각 4개의 하부부문을 포괄하고 있다.

성장 및 발전(부문 1)은 1인당 GDP(Per Capita GDP), 고용(Employment), 노동생산성(Labor Productivity), 기대 건강수명(Healthy Life

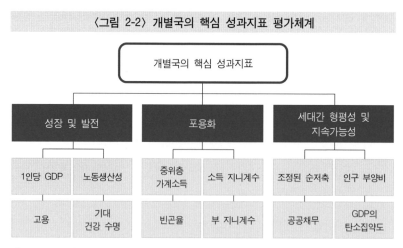

〈그림 2-2〉 개별국의 핵심 성과지표 평가체계

자료: WEF, *The Inclusive Growth and Development Report 2017* (Switzerland, 2017)

Expectancy) 등 4개 하부부문, 포용화(부문 2)는 중위층 가계소득(Me-dian Household Income), 빈곤율(Poverty Rate), 소득지니계수(Income Gini), 부 지니계수(Wealth Gini) 등 4개 하부부문, 세대간 형평성 및 지속가능성(부문 3)은 조정된 순저축(Adjusted Net Savings), 공공채무(Public Debt, as a share of GDP), 인구부양비(Dependency Ratio), GDP 의 탄소집약도(Carbon Intensity of GDP) 등 4개 하부부문으로 구성되어 있다.

이들 핵심 성과지표의 체계는 경제성장 및 발전, 포용화, 세대간 형평성 및 지속가능성 등 3대 부문에서 가장 대표성이 높은 12개 지표를 통해 국별 핵심성과를 보여주는 것으로 앞에서 본 140여 개의 정책 및 제도 지표를 기초로 하여 7개 부문 및 15개 하부부문으로 구성된 포용적 성장 및 발전 평가체계와는 구별된다.

한편 이 보고서는 〈표 2-1〉에서 보듯이 109개 평가대상국을 1인당 GDP 수준에 따라 선진경제권(Advanced Economies), 중상위 소득 경제권(Upper-Middle Income Economies), 중하위 소득 경제권(Lower-Middle Income Economies), 하위 소득 경제권(Low Income Economies) 의 4개 그룹으로 나누고 있는데 우리나라는 1인당 GDP가 17,000달러 이상인 30개국으로 구성된 선진경제권에 속해 있다. 경제성장 및 발전 의 사회적 포용성은 동류권 국가들과의 비교에서 유의한 의미를 갖지 만 서로 다른 국가그룹에 속한 국가들과의 비교는 큰 의미가 없다. 따라서 이 책에서 우리나라의 상황은 선진경제권 국가들과 비교한 평 가결과를 위주로 언급하고자 한다.

〈표 2-1〉 소득그룹별 평가대상국 분류

선진경제권(30)	중상위 소득 경제권(26)	중하위 소득 경제권(37)	하위 소득 경제권(16)
1인당 GDP 〉 17,000달러	1인당 GDP 6,000~16,999달러	1인당 GDP 1,320~5,999달러	1인당 GDP 〈 1,320달러
호주	아르헨티나	알바니아	방글라데시
오스트리아	아제르바이잔	알제리	부룬디
벨기에	브라질	아르메니아	캄보디아
캐나다	불가리아	볼리비아	차드
체코	칠레	카메룬	케냐
덴마크	중국	도미니카	마다가스카르
에스토니아	콜롬비아	이집트	말라위
핀란드	코스타리카	엘살바도르	말리
프랑스	크로아티아	조지아	모잠비크
독일	헝가리	가나	네팔
그리스	카자흐스탄	과테말라	르완다
아이슬란드	라트비아	온두라스	시에라리온
아일랜드	리투아니아	인도	타지키스탄
이스라엘	말레이시아	인도네시아	탄자니아
이탈리아	멕시코	이란	우간다
일본	나미비아	요르단	짐바브웨
한국	파나마	키르기즈	
룩셈부르크	페루	라오스	
네덜란드	폴란드	레소토	
뉴질랜드	루마니아	마케도니아	
노르웨이	러시아	모리타니	
포르투갈	세르비아	몰도바	
슬로바키아	남아공화국	몽골	
슬로베니아	터키	모로코	
스페인	우루과이	니카라과	
스웨덴	베네수엘라	나이지리아	
스위스		파키스탄	
영국		파라과이	
미국		필리핀	
싱가포르		세네갈	
		스리랑카	
		태국	

		튀니지	
		우크라이나	
		베트남	
		예멘	
		잠비아	

자료: WEF, *The Inclusive Growth and Development Report 2017* (Switzerland, 2017)

2. 우리나라의 사회적 포용성 수준은?

이제 세계경제포럼의 2017년 보고서를 기준으로 우리나라의 평가결과를 살펴보도록 하겠다. 2017년 보고서는 2015년 보고서에 비해 상당한 개선이 이루어졌다. 우선 핵심 성과지표의 구성체계가 경제성장 및 발전, 포용화, 세대간 형평성 및 지속가능성 등 3대 부문의 성과를 균형 있게 반영할 수 있도록 대표성이 높은 12개 지표로 재구성되었다. 또한 140여 개의 정책 및 제도 지표(PIIs)를 기초로 하여 구성된 포용적 성장 및 발전 평가체계도 좀 더 의미 있는 지표들이 많이 추가되면서 평가체계가 보다 정교화되었다.

〈부록 2-2〉는 7개 부문 및 15개 하부부문별로 선진경제권의 사회적 포용성(social inclusiveness) 평가결과를 보여주고 있다. 각 부문 및 하부부문에서의 각국 평가점수가 산출되어 있으며 각국이 전체 선진경제권에서 5분위(상위, 중상위, 중위, 중하위, 하위) 기준으로 어느 분위에 속하는지를 색상을 달리하여 보여주고 있다.

세계경제포럼의 2017년 보고서가 평가한 우리나라의 사회적 포용성 평가결과를 보면, 교육 및 직무능력 개발(부문 1)에서 중하위, 기초적 서비스와 사회간접자본(부문 2)에서 중하위, 부패 및 경제적 렌트(부문 3)에서 하위, 실물경제 투자의 금융중개(부문 4)에서 중위, 자산 형성과 기업가정신(부문 5)에서 하위, 고용 및 노동보상(부문 6)에서 중하위, 재정적 이전(부문 7)에서 중위에 들어 있다. 즉, 우리나라의 경우 실물경제 투자의 금융중개(부문 4)와 재정적 이전(부문 7)에서만 중위권에 있을 뿐, 여타 부문에서는 전반적으로 저조한 상황이다.

여기에서 주목할 것은 세계경제포럼의 보고서가 각국의 사회적 포용성 비교에 있어 동류 국가군 내에서의 순위 비교에 한정할 뿐만 아니라 이들 간의 비교도 각 부문 및 하부부문에 국한하고 있을 뿐 모든 부문을 포괄한 총체적 포용성은 평가하지 않는다는 것이다. 그만큼 통계적 유의성이 높은 각 부문의 가중치를 산출하기가 쉽지 않다는 방증이기도 하다. 그럼에도 불구하고 7개 부문별 평가결과에서의 국별 차이를 살펴봄으로써 우리나라의 전반적인 사회적 포용성을 다른 선진국들과 개략적으로는 비교해 볼 수 있다.

우리나라는 그리스, 이탈리아, 포르투갈, 슬로바키아, 슬로베니아, 스페인 등과 함께 최하위권에 있는 것으로 나타난다. 흥미로운 것은 소위 PIGS로 불리는 유럽의 재정위기 국가들 중 대부분이 사회적 포용성이 상대적으로 낮다는 것이다. 이는 이들 국가들이 시장부문에서의 포용성이 크게 낮고 재정적 이전(조세 법규, 사회적 보호제도)에 의한 포용성 지원도 효율적이지 못한 데 기인한 것이다. 한편 사회적 포용성이 전반적으로 양호한 국가들로는 7개 부문별 평가가 우수한 핀란드(상위 6, 중상위 1), 노르웨이(상위 5, 중상위 1, 중위 1), 덴마크(상위 4, 중상위 2, 중위 1), 스웨덴(상위 4, 중상위 2, 중하위 1), 스위스(상위 3, 중상위 4) 등을 들 수 있는데 이들 국가들은 앞으로 우리나라가 포용적 성장 및 발전전략을 추진해 나가는 데 좋은 모범사례가 될 수 있을 것이다.

〈부록 2-2〉에서 먼저 우리나라의 포용성이 하위 수준으로 매우 취약하게 평가된 부문으로는 부패 및 경제적 렌트(기업 및 정치인의 윤리 하위, 경제적 렌트의 집중도 중하위), 고용 구조(생산적 고용 하위, 임금 및 비임금 보상 하위) 등 2개로 나타나고 있다. 중하위 수준인 부문은 교육 및 직업훈련(접근성 중하위, 질적 수준 중하위, 형평성 상위), 기초 서비스 및 사회간접자본(기초 및 디지털 사회간접자본 중하위, 보건의료 서비스 및 생활의 질 중하위), 자산 축적 및 기업가정신(소기업 소유권 중상위, 주택 및 금융자산 소유권 하위) 등 3개이다.

여기에서 우리나라의 경우 교육과 직업훈련부문에서는 형평성이 상위로 평가되었다. 하지만 이는 우리나라의 경우 사교육 의존도가 매우 높고 그 비용도 과중한 특수상황이 고려되지 않은 결과인 점에 유의해야 한다.[11]

중위수준으로 평가된 부문으로는 금융중개 및 실물부문 투자(금융 제도의 포용성 중하위, 기업투자의 금융중개 상위), 재정적 이전 제도(조세 법규 상위, 사회적 보호제도 하위) 등 2개 부문인데 여기에서도 이들의 하부부문인 금융제도의 포용성은 중하위, 사회적 보호제도는 하위로 평가되고 있다.

이들 부문 및 하부부문은 앞으로 우리나라가 제도 개선 및 선진적

---

11 세계경제포럼의 보고서가 공교육 기준으로 각국의 포용성을 평가한 것은 사교육까지 감안할 만큼 데이터가 충분치 않을 뿐더러 대부분의 국가의 경우 사교육이 별로 성행하지 않는 현실을 감안한 것으로 보인다. 실제로 이 부문에서 상위권에 있는 선진국들은 공교육의 질적 수준이 높고 고등 공교육에의 접근성이 높아 사교육 필요성이 높지 않은 상황이다.

관행 정립에 노력해야 할 부문인데 이를 위해서는 관련 세부 지표를 중심으로 사회적 포용성을 획기적으로 높여야만 한다. 따라서 이들 취약한 하부부문을 구성하는 세부 지표를 별도로 구분하여 정리해 보면 〈부록 2-3〉 및 〈부록 2-4〉와 같다.

이들 세부 지표의 구성 내용을 보면 우리나라가 성장지향적인 기존의 정책 패러다임에서 벗어나 보다 성숙한 미래형 패러다임으로 이행하기 위해 필요한 정책과제가 매우 다양하고 전문적인 접근방법을 요구하고 있음을 알 수 있다. 따라서 저자는 일반 독자들이 이들 지표들의 의미를 보다 쉽게 이해할 수 있도록 해설을 달아 놓았다.

위에서 본 것처럼 우리나라가 사회적 포용성과 관련된 많은 부문에서 하위 또는 중하위 수준으로 평가된 것은 그동안 성장지향형 경제정책이 지속되면서 경제적 형평성 제고를 위한 정책노력이 미약하였던데 따른 것이다. 1인당 GDP 증가율 등은 높은 수준임에도 불구하고 경제성장의 과실이 고소득 부유층에 집중되고 저소득 계층에의 분배 개선과 사회적 포용성을 지원하는 교육, 디지털 사회간접자본, 보건의료 서비스, 부패 및 경제적 렌트 추방, 금융제도의 포용성, 고용구조 개선, 사회적 보호제도 등 폭넓은 분야에서의 정책노력은 미약했던 것이다.

또한 〈그림 2-3〉에서 보듯이 우리나라는 소득재분배를 통한 재정정책의 형평성 제고 노력도 소극적이었다. 우리나라는 재정적 이전지출 전후 지니계수의 차이가 2.8% 포인트에 그쳐 대부분의 선진국의 경우 10~25% 포인트에 크게 못 미치고 있다. 이에 따라 우리나라는 재정적 이전 전 소득분포의 형평성보다 이전 후 소득분포의 형평성이

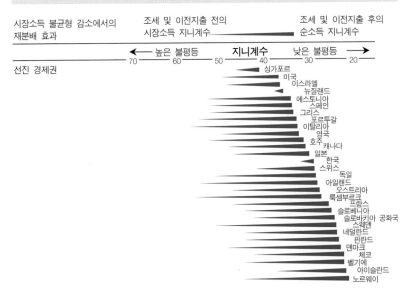

〈그림 2-3〉 시장소득 불평등 감소를 위한 선진경제권 정책성과 비교

시장소득 불균형 감소에서의   조세 및 이전지출 전의   조세 및 이전지출 후의
재분배 효과   시장소득 지니계수   순소득 지니계수

                    ← 높은 불평등   지니계수   낮은 불평등 →
                    70   60   50   40   30   20
선진 경제권

싱가포르
미국
이스라엘
뉴질랜드
에스토니아
스페인
그리스
포르투갈
이탈리아
영국
호주 캐나다
일본
한국
스위스
독일
아일랜드
오스트리아
룩셈부르크
프랑스
슬로베니아
슬로바키아 공화국
스웨덴
네덜란드
핀란드
덴마크
체코
벨기에
아이슬란드
노르웨이

자료: WEF, *The Inclusive Growth and Development Report 2017*(Switzerland, 2017)

다른 선진경제권 국가들에 비해 상대적으로 악화되는 결과를 보여주고 있다.

한 가지 더 유의할 것은 이 보고서에 이용된 우리나라의 지니계수 는 상대적으로 양호한 수준의 소득분포를 보여주지만 이의 원 자료인 통계청 가계조사의 신빙성이 매우 낮다는 점이다. 통계청의 가계조사 는 표본가구수가 1만 개 이하로 대표성이 낮은 데다 조사대상 가구(특 히 고소득 가구)의 소득이 과소 보고될 가능성이 크기 때문이다. 보다 신빙성이 높은 국세청 과세자료에 의할 경우 우리나라의 상위 1% 소득 계층에의 소득집중도가 선진국 중 소득 불평등도가 가장 높은 미국 (18%), 영국(15%) 등의 수준에 가까운 11.9%로 나타나고 있는 것도

감안할 필요가 있다.[12]

다행스러운 것은 아직 정부 채무 규모가 여타 선진경제권보다 낮은 36.7%(2013년 기준)로 경제위기 시에 적극적인 재정정책을 활용할 여지가 상대적으로 크다는 것이다. 다만 우리나라는 공기업 채무가 정부 채무를 상회할 정도로 많아(2012년 기준 공기업 채무가 정부 채무의 118%에 달해 멕시코 21.4%, 캐나다 38.5%, 일본 43.0% 호주 62.9% 등 여타 OECD 국가들보다 크게 높은 수준[13]) 향후 공기업 경영위기가 발생할 경우 그 부담이 국민들에 전가될 위험이 높은 상황이다. 왜냐하면 공기업의 경영 정상화를 위한 재정부담이 증세를 통해 기존 국민(현존 세대)에 전가되거나 국공채 발행을 통해 후손들(미래세대)에 전가될 수 있기 때문이다. 이렇게 볼 때 정부의 재정투자 재원으로 설립, 운영되고 있는 공기업 및 준정부기관들의 부채 감축, 전문성 제고 및 경영합리화 노력의 성과에 대한 국민적 감시가 강화되어야 할 것이다.

이제 앞에서 본 〈그림 2-2〉에 포함된 개별국의 핵심 성과지표체계에 따라 우리나라의 포용성 수준을 여타 선진국과 비교 평가한 결과를 살펴보도록 하겠다. 이들 성과지표는 효율(성장)과 형평(소득분배)에 관련된 중요한 지표들인데 다음의 〈표 2-2〉에 그 결과가 나타나 있다.

---

12 보다 신빙성이 높은 국세청 과세자료를 이용한 김낙년(2012)의 소득집중도 연구 결과(한국의 개인소득 분포: 소득세 자료에 의한 접근)에 의하면 외환위기 이후 10여 년에 걸쳐 소득집중도가 급속히 높아진 결과 2010년 기준 20세 이상 인구(3,895만 명)의 평균소득은 1,638만 원인 데 비해 상위 1%(39만 명)의 평균소득은 1억 9,533만 원으로 소득비중이 11.9%(1998년 6.6%), 상위 10%의 평균소득은 7,193만 원으로 소득비중이 43.9%(1998년 31.4%)에 달한다고 보고된 바 있다.

13 조영무(LG 경제연구원), "국제적인 재정통계로 본 우리나라의 공공부문 채무 수준"(2013) 참조.

〈표 2-2〉선진경제권의 핵심 성과지표 평가결과(수준)

■ 상위　■ 중상위　■ 중위　■ 중하위　□ 하위

	성장 및 발전				포용화	
	1인당 GDP ($)	노동생산성 ($)	건강한 기대수명	고용	순소득 지니계수	빈곤율 (%)
노르웨이	89741	124555	72.0	62.6	22.9	7.8
스위스	75551	93491	73.1	65.0	29.7	8.6
룩셈부르크	106409	201748	71.8	53.9	28.4	8.4
아이슬란드	45411	70671	72.7	70.1	23.4	4.6
덴마크	58208	87167	71.2	58.3	24.9	5.4
스웨덴	54989	87961	72.0	58.9	25.5	8.8
네덜란드	50925	85121	72.2	59.7	25.3	8.4
호주	54718	86972	71.9	61.2	31.8	12.8
뉴질랜드	36464	65440	71.6	63.9	36.0	9.9
오스트리아	47668	87198	72.0	57.9	28.8	9.0
핀란드	45289	82025	71.0	54.3	25.0	6.8
아일랜드	56054	103880	71.5	53.4	29.1	8.9
캐나다	50001	82524	72.3	61.5	31.4	12.6
독일	45270	84050	71.3	56.9	29.5	9.1
한국	25023	68416	73.2	58.8	29.8	14.4
체코	20956	55940	69.4	55.9	24.5	6.0
벨기에	44863	98644	71.1	48.8	24.4	10.0
슬로바키아	18508	59746	68.1	51.6	25.7	8.4
프랑스	41330	89701	72.6	50.2	26.8	8.0
슬로베니아	23896	61022	71.1	52.1	26.7	9.5
영국	40933	76161	71.4	58.2	32.7	10.4
에스토니아	17762	53118	69.0	57.3	34.3	16.3
미국	51486	109314	69.1	58.5	37.0	17.6
일본	44657	72523	74.9	56.9	30.8	16.1
이스라엘	32828	76834	72.8	59.1	36.6	18.6
스페인	30588	82548	72.4	44.4	34.1	15.9
이탈리아	33705	87013	72.8	43.1	32.7	13.3
포르투갈	21961	56078	71.4	51.7	33.2	13.6
그리스	22648	72824	71.9	39.1	33.7	15.1
싱가포르	51855	138815	73.9	65.6	40.9	n/a

	포용화 (계속)			세대간 형평성 및 지속가능성		
	부 지니계수	중위수 가계소득($)	자연자본 계정, 조정된 국민저축[14]	탄소집약도 (kg/GDP)	정부 채무, GDP 대비 %	인구부양비 (%)
노르웨이	79.8	60.4	21.1	16.3	27.9	52.2

스위스	72.1	56.1	15.0	11.8	45.7	48.8
룩셈부르크	75.4	58.8	12.8	32.5	21.5	43.7
아이슬란드	72.0	41.9	11.4	21.2	67.6	51.6
덴마크	89.3	43.4	14.6	18.2	45.5	55.9
스웨덴	83.2	45.2	18.9	14.2	43.4	59.3
네덜란드	74.3	44.0	17.1	38.9	65.1	53.3
호주	68.2	44.3	8.8	57.1	37.6	50.9
뉴질랜드	69.1	n/a	14.0	36.2	29.9	54.0
오스트리아	78.5	47.5	11.9	22.6	86.2	49.2
핀란드	76.6	43.5	6.5	27.6	62.5	58.3
아일랜드	80.0	34.7	16.3	19.5	78.7	53.7
캐나다	73.2	47.6	7.3	54.5	91.5	47.3
독일	78.9	45.9	13.5	58.9	71.0	51.8
한국	71.9	n/a	19.2	68.8	37.9	37.2
체코	76.0	23.8	6.3	69.5	40.3	49.5
벨기에	64.1	43.6	10.0	40.1	106.1	54.2
슬로바키아	49.0	26.5	1.7	49.5	52.9	40.8
프랑스	72.0	43.8	6.8	17.7	96.1	60.3
슬로베니아	58.5	30.3	11.1	49.3	83.1	48.7
영국	73.2	38.4	3.8	21.8	89.0	55.1
에스토니아	65.6	19.2	17.3	48.6	9.7	53.5
미국	86.2	48.9	6.8	46.4	105.2	50.9
일본	63.1	34.8	3.6	31.9	248.0	64.5
이스라엘	77.2	24.0	15.5	68.9	64.1	64.1
스페인	68.0	31.3	6.8	29.7	99.3	50.8
이탈리아	68.7	34.1	3.7	24.0	132.7	56.5
포르투갈	71.3	20.5	2.6	33.2	129.0	53.5
그리스	67.0	19.5	-5.5	46.6	176.9	56.2
싱가포르	74.0	n/a	37.0	129.5	104.7	37.4

자료: WEF, *The Inclusive Growth and Development Report 2017* (Switzerland, 2017)

---

14 자연자본 계정(Natural Capital Accounts)은 주어진 생태계 시스템에서의 자연자
  원의 총 스톡(stock)과 이용 정도를 측정하는 사회회계체계로서 고정자본 소모,
  자연자원 고갈, 환경오염에 따른 손실 등을 포착함으로써 생산과 소비의 진정한
  차액을 명확히 측정하기 위한 것이다. 또한 조정된 순저축(Adjusted Net Savings)
  은 순국민저축+교육비 지출-에너지, 광물, 산림의 고갈-이산화탄소 및 입자 방출
  에 따른 손해를 의미한다. 고정자본 및 자연자본의 소모를 고려함으로써 소비와
  투자에 충당하는 데 동원가능한 가처분소득 규모를 보다 정확히 포착할 수 있다.

우리나라의 핵심 성과지표 수준에 대한 평가결과를 선진경제권과
비교해 보면 건강한 기대수명, 조정된 순저축, 공공채무, 인구부양비
등 4개 부문에서 우리나라가 상위에 속해 있음을 알 수 있다. 반면

〈표 2-3〉 선진경제권의 핵심 성과지표 평가결과(5년 추세)

	성장 및 발전				포용화	
	1인당 GDP ($)	노동생산성 ($)	건강한 기대수명	고용	순소득 지니계수	빈곤율 (%)
노르웨이	0.5	0.9	1.4	-0.7	-1.2	0.3
스위스	0.3	0.3	1.4	0.2	-0.4	-0.9
룩셈부르크	0.6	0.5	1.2	-0.6	1.1	0.3
아이슬란드	1.8	0.7	0.2	1.2	-1.2	-1.6
덴마크	0.2	0.6	1.7	-1.2	0.1	-1.0
스웨덴	1.1	1.1	0.5	0.9	-0.1	0.1
네덜란드	0.2	0.2	1.7	-2.0	-0.4	1.2
호주	1.1	1.9	0.7	-1.0	-1.3	-1.6
뉴질랜드	1.6	1.3	1.3	0.6	0.5	-1.1
오스트리아	0.4	0.8	1.6	0.0	-0.6	-0.6
핀란드	-0.4	0.1	1.3	-0.9	-1.1	-0.4
아일랜드	3.1	-0.1	0.7	0.9	-0.3	0.0
캐나다	1.1	1.0	1.5	0.2	-0.2	-0.4
독일	1.6	0.7	1.2	1.8	0.9	0.1
한국	2.5	1.8	2.0	0.7	-0.7	-0.5
체코	1.2	-0.4	1.2	1.8	-0.9	-0.1
벨기에	0.2	0.6	1.2	-0.6	-0.7	0.0
슬로바키아	2.3	1.4	1.4	1.1	-0.1	0.5
프랑스	0.3	0.4	1.4	-0.7	-1.8	0.5
슬로베니아	0.4	0.8	1.3	-2.9	2.2	1.1
영국	1.3	0.5	1.0	1.2	-0.8	-0.8
에스토니아	4.0	1.3	2.0	6.3	2.0	5.1
미국	1.3	0.7	1.2	1.1	0.3	0.1
일본	0.8	0.9	1.3	-0.2	0.2	0.1
이스라엘	1.3	-0.1	1.4	5.6	-0.8	-2.3
스페인	-0.1	0.8	0.5	-2.8	0.7	1.0
이탈리아	-1.2	-0.6	1.1	-1.1	0.2	1.3
포르투갈	-0.5	0.2	1.6	-3.5	0.8	2.0
그리스	-3.3	0.2	1.2	-8.2	0.3	2.2
싱가포르	2.2	1.0	0.7	0.5	-1.3	n/a

	포용화 (계속)		세대간 형평성 및 지속가능성			
	부 지니계수	중위수 가계소득	자연자본 계정, 조정된 국민저축	탄소집약도 (kg/GDP)	정부 채무, GDP 대비 %	인구부양비 (%)
노르웨이	2.0	5.8	5.1	-0.2	-0.9	1.2
스위스	-8.1	3.0	-6.6	-0.6	-0.4	1.6
룩셈부르크	5.9	-2.2	-7.1	-3.8	2.3	-2.0
아이슬란드	4.2	-9.0	11.7	-5.4	-27.5	1.9
덴마크	0.7	-0.1	2.0	-5.2	-0.9	2.4
스웨덴	3.9	2.3	0.3	-2.5	6.5	5.5
네덜란드	2.0	-1.4	2.2	-1.4	3.5	3.6
호주	4.2	0.6	1.3	-10.4	13.4	2.3
뉴질랜드	-2.6	n/a	5.8	-3.0	-1.6	3.0
오스트리아	0.9	-0.1	-1.4	-3.5	4.0	0.8
핀란드	5.1	2.3	-3.7	-6.0	14.0	6.6
아일랜드	8.4	-4.8	7.2	-3.9	-30.9	5.5
캐나다	0.5	1.6	2.1	-0.7	10.0	2.7
독일	1.9	0.7	1.8	-6.7	-7.3	0.0
한국	-0.6	n/a	-1.4	2.3	6.4	-0.2
체코	0.4	0.3	1.9	-8.4	0.5	6.1
벨기에	1.3	1.5	-2.5	-3.3	3.7	2.5
슬로바키아	4.3	1.5	-0.8	-9.3	9.6	2.4
프랑스	3.1	0.6	-0.6	-3.4	10.9	4.5
슬로베니아	4.8	-1.5	3.8	-1.9	36.7	3.7
영국	5.4	-0.5	-0.5	-4.8	7.7	3.1
에스토니아	-2.5	-0.8	5.7	-1.0	3.8	4.1
미국	1.5	-0.7	3.6	-4.9	6.2	2.0
일본	-0.4	n/a	-1.3	0.0	16.3	6.2
이스라엘	0.4	0.8	2.7	8.3	-4.7	3.1
스페인	1.7	-4.8	-0.2	-2.3	29.8	3.3
이탈리아	3.5	-3.0	0.2	-4.8	16.2	3.2
포르투갈	1.4	-1.6	4.6	0.5	17.6	2.2
그리스	0.8	-10.7	1.6	-1.2	4.8	4.8
싱가포르	2.3	n/a	-4.6	-5.8	3.7	1.6

자료: WEF, *The Inclusive Growth and Development Report 2017*(Switzerland, 2017)

탄소집약도가 68.8kg/GDP(달러 기준)으로 높아 선진경제권에서 하위 수준이고 1인당 GDP, 노동생산성, 빈곤인구 비율(14.4%)은 중하위로 매우 낮은 수준이다.

한편 우리나라의 핵심 성과지표의 최근 5년 추세에 대한 평가결과를 선진경제권과 비교해 보면 〈표 2-3〉에서 보듯이 1인당 GDP 성장률, 노동생산성 증가율, 건강한 기대수명, 부 지니계수, 인구부양비 등의 추세에서 상위수준이고, 고용구조, 빈곤인구 비율 등의 추세가 중상위수준인 데 반해 조정된 순저축률, 탄소집약도 등의 추세는 하위수준이고 정부부채 추이는 중하위수준으로 평가되고 있다.

한편 세계경제포럼(WEF)은 2017년 보고서에서 12개 핵심 성과지표를 기초로 산출된 포용적 발전지수(IDI: Inclusive Development Index)를 국별 포용성 비교를 위해 활용하고 있다. 다행스러운 것은 우리나라의 경우 최근 5년간 핵심 성과지표의 개선추세가 비교적 높다는 것인데(〈표 2-4〉 참조), 앞으로 포용적 발전을 중시하는 경제정책의 패러다임이 구축될 경우 개선추세가 더욱 가속화될 수 있을 것이다.

〈표 2-4〉 선진경제권의 포용적 개발지수 및 핵심 성과지표 개선 추이

순위	포용적 개발지수(IDI) 수준	최근 5년간 핵심 성과지표(KPIs) 개선 추이
1	노르웨이	아이슬란드
2	룩셈부르크	뉴질랜드
3	스위스	이스라엘
4	아이슬란드	아일랜드
5	덴마크	독일
6	스웨덴	노르웨이
7	네덜란드	스위스
8	호주	한국
9	뉴질랜드	덴마크
10	오스트리아	체코

자료: WEF, *The Inclusive Growth and Development Report 2017*(Switzerland, 2017)

마지막으로 세계경제포럼 보고서가 우리나라의 사회적 포용성에 관해 논평한 내용을 인용해 보고자 한다.

　　"한국은 최근의 정치적 혼란에도 불구하고 지난 5년간 포용적 발전지수(IDI)가 꾸준히 개선되어 14위를 기록하고 있다. 특히 한국은 높은 저축률, 높은 교육비 지출 및 유리한 인구구조 등으로 세대 간 형평성이 양호한 수준이다. 반면 한국은 높은 고용률에도 불구하고 높아진 빈곤인구 비율로 고통을 받고 있다. 이는 여성의 노동참가율이 선진경제권에서 가장 낮은 수준을 보이는 등 전반적으로 낮은 노동참가율과 간접적으로 관련되어 있고 남녀 임금격차 또한 이에 관련되어 있다. 한국의 강점 가운데 하나는 상대적으로 형평한 결과를 가져오는 양질의 교육제도이다. 우려되는 부분은 기득권층의 경제적 렌트 추구 행태, 소수의 재벌 대기업들에의 경제적 렌트 집중을 지속시키는 규제시스템 등이다. 한국은 의료보호를 포함한 사회적 보호제도를 통해 포용성을 제고시키기 위해 좀 더 많은 것을 할 수 있을 것이다."

　　비록 우리나라의 사교육 실태에 대한 정보 부족, 소득분배 자료의 낮은 신뢰성 등 일부 문제점에도 불구하고 세계경제포럼의 보고서는 낮은 여성노동참가율, 부패 및 경제적 렌트의 집중도, 주택 및 금융자산 소유권의 낮은 포용성, 제한적인 사회적 보호제도, 재정의 소득재분배 기능 미약 등 중요한 지적을 놓치지 않고 있다. 무엇보다도 이 보고서는 사회적 포용성에 대한 각국 정부의 관심과 역할의 중요성을 일깨우는 데 유용한 자료임에 분명하며 이에 대한 독자들의 관심이 지속되기를 기대한다.

[부록 2-1] 정책 및 제도 지표(PIIs)의 구성

부문	부문	부문
1. 교육 및 직업훈련	**2. 기초 서비스 및 사회간접자본**	**3. 부패와 경제적 렌트**
1-1 접근성	**2-1 기초 및 디지털 사회간접자본**	**3-1 기업 및 정치인의 윤리**
평균학업기간(년)	사회간접자본의 질적 수준(1-7점)	사법부의 독립성(1-7점)
영유아교육 총 등록률 (초등학교 입학 연령 이전 인구 대비 비율, %)	육상운수 연결망의 질적 수준(1-7점)	공공자금의 유용(1-7점)
초등교육 순등록률 (초등학교 수학연령인구 대비 비율, %)	전기보급률	세금 징수에서의 비리성 금전거래 정도(1-7점)
중등교육 총 등록률 (중고교 수학연령인구 대비 비율, %)	운수 사회간접자본 지출 (GDP 대비, %)	기업윤리(1-7점)
고등교육 총 등록률 (대학 수학연령인구 대비 비율, %)	도시 슬럼가 인구	정치인에 대한 국민 신뢰(1-7점)
실업계 고교 등록률(%)	수세식 화장실이 없는 주택 거주 인구 비율(%)	공공 서비스 계약에서의 비리성 금전거래 정도(1-7점)
고급 직업훈련의 가용성 (1-7점)	인터넷이 없는 가구(%)	정부 관료 의사결정에서의 특혜성(1-7점)
교육에서의 양성 간 갭 (여성/남성 비율)	유선 광대역 인터넷 보유인구(인구 100명당)	**3-2 경제적 렌트의 집중도**
1-2 질적 수준	무선 광대역 인터넷 보유인구(인구 100명당)	기존 시장진입자에 대한 우월적 지위 보호(0-6점)
교육제도의 질적 수준 (1-7점)	모바일-셀룰러 인터넷 이용비용(GNI 대비, %)	독과점에 의한 시장지배의 정도(1-7점)
학교에서의 인터넷 접속 수준(1-7점)	유선 광대역 인터넷 이용비용(GNI 대비, %)	국내시장 경쟁의 강도 (1-7점)
교육비 지출 (GDP 대비, %)	**2-2 건강보험 및 사회간접자본**	토지소유 불평등 지니계수(0-100%)
초등학교 학생/교사 비율	건강보험 서비스(1-7점)	반독점정책의 유효성(1-7점)
PISA 독해 점수	건강보험 서비스 접근성 (1-7점)	은행부문의 자산 집중도 (C5 비율: Big 5 은행의 은행시장 점유율, %)

PISA 수학 점수	입자상 물질(2.5) 집중도(μg/m³)	
기초적 독해력 (PIRLS 등 테스트 결과)	본인부담 의료비 비중 (총 의료지출 대비, %)	
수학의 기초적 능력	영양실조 인구 비율(%)	
숙련 노동력의 채용 용이성	불평등성 조정 후 기대수명(세)	
직업훈련의 질적 수준	양질의 음용수에의 접근성	
1-3 형평성	양질의 위생시설에의 접근성	
고 복원성(resilient) 학생15 비율(%)	남녀 건강 갭(여성/남성)	
사회적 포용성(학교간 사회경제적 지위의 분산 정도)	환경보호 규제의 엄격성	
PISA 독해점수의 4분위 갭 (q1/q4): bottom 25%/top 25%	실내 공기 오염수준	
PISA 수학점수의 4분위 갭 (q1/q4): bottom 25%/top 25%	경찰 서비스의 신뢰성	
평균학업기간의 5분위 갭 (q1/q5): bottom 20%/top 20%		
초등학교 이수율의 5분위 갭 (q1/q5): bottom 20%/top 20%		
중등학교 이수율의 5분위 갭 (q1/q5): bottom 20%/top 20%		
고등학교 이수율의 5분위 갭 (q1/q5): bottom 20%/top 20%		
기초적 독해력(PIRLS 등 테스트 결과)의 5분위 갭(q1/q5): bottom 20%/top 20%		
수학의 기초적 능력의 5분위 갭(q1/q5): bottom 20%/ top 20%		
부문	부문	부문
4. 금융중개 및 투자	5. 자산형성 및 기업가정신	6. 고용 및 노동 보상
4-1 금융제도의 포용성	5-1 소기업 소유권	6-1. 생산적 고용
금융서비스 비용의 저렴성 (1-7점)	소기업 창업률 (경제활동인구 천 명당)	여성노동 참가 (남성 대비)

---

15 빈곤 등으로 사회경제적 상황 관련 PISA 지수는 하위 25%에 있으나 PISA 학업 성적은 상위 25%에 있는 학생을 의미한다.

금융서비스 접근성에서의 남녀 갭(15세 이상 인구 중 금융서비스 이용 인구 비율에서의 남녀 간 격차)	창업실패에 대한 태도 (1-7점)	실업률 (노동력 대비, %)
하위 40% 소득계층 인구 (15세 이상) 중 공식 금융기관 계정 보유 인구 비율(%)	PCT 특허출원건수 (인구 백만 명당)	청년실업률 (청년노동력 대비, %)
하위 40% 소득계층 인구 (15세 이상) 중 사업목적 계정 보유 인구 비율(%)	창업절차소요일수	취약 고용 (고용 대비, %)
은행대출 서비스에의 접근 용이성(1-7점)	창업소요비용 (1인당 GNI 대비, %)	지하경제의 정도(1-7점)
중소기업의 제도권 금융 서비스에의 접근 용이성(1-7점)	파산처리기간(년)	인재유지 능력(1-7점)
4-2 기업투자의 금융중개	파산비용(부가가치 대비, %)	사회적 이동성(1-7점)
국내 주식시장 접근성 (1-7점)	계약 강제집행비용 (채무액 대비, %)	고용보호의 엄격성 (1-6점)
모험자본 가용성(1-7점)	계약 강제집행 소요기간(일)	비정상 노동시간
은행부문에 의한 국내 민간신용 공급(GDP 대비, %)	세금납부소요시간	임시고용 비율(%)
비금융기업(NFC)에의 은행대출(GDP 대비, %)	5-2 주택 금융자산 소유권	과소고용률 (노동력 대비, %)
민간부문의 사회간접자본 투자 비율(GDP 대비)	재산권 보호(1-7점)	적극적인 노동시장 개입에 따른 재정지출(GDP 대비, %)
소액자본 기업의 기업공개 (1천억 달러 GDP 당)	주택소유율(인구 대비, %)	6-2 임금 및 비임금 보상
대규모 자본 기업의 기업공개 (1천억 달러 GDP 당)	주택대출수혜율 (성인 대비)	저임금고용률 (고용 대비, %)
민간 R&D 지출(GDP 대비, %)	주거부담 갭(도시지역)	남녀임금 갭(남성 대비)
주식의 후속(follow-on) 공모 발행(GDP 대비, %)	사원주식 소유(고용 대비)	극빈층(하루 2달러 미만) 가계의 취업인구
회사채 발행(GDP 대비, %)	이익공유(고용 대비)	생산성 연계임금(1-7점)
주식 거래액 비율, 5년 평균 (시가총액 대비, %)	개인연금자산(GDP 대비)	임금분포(최저/중간임금)
주식환매(buyback)(GDP 대비, %)		노동조합 밀도(고용인구 대비, %)
		단체교섭권 보유 근로자의 커버율(고용인구 대비, %)
		협력적 노사관계(1-7점)
		노동권의 보호 수준(ITUC 서베이)

		유아보호제도 이용률 (3세 이하 유아 대비, %)
		유아보호제도 이용비용 (평균 임금 대비, %)
		유급 출산휴가(일수)
		여성육아휴직(일수)
		남성유아휴직(일수)
부문		
7. 재정적 이전지출		
7-1 조세관련 법규	**7-2 사회적 보호장치 (계속)**	
근로유인에 대한 조세의 영향(1-7점)	사회적 보호 관련 지출 (GDP 대비, %)	
투자유인에 대한 조세의 영향(1-7점)	노령연금 커버리지 (퇴직연령 초과인구 대비, %)	
총 조세수입(GDP 대비, %)	연금의 누진성(0-100점)	
조세누진성 종합측정치	건강보험의 커버리지 (인구 대비, %)	
총 조세 wedge (노동비용 대비, %)	산재보험 커버리지 (인구 대비, %)	
상품 및 서비스에 대한 조세 (총 조세수입 대비, %)	순연금 대체율 (정년전 소득 대비, %)	
재산세 수입(GDP 대비, %)	순실업급여 대체율 (실업전 소득 대비, %)	
자본세 수입(GDP 대비, %)		
상속세 수입(GDP 대비, %)		
7-2 사회적 보호장치		
공공재 및 서비스 제공의 효율성(1-7점)		
사회안전망의 보호 정도(1-7점)		
수익/비용 비율(재정적 이전 전후 빈곤 갭 차이/ 총 재정적 이전액)		
사회적 보험제도의 적절성 (사회적 보험 관련 복지 이전 지출 전후의 5분위(bottom 20%) 소득 갭/5분위 소득)		

자료: WEF, *The Inclusive Growth and Development Report 2017* (Switzerland, 2017)에서
재구성함

■ 상위　■ 중상위　■ 중위　■ 중하위　□ 하위

	1. 교육 및 직무스킬			2. 기초 서비스 및 사회간접자본			3. 부패와 경제적 렌트		
	부문	하부부문			부문	하부부문		부문	하부부문	
		접근성	질적 수준	형평성		기초 및 디지털 사회간접자본	의료 보건 및 생활의 질		기업 및 정치인의 윤리	경제적 렌트의 집중도
호주	5.73	6.72	5.19	5.28	5.68	5.43	5.93	4.83	5.46	4.21
오스트리아	5.56	6.66	5.05	4.98	5.61	5.41	5.82	4.91	4.99	4.84
벨기에	5.67	6.64	5.39	4.97	5.30	4.80	5.80	4.94	5.32	4.56
캐나다	5.62	5.68	5.37	5.82	5.53	5.35	5.71	4.89	5.27	4.51
체코	5.29	6.55	4.47	4.84	5.24	5.13	5.34	3.76	3.44	4.08
덴마크	5.88	6.52	5.65	5.48	5.72	5.68	5.76	5.27	5.89	4.64
에스토니아	5.72	6.17	4.98	6.01	5.30	5.12	5.49	4.51	5.06	3.97
핀란드	6.13	6.54	5.80	6.04	5.88	5.76	6.01	5.42	6.29	4.56
프랑스	5.47	6.27	4.90	5.25	5.48	5.37	5.58	4.75	4.85	4.65
독일	5.68	6.47	5.20	5.37	5.46	5.31	5.62	4.84	5.08	4.60
그리스	4.85	5.88	3.81	4.86	4.75	4.44	5.06	3.53	3.20	3.87
아이슬란드	5.68	6.27	5.42	5.36	5.65	5.51	5.80	5.00	5.42	4.57
아일랜드	5.66	6.23	5.29	5.47	5.18	5.01	5.36	5.22	5.81	4.64
이스라엘	5.30	6.29	4.82	4.80	5.14	4.89	5.40	4.27	4.65	3.89
이탈리아	5.27	6.33	4.32	5.16	4.89	4.56	5.22	3.75	3.18	4.31
일본	5.57	5.91	4.87	5.94	5.68	5.50	5.86	5.57	5.51	5.63
한국	5.46	5.93	4.78	5.67	5.31	5.16	5.46	4.04	3.56	4.51
룩셈부르크	5.02	5.82	4.53	4.71	5.59	5.48	5.69	5.62	5.94	5.30
네덜란드	5.83	6.71	5.44	5.33	5.61	5.46	5.75	5.25	5.88	4.62
뉴질랜드	5.74	6.39	5.41	5.43	5.45	5.05	5.84	5.36	6.27	4.44
노르웨이	5.99	6.61	5.69	5.66	5.72	5.46	5.99	5.39	6.01	4.76
포르투갈	5.35	5.93	4.75	5.38	5.30	5.03	5.57	3.93	4.09	3.78
싱가포르	5.73	5.93	5.52	5.74	6.03	5.84	6.22	5.27	6.21	4.33
슬로바키아	4.79	5.98	3.88	4.51	4.91	4.93	4.89	3.37	2.68	4.06
슬로베니아	5.61	6.57	4.88	5.39	4.98	4.70	5.26	4.22	3.73	4.71
스페인	5.27	6.11	4.38	5.33	5.57	5.40	5.74	4.06	3.55	4.57
스웨덴	5.70	6.30	5.41	5.38	5.77	5.69	5.85	5.50	6.14	4.86
스위스	5.82	6.53	5.58	5.34	6.06	5.99	6.12	5.32	5.94	4.71
영국	5.62	6.22	5.07	5.57	5.53	5.39	5.66	5.21	5.58	4.84
미국	5.56	6.40	5.07	5.21	5.50	5.51	5.50	4.86	4.73	4.98

	4. 금융중개 및 투자			5. 자산형성 및 기업가정신		
	부문	하부부문		부문	하부부문	
		금융제도의 포용성	기업투자의 금융중개		소기업 소유권	주택 금융자산 소유권
호주	5.39	5.72	5.07	5.76	5.66	5.86
오스트리아	4.74	5.89	3.59	4.91	5.10	4.72
벨기에	4.65	5.59	3.71	4.73	5.03	4.43
캐나다	5.13	5.63	4.62	5.28	4.90	5.67
체코	3.62	4.74	2.50	4.21	4.13	4.29
덴마크	4.59	5.32	3.86	5.48	5.63	5.34
에스토니아	3.78	4.89	2.67	4.82	5.24	4.41
핀란드	4.91	5.45	4.36	5.93	5.61	6.25
프랑스	4.51	5.19	3.83	4.86	5.03	4.70
독일	4.73	5.91	3.55	4.73	5.41	4.06
그리스	3.50	3.57	3.43	3.61	3.96	3.27
아이슬란드	4.41	4.11	4.70	5.36	5.73	4.98
아일랜드	4.33	5.13	3.53	5.10	5.16	5.04
이스라엘	4.67	4.69	4.64	5.06	5.18	4.94
이탈리아	3.26	3.88	2.64	3.78	4.15	3.40
일본	4.53	5.23	3.83	4.90	5.22	4.59
한국	4.73	4.75	4.71	4.84	5.46	4.21
룩셈부르크	5.09	5.93	4.24	5.22	5.24	5.20
네덜란드	4.48	5.41	3.54	5.70	5.68	5.72
뉴질랜드	5.62	6.03	5.22	5.51	5.85	5.18
노르웨이	5.40	5.92	4.89	5.19	5.86	4.52
포르투갈	3.66	4.33	2.98	4.30	4.60	4.00
싱가포르	5.50	5.23	5.78	5.67	5.82	5.52
슬로바키아	n/a	4.55	n/a	3.93	3.99	3.87
슬로베니아	3.94	4.53	3.35	4.50	4.78	4.22
스페인	3.94	5.29	2.60	4.46	4.54	4.39
스웨덴	5.39	5.43	5.36	5.39	5.62	5.17
스위스	4.85	5.91	3.80	5.53	5.36	5.69
영국	4.77	5.66	3.88	5.43	5.54	5.32
미국	4.45	5.71	3.18	5.77	5.97	5.57

	6. 고용 및 노동 보상			7. 재정적 이전지출		
	부문	하부부문		부문	하부부문	
		생산적 고용	임금 및 비임금 보상		조세관련 법규	사회적 보호제도
호주	4.36	4.58	4.13	4.45	4.03	4.88
오스트리아	5.27	5.41	5.12	4.16	2.65	5.67
벨기에	5.17	5.34	5.00	5.08	4.40	5.75
캐나다	4.40	4.66	4.13	4.55	3.86	5.24
체코	4.50	4.87	4.14	3.72	2.60	4.84
덴마크	5.86	5.83	5.90	4.84	3.67	6.00
에스토니아	4.78	5.21	4.36	3.39	2.17	4.60
핀란드	5.57	5.49	5.64	4.34	3.35	5.32
프랑스	5.06	5.19	4.93	4.78	4.02	5.54
독일	5.04	5.51	4.57	3.93	2.57	5.30
그리스	3.66	3.56	3.77	3.58	3.09	4.06
아이슬란드	5.57	5.35	5.78	4.53	3.87	5.19
아일랜드	4.23	4.57	3.90	4.99	4.49	5.48
이스라엘	4.47	4.64	4.30	4.58	4.09	5.08
이탈리아	4.33	3.77	4.88	4.09	3.34	4.83
일본	4.29	4.79	3.80	4.23	3.65	4.82
한국	4.17	4.55	3.79	4.42	4.24	4.59
룩셈부르크	5.19	5.69	4.69	4.91	4.31	5.51
네덜란드	5.10	5.46	4.74	4.37	3.11	5.64
뉴질랜드	4.51	4.87	4.15	4.59	3.95	5.24
노르웨이	6.12	6.10	6.14	4.52	3.44	5.60
포르투갈	4.54	4.38	4.69	4.18	3.27	5.08
싱가포르	5.20	5.62	4.79	4.16	4.07	4.24
슬로바키아	4.26	4.30	4.21	3.31	2.31	4.32
슬로베니아	4.64	4.81	4.46	3.86	2.73	4.99
스페인	4.07	3.94	4.19	4.18	3.27	5.08
스웨덴	5.59	5.18	5.99	4.11	3.20	5.03
스위스	5.05	5.61	4.48	4.68	3.91	5.46
영국	4.45	4.88	4.02	4.76	4.58	4.94
미국	4.06	4.80	3.33	4.21	3.73	4.69

자료: WEF, *The Inclusive Growth and Development Report 2017*(Switzerland, 2017)

3-1 기업 및 정치인의 윤리	지표 해설
사법부의 독립성(1-7점)	사법부의 독립성에 대한 서베이
공공자금의 유용(1-7점)	부패로 인해 공공자금이 회사, 개인 및 단체 등을 위해 유용되는 정도에 대한 서베이
세금 징수에서의 비리성 지불(1-7점)	수출입 통관, 공공시설 이용, 세금납부, 공공계약 및 면허, 호혜적 사법 판단 등과 관련된 비공식 초과 지급 및 뇌물 제공 정도에 대한 서베이
기업윤리(1-7점)	공무원, 정치인, 여타 기업 등과의 상호 작용에 있어서의 기업윤리 수준에 관한 서베이
정치인에 대한 국민 신뢰(1-7점)	정치인들의 윤리성에 관한 일반인 대상 서베이
공공계약에서의 비리적 지불(1-7점)	공공계약이나 자격증 등과 관련하여 비리적 추가 지불이나 뇌물 제공이 빈번한 정도에 대한 서베이
정부관료의 결정에서의 특혜성(1-7점)	정부 관료가 사적 관계가 좋은 기업 및 개인에 특혜를 주는 관행의 정도에 대한 서베이
5-2 주택 금융자산 소유권	**지표 해설**
재산권 보호(1-7점)	재산권 보호 정도에 대한 서베이
주택소유율(인구 대비, %)	주택소유 가구원수가 총인구에서 점하는 비율
주택대출 수혜율(성인 대비)	주택담보대출 잔액을 보유한 성인인구 비율
주거부담 갭(도시지역)	도시주거자의 주택구입비용을 해당 도시주거자 소득으로 나눈 비율
사원주식 소유(고용 대비)	종업원 10인 이상 기업의 사원주식 소유제도에 따라 배당 등을 받는 근로자의 10인 이상 기업 소속 전체 근로자에 대한 비율
이익공유(고용 대비)	종업원 10인 이상 기업 전체 근로자에 대한 이익 공유(정규급여 및 보너스와 별도)를 허용하는 종업원 10인 이상 기업 근로자의 비율
개인연금자산(GDP 대비)	퇴직소득을 제공하는 모든 형태의 연금성 자산이 GDP에서 차지하는 비율
6-1 생산적 고용구조	**지표 해설**
여성노동 참가율(남성 노동참가율 대비)	
실업률(노동력 대비, %)	
취약 고용(고용 대비, %)	자영업 종사자 및 무급 가계노동 종사자가 총 고용인구에서 차지하는 비율
지하경제의 정도(1-7점)	비신고 및 비등록 경제활동의 정도에 대한 서베이
인재유지 능력(1-7점)	인재유지 능력에 대한 서베이

사회적 이동성(1-7점)	부모의 사회경제적 위상과 관계없이 자신의 노력으로 자신의 경제적 위상을 개선시킬 기회의 보유 정도(1-7점)에 대한 서베이
고용보호제도의 엄격성(1-6점)	해고 및 임시고용에 대한 규제의 강도: 절차상 장애(통지, 협의 요구 등), 통지기간 및 퇴직금 관련 필요사항, 해고의 난이도(불공정 해고 시 보상 또는 복직 요구 등)
비정상 근로시간	근로자 1인당 연간 비정상 근로시간
임시직 고용비율(전체 취업자 대비, %)	
과소고용률(노동력 대비)	full-time 구직의사가 있으나 주당 30시간 미만의 고용상태에 있는 인구의 총 고용인구에 대한 비율
적극적인 노동-시장 지출	적극적인 노동-시장 조치 관련 재정지출의 GDP 대비 비율
6-2 임금 및 비임금 보상	**지표 해설**
저임금고용률(고용 대비, %)	임금이 중위수(median)의 2/3보다 낮은 직종 종사자 비율
남녀임금 갭(남성 대비)	동일 직무에서의 남성임금에 대비한 여성임금의 비율
빈곤가구 중 피용자수	하루 2달러 미만 가구 중 피용자 수
임금분포(최저/중위수임금)	full-time 고용자의 최저임금과 중위수 임금의 비율
노동조합 밀도(고용인구 대비, %)	노조 조합원 근로자의 노조가입 대상 근로자에 대한 비율
단체교섭 커버율	1개 이상 단체협약으로 커버되는 근로자의 전체 근로자 대비 비율
협력적 노사관계(1-7점)	협력적 노사관계에 대한 서베이
근로자 권리	노동조합 권리의 침해정도에 대한 국제노동조합연맹의 서베이 결과
유아보호제도 이용률 (3세 이하 유아 대비, %)	공식 유아교육 시설에 등록된 3세 이하 유아의 전체 3세 이하 유아에 대한 비율
유아보호제도 이용비용 (평균임금 대비, %)	공식 유아교육 시설에 등록된 2세 유아 등록비가 근로자 평균임금에서 차지하는 비율
여성육아휴직(일수)	출산 여성 근로자에 부여되는 육아휴직 일수
남성육아휴직(일수)	배우자 출산 남성 근로자에 부여되는 육아휴직 일수
7-2 사회적 보호제도	**지표 해설**
공공재 및 서비스 제공의 효율성 (1-7점)	공공재 및 서비스 제공의 효율성에 대한 서베이
사회안전망의 순보호(1-7점)	사회안전망의 순보호 수준에 대한 서베이

재정적 이전의 수익비용 비율 (5분위 최빈층 대상; bottom 20%)	재정적 이전 전후 빈곤 갭(이전 후 소득-이전 전 소득) / 재정적 이전 총액
사회적 보험의 적합성 (5분위 최빈층 대상; bottom 20%)	사회적 보험 및 근로복지(SPL) 프로그램 관련 복지 이전 지출 전후의 5분위 소득 갭(이전 후 소득-이전 전 소득)/5분위 소득(연금 및 사회보장으로 구분 측정)
사회적 보호의 적합성 (5분위 최빈층 대상; bottom 20%)	사회적 보호 관련 복지이전 지출 전후의 5분위 소득 갭/5분위 소득(현금 및 현물로 구분 측정)
사회적 보호 관련 공공지출 (GDP 대비, %)	복지에 악영향을 받는 상황에 처한 개인 및 가계에 대해 공공기관이 현금 지불 또는 재화 및 서비스 형태 로 제공하는 혜택 또는 금융적 지원
노령연금 커버리지 (은퇴연령 초과인구 대비, %)	법정 은퇴연령 초과 인구 중에서 노령연금 수급자가 차지하는 비율
고용보험 커버리지(실업인구 대비,%)	
연금의 누진성(0-100점)	은퇴 후 연금수급액과 은퇴 전 근로소득의 관계를 요약해 보여주는 지수로서 그 값이 0-100이면 연금 제도가 누진적(progressive)이고, 마이너스(-)이면 역진 적(regressive)으로 해석
건강보험의 커버리지(인구 대비, %)	
산재보험 커버리지(인구 대비, %)	
연금의 총소득 대체율 (은퇴 전 소득 대비, %)	은퇴 후 연금수급 보장액을 은퇴 전 총소득액으로 나눈 값으로 연금제도가 은퇴 전 주 소득원을 얼마나 대체해 주는지를 보여주는 지표
순실업급여 대체율 (실업 전 소득 대비, %)	실업 후 첫 실업급여 수령액이 실업 전 총소득액을 대체하는 정도를 보여주는 지표

자료: WEF, *The Inclusive Growth and Development Report 2017*(Switzerland, 2017)에서
재구성함

1-1 교육 및 직업훈련제도 접근성	지표 해설
평균학업기간(년)	25세 이상 인구의 총 학업기간의 평균치
영유아교육 총 등록률(초등학교 입학 연령 이전 인구 대비 비율,%)	영유아 교육기관 등록인구를 영유아 교육기관 학령인구로 나눈 값
초등교육 순등록률 (초등학교 수학연령인구 대비 비율, %)	초등교육기관 등록인구를 공적 초등교육 학령 인구로 나눈 값
중등교육 총 등록률 (중고교 수학연령인구 대비 비율, %)	중등교육기관(교육수준의 국제표준분류 ISCED 2, 3) 등록인구를 공적 중등교육 학령인구로 나눈 값
고등교육 총 등록률 (고등교육 학령인구 대비 비율, %)	고등교육기관(ISCED 5, 6) 등록인구를 공적 고등 교육 학령인구로 나눈 값
실업고 총 등록률 (고등교육 학령인구 대비 비율, %)	실업고 등록인구를 공적 고교 학령인구로 나눈 값
고급 직무훈련의 가용성(1-7점)	고급 직무훈련의 가용성에 대한 서베이
교육에서의 양성간 갭(여성/남성 비율)	문맹률, 초등·중등·고등교육 등록률에서의 남녀 차이를 반영
1-2 교육 및 직업훈련제도의 질적 수준	
교육제도의 질적 수준(1-7점)	교육제도의 질적 수준에 대한 서베이
학교에서의 인터넷 접속 수준(1-7점)	학교에서의 인터넷 접속 수준에 대한 서베이
교육비 지출(GDP 대비, %)	
초등학교 학생/교사 비율	
PISA 독해 점수	OECD의 Programme for International Student Assessment(PISA)에서의 독해 점수
PISA 수학 점수	OECD의 Programme for International Student Assessment(PISA)에서의 수학 점수
기초적 독해력(PIRLS 등 테스트 결과)	PIRLS(Progress in International Reading Literacy Study) 등에서의 최저 기준점수를 초과한 학생 비율
수학의 기초적 능력	Trends in International Mathematics and Science Study(TIMSS) 등에서의 최저 기준점수를 초과한 학생 비율
숙련 노동력의 채용 용이성(1-7점)	숙련 노동력의 채용 용이성에 대한 서베이
직업훈련의 질적 수준(1-7점)	직업훈련의 질적 수준에 대한 서베이
2-1 기초 및 디지털 사회간접자본	
사회간접자본의 질적 수준(1-7점)	사회간접자본의 질적 수준에 대한 서베이
국내 육상운수의 질적 수준(1-7점)	국내 육상운수 연결망이 얼마나 효율적인 운수서비스를 제공하는지에 대한 서베이

전력보급률	전력보급 가구 거주인구 비율
운수 사회간접자본 지출(GDP 대비, %)	
도시슬럼가 인구	양질의 물, 위생, 생활공간, 주택내구성, 주거기간 안정성 등에서 1개 이상 결핍된 가구의 주거인구 비율
기초생활시설이 없는 주민(인구 대비, %)	수세식 화장실이 없는 가구에 주거하는 인구의 비율
인터넷이 없는 가구(%)	
유선 광대역 인터넷 보유인구 (인구 100명당)	Transmission Control Protocol/Internet Protocol(TCP/IP) 연결(유선), 256 kilobits per second (kbps) 이상의 downstream 속도를 갖춘 유선 광대역 인터넷 보유 가구 비율
무신 광대역 인터넷 보유인구 (인구 100명당)	
모바일-셀룰러폰 이용 비용 (GNI 대비, %)	1분당 국내 이동통신비용(on-net 및 off-net의 국내 이동전화 호출, 국내 유선전화 호출 등의 평균치)을 국민 총소득으로 나눈 값으로 측정
유선 광대역 인터넷 이용 비용 (GNI 대비, %)	Transmission Control Protocol/Internet Protocol(TCP/IP) 연결(유선), 256 kilobits per second (kbps) 이상의 downstream 속도를 갖춘 유선 광대역 인터넷 이용비용을 국민총소득으로 나눈 값으로 측정
2-2 의료보건 및 생활의 질	
건강보험 서비스(1-7점)	건강보험 서비스의 질적 수준에 대한 서베이
건강보험 서비스 접근성(1-7점)	건강보험 서비스 접근성에 대한 서베이
입자상 물질(2.5) 집중도(μg/m³)	입자상 물질(2.5)집중도(μg/m³)의 연평균 수준
본인부담 의료비 비중(총 의료지출 대비, %)	
영양실조 인구 비율(%)	음식물 에너지 최소필요량을 지속적으로 충족하지 못하는 인구 비율
불평등성 조정 후 기대수명(세)	기대수명분포의 불평등 조정 후 기대수명
양질의 음용수에의 접근성	양질의 음용수 보급 인구 비율
양질의 위생시설에의 접근성	적절한 배설물 정화시설을 갖춘 가구에 거주하는 인구의 비율
남녀 건강 갭(여성/남성)	출생 시 남녀 성비, 기대 건강수명의 남녀 성비
환경보호 규제의 엄격성(1-7점)	환경보호 규제의 엄격성에 대한 서베이
실내 공기 오염수준	음식조리용 고체연료 사용 인구 비율
경찰 서비스의 신뢰성(1-7점)	경찰 서비스의 신뢰성에 대한 서베이

3-2 경제적 렌트의 집중도	지표 해설
기존 시장진입자에 대한 보호(0-6점)	진입장벽 등을 통한 기존 시장진입자의 보호 정도에 관한 서베이
시장지배의 정도(1-7점)	독과점기업의 시장지배 정도에 대한 서베이
국내경쟁의 정도(1-7점)	국내경쟁의 정도에 대한 서베이
반독점정책의 유효성(1-7점)	반독점정책의 유효성에 대한 서베이
은행부문 자산의 집중도(C5 비율)	전체 은행보유 금융자산 중 top 5 은행 보유 금융자산이 차지하는 비율
4-1 금융제도의 포용성	지표 해설
금융서비스의 가용성(1-7점)	금융서비스의 가용성에 대한 서베이
금융서비스 접근성에서의 남녀 차이	금융서비스 이용인구 비율에서의 남녀 차이
하위 40% 소득계층 인구(15세 이상) 중 공식 금융기관 계정 보유 인구 비율(%)	15세 이상 하위 40% 소득계층인구 중에서 공식 금융기관(은행, 신용조합, 현동조합, 마이크로 금융기관, 우체국 등)에 계정(데빗카드 포함)을 보유한 인구의 비중
하위 40% 소득계층 인구(15세 이상) 중 사업목적 계정 보유인구 비율(%)	15세 이상 하위 40% 소득계층인구 중에서 사업목적(또는 사업 및 개인 겸용)으로 공식 금융기관에 계정(직불카드 포함)을 보유한 인구의 비중
대출서비스에의 접근성(1-7점)	대출서비스에의 접근성에 대한 서베이
중소기업 금융의 접근성(1-7점)	중소기업 금융의 접근성에 대한 서베이

자료: WEF, *The Inclusive Growth and Development Report 2017*(Switzerland, 2017)에서 재구성함

제4장

지속가능 발전

지속가능 발전은 우리와 우리 후손들의 행복을 모두 지킬 수 있는 경제발전 방식으로 앞에서 본 포용적 성장과도 연관되어 있다. 이들 개념은 모두 경제와 관련성이 깊은 교육 및 인적자원 개발, 사회적 통합 및 갈등 해소, 환경보존, 자원고갈 방지, 기후변화에의 대응, 사회간접자본 투자, 미래세대에의 부담전가 방지 등 다양한 분야에서의 성과를 경제적 성과와 함께 고려하고 있다.

현재의 추세가 지속될 경우 2050년에 어떤 결과에 이를지를 살펴보기로 한다. 선진국과 개도국에서 모두 60억 명의 과도한 물적 소비의 부담을 30억 명의 빈곤인구가 치르는 상황에 이를 수 있다. 과도한 물적 소비는 지구생태계의 지탱한계를 넘어섬에 따라 생태계 붕괴의 부정적 영향의 대부분을 빈곤인구가 부담할 수 있다. 생태계의 붕괴수준까지 이르지 않을 경우에도 수십억 명 인구의 정당한 몫과 개선된 삶을 박탈시킴으로써 2050년의 세계는 매우 위험해질 수 있다. 물론 이 같은 생태계의 실질적 붕괴는 2050년까지의 추세에 관한 주류 시나리오에는 포함되어 있지 않다.

세계 각국이 지속가능 발전 목표를 달성할 경우 2050년의 세계는 ① 기아와 빈곤이 소멸 ② 양질의 음용수, 기초적 위생, 전기, 현대적인 조리용 연료 등에의 접근성의 보편화 ③ 모든 국가의 10,000달러 이상의 1인당 GDP 실현 ④ 에너지 효율성과 에너지 보존의 향상 ⑤ 대기오염의 대폭적인 감소, 훼손된 산림의 단계적 복원, 어족자원의 회복 ⑥ 세계 평균기온의 상승이 산업화 이전시대에 비해 2°C 이하 수준으로 통제 ⑦ 생물학적 다양성은 2020년 수준에서 안정될 것으로 예상된다.

1. 왜 지속가능 발전인가?

아마도 독자들은 지속가능 발전(sustainable development)이라는 말을 이미 들어보았을 것이다. 하지만 왜 우리에게 지속가능 발전이 필요한 것인지? 왜 국내외의 많은 사상적 지도자들(thought leaders)이 지속가능 발전을 주장하는지? 그것을 이해하기가 쉽지는 않다.

먼저 저자가 간단히 설명하자면 지속가능 발전은 우리와 우리 후손들의 행복을 모두 지킬 수 있는 경제발전 방식이다. 또한 지속가능 발전은 앞에서 본 포용적 성장과도 연관되어 있다. 이들 개념은 모두 경제와 관련성이 깊은 교육 및 인적자원 개발, 사회적 통합 및 갈등 해소, 환경보존, 자원고갈 방지, 기후변화에의 대응, 사회간접자본 투자, 미래세대에의 부담전가 방지 등 다양한 분야에서의 성과를 경제적 성과와 함께 고려하면서 경제발전을 추구하는 점에서 서로 맞닿아 있다.

다만 이 두 개념에 차이가 있다면 포용적 경제성장이 모두를 위한 (for all) 경제성장, 즉 경제성장의 공간적 확산을 강조하는 데 비해 지속가능 발전은 현재세대의 경제발전이 미래세대의 경제발전을 저해하지 않아야 한다는 경제발전의 시간적 확산을 강조하는 것이다.

따라서 이런 점에서 독자들은 우리 모두와 우리 후손들 모두가 함께 행복하기 위해서는 국가경제의 발전전략에 포용적 성장과 지속가능 발전의 두 가지 가치가 함께 구현되어야 함을 이해할 수 있을 것이다.

2. 지속가능 발전의 정의와 실행 목표

지속가능 발전은 경제와 사회가 의존하고 있는 자연계의 부존자원 및 생태계 서비스 제공능력을 유지시키면서 인류의 개발 목표를 충족시키는 과정으로 정의할 수 있다.

경제학에서 이 용어는 1966년 케네스 볼딩(Kenneth E. Boulding)의 에세이인 『다가오는 우주선 지구의 경제학(*The Economics of the Coming Spaceship Earth*)』에서 경제제도가 부존자원이 제한된 생태계에 맞춰야 한다고 주장한 이후 사용되기 시작하였다.[1]

1987년 UN의 환경과 개발에 관한 세계위원회(The UN World Commission on Environment and Development)가 '우리의 공통된 미래(Our Common Future)' 보고서[2]를 발표하면서 지속가능 발전의 의미를 "미래 세대의 필요충족 능력을 희생시키지 않으면서 현재세대의 필요를 충족시키는 발전"으로 정의한 바 있다.

> 어젠다 21 + 리오원칙(1992) → 새천년 발전 목표(2002) → 지속가능 발전 목표(2015)로의 진화과정
> 1992년 환경과 개발에 관한 UN 콘퍼런스가 지구헌장(The Earth Charter)을 채택하면서 "정의롭고, 지속가능하며, 평화로운 21세기 글로벌사회의 건설(the building of a just, sustainable, and peaceful global

---

1 Kenneth E. Boulding, *The Economics of the Coming Spaceship Earth* (1966).
2 일명 브런트란트(Brundtland) 보고서로 알려져 있다.

society in the 21st century)"을 주창하였다. 아울러 UN은 각국이 지속 가능 발전을 성취할 수 있도록 그 실행계획인 어젠다 21(Agenda 21)과 리오원칙(Rio Principles)을 권고한 바 있다.

리오원칙과 어젠다 21은 다양한 목표와 표적들을 제시하였는데 이들 목표 중 상당수는 10년 후 새천년 발전 목표(Millennium Development Goals)[3]에 집약되어 포함되게 되었다.

UN 헌장의 원칙에 따라 21세기 인류의 공동번영과 행복을 위해 채택된 '새천년 선언(The Millennium Declaration)'은 경제발전, 사회발전 및 환경보호 등을 포괄하는 지속가능 발전에 관한 원칙과 약속들을 식별한 것이다. 즉 새천년 선언에서 언급된 지속가능 발전은 현재와 미래세대의 복지를 위해 자연자본(natural capital), 경제적 자본(economic capital), 사회적 자본(social capital) 및 인적자본(human capital)을 조화롭게 관리하려는 성장과 발전에 관한 새로운 접근법이라 할 수 있다.

2015년 9월 UN 총회가 공식 채택한 '우리 세계를 변환시키기: 지속가능 발전을 위한 2030 어젠다(Transforming Our World: The 2030 Agenda for Sustainable Development)'에는 최종 확정된 17개의 지속가능 발전 목표(SDG: Sustainable Development Goals)가 포함되어 있다. 이들 목표는 〈그림 2-4〉에 표시된 대로 1) 빈곤 퇴치, 2) 기아 퇴치,

---

3 새천년 발전 목표는 1) 극심한 기아 및 빈곤의 해소, 2) 보편적인 초등교육 서비스 제공, 3) 남녀평등 제고 및 여성의 능력 배양, 4) 영아사망률 감소, 5) 모성 건강 개선, 6) HIV/AIDS, 말라리아, 기타 질환 퇴치, 7) 환경적 지속가능성 확보, 8) 개발을 위한 글로벌 파트너십 육성 등을 포함하였다. 이러한 새천년 발전 목표의 기본정신은 건강, 교육, 주거 및 안전 등의 서비스가 모든 인류에게 보편적으로 제공되어야 할 기초적인 필수 서비스라는 점을 강조한 것이다.

〈그림 2-4〉 UN의 17개 지속가능 발전 목표

우리 세계를 변환시키기: 지속가능 발전을 위한 2030 어젠다

1 빈곤 퇴치
2 기아 퇴치
3 양호한 건강과 복지
4 수준 높은 교육
5 남녀평등
6 깨끗한 물과 위생
7 저렴하고 깨끗한 에너지
8 좋은 일자리와 경제성장
9 산업 개발, 혁신 및 사회 간접자본 구축
10 불평등 감소
11 지속가능한 도시 및 커뮤니티
12 환경에 책임지는 소비 및 생산
13 기후대응행동
14 해저 생태계 보존
15 육상 생태계 보존
16 평화, 정의 및 건전한 제도
17 지속가능 발전 목표를 위한 파트너십

자료: UN, *Global Sustainable Development Report 2015* (2015)

3) 양호한 건강과 복지, 4) 수준 높은 교육, 5) 남녀평등, 6) 깨끗한 물과 위생, 7) 저렴하고 깨끗한 에너지, 8) 좋은 일자리와 경제성장, 9) 산업 개발, 혁신 및 사회간접자본 구축, 10) 불평등 감소, 11) 지속가능한 도시 및 커뮤니티, 12) 환경에 책임지는 소비 및 생산, 13) 기후대응행동, 14) 해저 생태계 보존, 15) 육상 생태계 보존, 16) 평화, 정의 및 건전한 제도, 17) 지속가능 발전 목표를 위한 파트너십 등이다.

즉 현재세대와 미래세대의 필요를 조화롭게 충족시키기 위한 자연자본, 경제적 자본, 사회적 자본, 인적자본 등의 건전한 관리목표들을 생태학, 경제학, 정치학 및 문화 등 네 가지 렌즈를 통해 식별해낸 것이다.

3. 지속가능 발전 목표의 포괄 내용

UN을 정점으로 하여 여타 국제기구 및 글로벌 시민사회와의 연합으로 추진되는 이들 17개 목표들은 169개 표적(targets)과 304개 이행지표(indicators)들을 포괄하고 있다. 그러면 이제부터 17개 지속가능 발전 목표의 개략적 의미를 먼저 살펴보도록 하겠다.

1) 빈곤 퇴치 — 모든 곳에서 모든 형태의 빈곤을 퇴치
   ▸▸ 1990년 이후 절대 빈곤은 절반 이상 감소하였으나 아직 5명 중 1명 이상이 하루 1.25$ 미만으로 살아간다.
   ▸▸ 빈곤은 소득이나 자원의 결핍 그 이상이다. — 교육, 기아, 사회적 차별 및 배제 등과 같은 기초적 서비스의 결핍과 의사결정에 있어서의 참여 배제 등을 포괄하는 것이다.
   ▸▸ 남녀 불평등이 빈곤의 항구화와 관련되어 있다; 여성은 임신 초기부터 잠재적인 생명위협의 리스크에 처하기도 하고 교육과 더 나은 소득에 대한 희망을 잃는 경우도 많다.
   ▸▸ 빈곤으로 받는 충격은 연령그룹별로 다르다; 아동들이 가장 혹심한 영향을 받으며 이들에게 빈곤은 감내하기 힘든 위협이다. 빈곤은 아동들의 교육, 건강, 영양 및 안전에 영향을 주고 아동들의 정서적·정신적 발달에 악영향을 준다.

2) 기아 퇴치 — 기아를 퇴치하고, 식품안전과 영양개선을 달성하며, 지속가능한 농업을 증진시킨다.

- 세계적으로 9명 중 1명이 영양결핍 상태에 있으며, 이들 대부분은 개도국에 거주한다.
- 농업은 세계에서 가장 많은 고용주이며, 세계인구 40%의 살림 수단이다. 농업은 빈곤한 농촌가구의 최대 소득원이자 일자리이다. 개도국에서 농업노동력의 43%는 여성이며, 아시아 및 아프리카에서는 50% 이상이 여성노동력이지만 이들은 오직 20%의 농지를 소유하고 있다.
- 5세 이하 아동의 사망 중 45%는 열악한 영양에 기인한다. ─ 매년 310만 명 규모

3) 양호한 건강 및 복지 ─ 모든 연령에서 모두에게 건강한 생활을 보장하고 복지를 향상시킨다.
- 기대수명 증대와 아동 및 임신부 사망과 관련된 질병의 감소에서 상당한 진전이 이루어졌으며 깨끗한 물과 위생에의 접근성 증대와 말라리아, 결핵, 소아마비 및 선천성 면역결핍증(HIV/AIDS) 확산 방지에 주요한 진전이 이루어졌다.
- 그러나 개도국 여성 중 단지 절반만이 양호한 건강보호를 받고 있으며 가족계획의 필요성이 가속적으로 높아지고 있다. ─ 2.5억 명 이상의 여성에게 피임 필요성이 충족되지 못하고 있다.
- 환경오염 관련 질환에 의한 사망과 질병을 상당한 정도로 감소시키는 것도 중요한 목표이다.

4) 수준 높은 교육 ─ 수준 높은 교육의 포용성과 형평성을 확보해야 하며 모두에게 평생교육의 기회를 증대시켜야 한다.

▸ 교육 접근성, 특히 소년 소녀들의 초등교육에서 주요한 진전이 이루어졌다. 그러나 접근성이 수준 높은 교육의 충족과 초등교육 과정의 수료를 항상 보장하지는 않는다. 현재 세계적으로 1억 300만 명이 문맹이며 이의 60%는 여성이다.

▸ 2030년까지 모든 소년, 소녀들에게 무상으로 수준 높은 초등 및 중등교육을 제공한다.

5) 남녀평등 — 남녀평등을 이루고 모든 성인 여성과 소녀들에게 자신들의 개발에 필요한 능력을 부여한다.

▸ 성인여성과 소녀들에게 교육, 보건, 양호한 일자리 등에의 평등한 접근과 정치적·경제적 의사결정에의 참여권을 제공하여 지속가능한 경제를 지원한다.

▸ 2014년까지 143개국이 헌법상 남녀평등권을 인정한 반면 다른 52개국은 이런 조치를 취하지 않고 있다. 많은 국가들에서 성차별은 법적·사회적 규범과도 관련되어 있다.

▸ 비록 목표 5는 남녀평등과 관련된 별도의 목표이지만 다른 지속가능 목표들도 여성을 완전하게 참여시켜야 성공을 거둘 수 있다.

6) 깨끗한 물과 위생 — 모두를 위해 물과 위생의 가용성 및 지속가능한 관리를 확보한다.

7) 저렴하고 깨끗한 에너지 — 값싸고 지속가능한 현대적 에너지를 모두에게 확보시켜 준다.

8) 좋은 일자리와 경제성장 ─ 포용적이며 지속가능한 경제성장, 생산적인 고용과 양질의 일자리를 모두에게 제공한다.

9) 산업, 혁신 및 사회간접자본 ─ 복원성이 높은 사회간접자본을 구축하고, 포용적이며 지속가능한 산업화를 증진하고 혁신을 강화한다.

10) 불평등 감소 ─ 국가 내 소득불균형과 국가 간의 소득불균형을 모두 감소시킨다.

11) 지속가능한 도시와 커뮤니티 ─ 도시와 인간의 커뮤니티를 포용적이고 안전하며 견고하고 지속가능하게 만든다.

12) 환경에 책임지는 소비와 생산 ─ 지속가능한 소비와 생산 패턴을 정착시킨다.

13) 기후에의 대응 행동 ─ 기후변화의 충격을 막아낼 시급한 대응 행동을 취하고 이산화탄소 방출을 규제하며 재생가능 에너지의 개발을 촉진한다.

14) 해저 생태계 보존 ─ 지속가능한 발전을 위해 해양, 바다 및 해저자원을 보존하고 지속가능하게 이용한다.

15) 육상 생태계 보존 ─ 생태계를 보호하고 지속가능한 이용을 촉진하며, 산림을 지속가능하게 하며, 사막화를 막아내고 토양

황폐화를 저지, 역전시키며, 생물학적 다양성의 손실을 막아낸다.

16) 평화, 정의 및 건전한 제도 — 지속가능한 발전을 위해 평화롭고 포용적인 사회를 구축하고, 모두가 사법적 정의에 접근할 수 있도록 하며, 포용적인 제도를 제공한다.

17) 목표달성을 위한 파트너십 — 지속가능 발전을 위해 실행수단을 강화하고 글로벌 파트너십을 강화한다.

4. 지속가능 발전 목표의 현실적 당위성과 한국의 관련성

이제 지속가능 발전 목표의 현실적 당위성 문제를 먼저 다루고자 한다.

지속가능 발전 이슈의 진전과정에서 표출된 많은 견해들은 때때로 상충되기도 하였다. 하지만 합의에 이른 전형적인 견해들은 다음과 같다.

• 보다 신속하고 강력한 추진(scaling-up): 지속가능한 미래를 위해 필요한 요소들은 이미 명백해졌다. 지금 필요한 것은 관련 이슈들을 보다 신속하고 강력하게 추진하는 것이다.

• 실행 갭: 우리는 무엇을 해야 하는지 알고 있고 수단도 갖고 있다.

필요한 것은 우리가 선언한 것을 금융, 기술, 역량 개발 등을 동원하여 실천하려는 정치적 의지이다.

• 녹색경제: 현재 지구환경의 변화추세는 명확하게 지속불가능하다. 필요한 것은 환경적 외부성을 완전하게 내부화4하고 생태계 서비스를 위한 시장을 확대시키는 것이다.

• 행태 변화: 우리는 근본적으로 지속불가능한 경로를 따르고 있다. 지속가능한 발전경로로 옮겨가기 위해서는 우리의 미래세대를 위해 행태와 라이프 스타일을 과감하게 바꿔야만 한다.

• 생명과학적 규제: 인류는 이미 수십 년 전에 지구의 지탱능력을 벗어나 있다. 인구 조절, 생태계의 대규모 복원, 생태계 파괴의 즉각적 중단만이 생태계의 붕괴와 인류의 멸종을 방지할 수 있다.

이제부터는 현재의 추세가 지속될 경우 2050년에 어떤 결과에 이를지를 살펴보기로 한다.

선진국과 개도국에서 모두 60억 명의 과도한 물적 소비의 부담을 30억 명의 빈곤인구가 치루는 상황에 이를 수 있다. 과도한 물적 소비는 지구생태계의 지탱한계를 넘어섬에 따라 생태계 붕괴의 부정적 영향의 대부분을 빈곤인구가 부담할 수 있다. 생태계의 붕괴수준까지

---

4 예를 들어 주변환경 오염 등으로 사회적 비용을 야기하는 공해산업은 외부 비경제효과를 나타내므로 관련 기업들에 환경오염 개선비용을 부담시킴으로써 공해산업이 오염유발 공정을 자발적으로 개선하도록 유도할 수 있는 것이다. 이럴 경우 외부 비경제효과가 내부화될 수 있게 된다.

이르지 않을 경우에도 수십억 명 인구의 정당한 몫과 개선된 삶을 박탈시킴으로써 2050년의 세계는 매우 위험해질 수 있다. 물론 이 같은 생태계의 실질적 붕괴는 2050년까지의 추세에 관한 주류 시나리오에는 포함되어 있지 않다.

그러나 가장 낙관적인 시나리오에서도 심각한 결과가 나타난다. 이는 인구 과밀화가 보다 진전된 세계에서 빈곤과 기아가 지속; 10억 명의 인구가 여전히 기초적 서비스에서 소외; 수십억 명의 인구가 향상된 건강의 혜택에서 배제; 여전히 에너지가 부족하고 화석연료로 지탱되는 지구; 세계인구의 2/3가 깨끗한 음용수 부족으로 고통; 가격 충격과 공급 교란으로 세계경제가 불안정한 상황을 반복; 도시지역 대기오염의 지속적 악화; 산림 훼손 지속; 세계적으로 해양어류 자원의 붕괴; 온실가스 방출의 가속화 및 지구온난화 악화; 인(phosphorous)의 순환5 및 질소(nitrogen)의 순환6이 안전범위를 크게 이탈; 지구상에서

---

5 인의 순환은 생명체와 환경 사이에서 일어나는 인의 순환을 말하는데 유기체들은 DNA 등 핵산성분을 만드는 데 인이 필요하며 척추동물은 뼈와 이를 만드는 데에도 인이 필요하다. 인은 대기 중에 있지 않고 바위 등에만 저장되어 있어 풍화작용에 따라 무기인산 형태로 토양에 공급되며 식물은 이로부터 유기화합물을 만들어낸다. 인간은 식물로부터 유기 인을 섭취하고 미생물이 분해작용을 통해 인을 토양에 되돌려 준다.

6 질소의 순환은 질소가 다양하고 복잡한 화학형태로 바뀌는 과정을 말하는데 대기권의 78%를 점하는 질소는 생물학적 이용에 직접 사용될 수는 없다. 그러나 대기상의 질소는 질소동화 세균류에 의해 식물에 고정되거나 토양세균에 의해 암모늄으로 변화된 후 토양 속의 아질산균에 의해 암모늄이 아질산 이온으로 바뀐다. 이를 다시 토양 속의 질산균이 질산이온으로 변화시킨다. 질산이온은 토양 속의 탈질소균에 의해 질소가스로 만들어져 대기 중으로 환원되거나 질소동화 세균류의 작용으로 식물에 공급된다. 이 밖에도 동식물의 사체 및 배설물이 부패균을 통해 토양 속에서 암모늄으로 변화됨으로써 순환경로에 진입한다. 이러한 질소 순환은 화석연료 및 인공 질소비료의 사용, 폐수로의 질소 방출 등과 같은 인간의 활동에

자원과 관련된 충돌이 빈발 등을 포함한다.

　한편 앞으로 세계 각국이 지속가능 발전 목표를 달성할 경우 2050년에 예상되는 결과는 다음과 같다.

　2050년의 세계는 기아와 빈곤이 거의 소멸되고; 양질의 음용수, 기초적 위생, 전기, 현대적인 조리용 연료 등에의 접근성이 보편화되고; 10,000달러 이상의 1인당 GDP(구매력평가 환율[7] 적용치 기준)가 모든 국가에서 실현되며; 에너지 효율성과 에너지 보존이 더욱 높아지며; 대기오염이 대폭 낮아지고 훼손된 산림이 서서히 복원되며 어족자원도 회복되고; 세계 평균기온의 상승이 산업화 이전 시대에 비해 2°C 이하 정도 높은 수준에서 통제되며; 생물학적 다양성은 2020년 수준에서 안정될 것으로 예상된다.

　이처럼 2050년의 미래세계가 갖는 두 가지의 다른 모습에 비추어 보면 UN이 2030년까지 달성하고자 하는 지속가능 발전 목표들은 우리나라에서도 중요하고 시급한 이슈들이라고 생각한다.

　2030년까지 각국은 UN의 지속가능 발전 목표의 이행 상황을 매년 점검하여 그 결과를 UN에 보고하고, UN은 이를 토대로 글로벌 지속가능 발전 보고서(Global Sustainable Development Report)를 작성, 발표

의해 영향을 받는다.

7 구매력평가(purchasing power parity) 환율은 2개 국가 사이의 환율이 해당국 통화의 구매력이 동일하게 되는 수준에서 결정될 경우의 가상적인 환율수준을 뜻한다. 통상 절대적인 물가수준이 낮은 국가의 경우 구매력평가 환율로 평가한 GDP는 실제 환율로 평가한 GDP보다 높아지게 되고 상대적인 물가수준이 높은 국가의 경우 구매력평가 환율로 평가한 GDP는 실제 환율로 평가한 GDP보다 낮아지게 된다.

하며, 각국 지도자들은 이 보고서를 기초로 고위정치 포럼(High Level Political Forum)에서 글로벌사회의 지속가능 발전을 위한 공동 관심사를 논의할 예정이다.

우리나라는 이러한 과정에서 글로벌사회의 일원으로서 요구되는 역할을 충실히 이행함은 물론 우리나라 국민의 현재세대와 미래세대를 아우르는 웰빙과 행복이 극대화되도록 노력해야 한다. 이렇게 볼 때 지속가능 발전 목표에 대한 국민적 공감대의 형성과 정책역량의 결집이 중요하다. 특히 저자는 이들 지속가능 발전 목표들이 우리나라의 산업구조 고도화와 양질의 지속가능한 청소년 일자리를 보다 많이 제공할 수 있는 좋은 기회가 충분히 될 수 있다고 생각한다.[8]

5. 글로벌 지속가능 발전 관련 활동의 진전 상황

2012년에 Rio+20 지속가능 발전에 관한 UN 콘퍼런스가 개최될 때까지 지속가능 발전에 관련된 많은 과학적 보고서와 정책평가 보고서가 제출되었다. 특히 국립 조사평의회(National Research Council)의 우리의 공통된 여정(Our Common Journey) 보고서(1999)와 UN의 21세기의 지속가능 발전(Sustainable Development in the 21st Century) 보고서는 권위 있는 글로벌 보고서로서 지속가능 발전 이슈에 관한 신뢰성 높은 과학적 증거를 제공하였다.

---

8 이에 대한 구체적인 논의는 후술하기로 한다.

2014년부터 발간된 UN의 글로벌 지속가능 보고서는 관련 이슈, 영향, 제도, 과학기술 등 다양한 측면에 걸친 이행전략을 설계하기 위한 것으로서 많은 과제들을 다루어 왔다. 이들 과제는 지속가능 발전의 평가 및 절차, 지속가능 발전을 지향하기 위한 미래세계의 진로, 투자 및 과학기술의 필요성, 지속가능 발전 목표의 진전도 측정, 기후-토양-에너지-물-발전 간의 연결성(nexus)에 기반한 국가, 지역, 글로벌사례로부터의 교훈 등을 포함하고 있다.

이 보고서를 위해 UN은 크라우드소싱(crowd-sourcing) 플랫폼을 이용하여 수천 명의 과학자들로부터 전문적 견해와 권고사항을 수집하였다. 2014년 발표된 원형(prototype) 글로벌 지속가능 발전 보고서는

〈표 2-5〉 국제적인 지속가능 발전 평가모델의 형태

형태	모형의 통칭	예시	기안자	평가지식의 형태
정부간 과학적 평가	IPPC 모델	정부간 기후변화 패널(IPCC: Intergovernmental Panel on Climate Change), 생물학적 다양성 및 생태계 서비스에 관한 정부간 플랫폼(IPBES: Intergovernmental Platform on Biodiversity and Ecosystem Services)	과학자들	학문적 지식, 학계 인정 (peer-reviewed)
	IAASTD 모델	개발을 위한 농업지식, 과학 및 기술의 국제적 평가(IAASTD: International Assessment of Agricultural Knowledge, Science and Technology for Development)	과학자들	학문적, 전통적/국내 이해관계자의 지식
	GEO 모델	글로벌 환경예측 (GEO: Global Environment Outlook)	UN 및 과학자들	학문적 지식, 학계 인정, UN
	아시아 고가도로 (Asian Highway) 모델	정부간 유엔전문가 그룹 (Intergovernmental United Nations expert group)	전문가들이 인도한 UN 스탭	정부, UN, 학계 및 민간부문

과학적, 기술적 평가	CDP 모델	개발정책을 위한 UN위원회 (CDP: UN Committee for Development Policy)	위원회 위원들이 인도한 UN 스탭	학문적 지식, 학계 인정, UN
	GSP 모델	글로벌 지속가능성에 관한 고위 패널 (GSP: High-level Panel on Global Sustainability)	패널이 인도한 UN 스탭	UN, 정부, 학계, 비정부단체, 이해관계자
	UN 기함 (flagship) 모델	글로벌 생물학적 다양성 전망(GBO), 세계 경제사회 서비스(WESS: World Economic and Social Survey)	UN 스탭 및 전문가	학문적 지식, 비정부단체, UN, 정부, 이해관계자
	정상회담 전 종합현황 분석	UN SD21 연구(UN SD21 study)	주로 저술가, 때론 UN 스탭과 공동	학문적·실무적 견해
과학적 연구 협력	GEA 모델	글로벌 에너지 평가 (GEA: Global Energy Assessment)	과학자들	학문적 지식, 학계 인정
	MEA 모델	새천년 생태계 평가 (MEA: Millennium Ecosystem Assessment)	과학자들	학문적 지식, 학계 인정, 이해관계자
	해양생태 센서스 모델	해양생태 센서스; 미래 지구 (Census of Marine Life; Future Earth)	과학자들	학문적 지식, 자체 연구

자료: UN, *Prototype Global Sustainable Development Report 2014*(2014)

총 205개의 국제적 평가(크라우드소싱 플랫폼을 통한 57개 평가, UN 산하 기구들의 125개 보고서, 정부간 기구의 23개 전망 보고서 등 포함)들의 결과에 기반하고 있다. 이들 평가들 중 몇 가지의 탁월한 평가결과들이 새로운 이니셔티브를 위한 모델로서 중심역할을 하고 있다(세부 내용은 〈표 2-5〉 참조).

지속가능 발전 목표와 관련된 도전적 이슈들은 1) 빈곤과 기아를 퇴치하고 2) 90억 이상 인류에 식량, 영양, 주거지를 공급하고 교육시키고 일자리를 제공하며 3) 평화, 안전, 자유를 확보하여 주고 4) 지구의 기초적 생태계 지원체계를 보존하는 것들이다. 그런데 지구상의 현존 3세대(1950~2013)와 미래 2세대(2050년까지) 등 5세대에 걸친 지금까지의 진전 결과에서 배우고 2050년까지 글로벌사회와 경제의 지속가능 발전을 확보하기 위해서는 다양한 이슈들과 그들의 상호 연결성을 볼 수 있는 통합적 접근법이 필요하다. 역사적으로 지속가능 발전을 향한 진전은 영역별로 혼재되었고, 일부 진전은 다른 영역에서의 희생을 수반하였기 때문이다.

세계는 1970~2000년 중 8억 명 이상, 2000년 이후 11억 명 이상 증가한 신생인류에게 의식주, 교육 및 고용을 제공하여 왔고, 최근 12년간 7.7억 명 인류가 거주하기 위한 추가 도시를 개발하였다. 오늘날 세계 GDP는 1950년보다 10배 늘어났고 1인당 GDP도 4배로 커졌다. 그러나 아직도 8.5억 명의 인류가 기아로 고통을 받고 있는데 지난 수십 년 동안 이 숫자는 거의 변하지 않았다. 20년 전에 비해 오늘날 도시 슬럼가의 인구는 오히려 2억 명이나 더 많다. 또한 인류의 물적 소비 급증에 따른 충격(환경, 사회 및 경제적 압박)을 빈곤층이 대부분 받고 있다.

〈표 2-6〉은 세계 인류의 빈곤층 및 사회적 취약계층 상황을 보여주는데 절대빈곤 인구의 감소에도 불구하고 기아, 위생 등 기초적 필요의 충족에서는 진전이 미약했음을 알 수 있다. 한편 〈표 2-7〉은 지속가능성과 발전의 관점에서 본 세계의 모습을 살펴본 것인데 이로부터 상황 악화(이탤릭체)에 대응한 국제사회의 노력이 시급함을 알 수 있다.

〈표 2-6〉 세계 인류의 분류, 10억 명(1950~2012년)

	1950	1970	1990	2000	2012
절대빈곤 인구 (하루 1.25달러(ppp환율 적용) 이하로 생계)	-	-	1.95	1.78	1.17
고용상태이나 하루 1.25달러 이하로 생계	-	-	0.83	0.69	0.38
하루 2.15달러 이하로 생계	-	-	3.1	3.3	2.7
상대적 빈곤선 이하 개도국 인구	-	-	2.5	2.7	2.8
기아 인구	-	1.0	0.8	0.8	0.85
안전한 생수 결핍 인구	-	-	1.25	-	0.74
비위생적 주거환경 인구	-	-	1.80	-	2.44
전력 결핍 인구	-	1.8	2.0	1.65	1.27
이주 인구	-	-	0.16	-	0.21
60세 이상 인구	0.2	0.25	0.5	0.6	0.81
인터넷 이용 인구	0	0	0.003	0.36	2.4
도시 주거 인구	0.75	1.35	2.28	2.86	3.63
빈민가 인구	-	-	0.67	0.78	0.87
개도국 인구	0.20	0.31	0.51	0.66	0.88
세계 인구	2.5	3.7	5.3	6.1	7.1

자료: UN, *Global Sustainable Development Report 2015*(2015)

〈표 2-7〉 글로벌 지속가능 발전 추이 개관

지속가능성

▸ 자연

지상 생태계의 1/2, 깨끗한 물 공급의 1/4이 인류에 의해 오염
생물학적 다양성은 인류탄생 이전 수준에 비해 100~1,000배 높은 비율로 감소
화석연료 사용, 시멘트 제조, 가스 소각에 따른 CO_2 방출량이 가속적으로 증가
- 인류 역사상 가장 빠른 증가 속도
해양의 41%에서 인류에 의한 해양 생태계의 충격이 발생(2012년)

▸ 인류 생활 지원

세계 부동토(ice-free land)의 7%를 인간 주거지가, 21%를 경작지가 차지
선진국과 개도국 모두에서 보호대상 육지 및 해양지역이 크게 확장
세계 산림의 1/2이 목축, 경작 등으로 소멸
1990년대 및 2000년대에 열대수림이 매년 12~14백만ha 감소하고 비슷한 면적의
열대수림이 악화된 상황

반면 1980년대 이후 온대 및 한대 수림의 재생과정이 진행 중
1961년 이래 세계의 경작가능 토지와 영구작물 수확이 경제개발로 인해 160백만ha
확장되었으나 **경작면적은 2010년에 최고수준에 도달**
인류가 세계의 육상 순기초생산물의 24%를 소비, 역대 최고수준
국가 내, 지역 내 생수 부족 및 물 긴장(water stress) 상황이 세계의 1/3에서 만연
과잉어획 부분이 1970년 10%에서 2012년 30%로 3배 증가
많은 대기오염물질 집중상황이 감소하였으나 *대기오염에 따른 건강에의 부담은*
여전히 크며 특히 개도국의 대도시에서 부담이 큰 상황
오존층은 2020/2030년까지 장기 안정화 과정
세계인구의 절반이 살고 있는 해안지역 환경 악화가 진행 중

▸ 커뮤니티
국가 간 무력충돌이 냉전시대보다 많아진 상황
그러나 비국가 간 무력충돌(테러 포함)에 따른 사망은 크게 감소
문화유산, 전통, 전통적 지식의 다양성과 토착 언어의 90%가 위협받는 상황이나
일부 복원증거가 나타나고 있음

발전

▸ 인간
세계인류는 2012년 71억 명, 매년 8천만 명씩 증가
인간의 기대수명은 1950년 이래 22년 늘어났으나 *지역 간 차이가 여전하며 남녀 간*
차이도 확대
세계 인류의 건강은 개선되었고 질병은 퇴치되고 있으나 *상해 및 질병기간이 늘어나고*
있음
1980년대 이후 처음으로 2000년~2010년 중 절대빈곤층 인구와 비율이 감소하였으나
개도국에서의 상대빈곤인구는 계속 증가
8.5억 인구가 기아로 고통을 받고 있는데 1990년보다 다소 높은 수준이며 1970년보다
는 *1.5억 명 감소*
세계의 대부분 지역에서 초등교육의 보편화는 성취되었고 개도국에서 15~24세 연령층
의 문자습득 인구비율이 2011년 88%에 달했으나, 20년 전에 비해 세계의 대부분 지역
에서 **고등교육은 여성이 다수를 차지**
7.4억 명의 인구가 안전한 식수 결핍상태(1990년보다 5억 명 감소)에 있고 24억 명의
인구는 기초적 위생 결핍상태(1990년보다 6.5억 명 증가)이며 수질오염이 수백만 명의
생명을 위협하고 있음
1990년 이후 현대적인 에너지 접근성에 큰 개선이 있었으나 *2010년에도 12.7억 명의*
인구가 전력결핍 상황이며 25.9억 명은 깨끗한 조리용 연료를 이용하지 못하고 있음
개도국에서도 노령화가 진행 중이며 60세 이상 인구가 8.1억 명에 달함
2010년 중 2.15억 명의 국경 간 이주민(1990년보다 0.59억 명 증가)과 7.4억 명의 국경
내 이주민이 발생
3.83억 명의 피용자가 하루 1.25달러 미만을 벌고 있는데 이는 1990년의 1/2 수준이나
소규모 도서 개도국(SIDS), 최저개발국(LDC), 봉쇄된 내륙 개도국(LLDC)에서는 줄지

않고 있음

세대간 사회적 이동성(intergenerational social mobility)을 가능하게 하는 소득, 임금 및 교육의 이동성은 국가별로 차이가 큼

인류의 안전과 인권의 진전 상황은 혼재되어 있음

인적개발지수(human development index)[9]로 측정한 인류의 전반적 웰빙 수준은 1950년 이래 상당 수준 개선되는 추세

▸ 경제

빈곤이 여전한 가운데 풍요는 증가하고 있음. **세계경제 규모는 1990년 이래 2배로 증가하여 2012년 69조 달러에 달하였음.** *1인당 순수진전 지수(per capita genuine progress indicator)[10]는 1978년 이래 약간 감소한 수준*

소비는 최빈층에서 총체적으로 부적절한 수준

물적(material) 소비수준이 늘고 생산 단위가치(unit of value)당 물적 소비는 줄어들었으나 *기술접근성의 진전과 성과는 지속가능성의 요구수준에 크게 못 미침*

1988년~2008년 중 실질소득의 증가가 대부분의 국가에서 소수 부유층에 집중되었고, 개도국에서는 두터워진 중산층에도 집중되었음

세계의 많은 지역에서 소득 불평등성이 증가하고 있음

1950년 이래 교역증가율은 경제성장률의 2배 이상 높은 수준

2000년 이래 개도국으로의 총 원조액은 2배 이상 증가하여 2012년 1,260억 달러에 달하였음

원조공여국의 GDP 대비 순공적개발조의 비율은 2002년 0.22%에서 2010년에 1990년 수준(0.32%)을 회복하였으며 2012년에는 0.29%로 추정

에너지는 1970년~2010년 중 3배로 증가(493 EJ)하였고 **재생에너지의 비율이 1970년 5.4%에서 2000년 7.0%, 2010년 8.2%로 증가 추세**

물 고갈이 증가하고 있으나 증가 속도는 하락

▸ 사회

선진국 및 개도국 모두에서 가치관, 태도 및 행동양식 등에서, 특히 성행위 및 번식, 여성의 역할, 환경과 인권 등에서 큰 변화가 나타나고 있음

지난 수십 년에 비해 선진국 및 개도국 대부분에서 가족의 안정성이 줄어들고 있음. 선진국에서 조결혼율(crude marriage rate)[11]이 1970년 이래 절반 수준으로 떨어지고 이혼율이 증가하였음. 평균적인 결혼지속 기간은 10~15에서 안정적 수준을 유지

지배구조와 세계화가 광역화하고 있음. 권력이 국가에서 글로벌 수준으로 상향 이동하거나 지방정부로 하향 이동하고 있고 모든 수준에서 공중으로부터 민간으로 이동하고 있음. *현재 다원주의(multilateralism)의 위기가 나타나고 있음*

세대간 형평성에 관한 사회적 공감도가 높았던 국가들에서 공감도가 사라지거나 약화되고 있음

---

* **볼드체**는 개선, *이탤릭체*는 악화, 정체는 현상 유지를 나타냄

자료: UN, *Global Sustainable Development Report 2015*(2015)

6. 어젠다 21과 리오원칙의 이행 상황

앞에서 본대로 어젠다 21과 리오원칙은 1992년 지구헌장에서 주창한 "정의롭고, 지속가능하며, 평화로운 21세기의 글로벌사회의 건설"의 실행계획들인데 이의 이행 상황은 다음과 같이 평가된다.

현재까지 어젠다 21의 이행 정도는 총 39개의 장(Chapter) 중에서 5개의 장에서만 양호하였고 31개의 장에서는 제한적인 진전에 그쳤으며 3개의 장에서는 진전이 없거나 악화되었다.

양호한 평가부문은 비정부단체(NGOs) 및 지방정부의 참여(27장, 18장), 지속가능 발전을 위한 과학(35장), 국제적인 제도 정비(38장), 국제적인 법적 수단 및 메커니즘 확보(39장) 등이다. 반면 진전이 없는 3개의 장은 소비패턴의 변화(4장), 지속가능한 인간 거주시설 개발(7장), 대기 보호(9장) 등과 관련된 것들이다.

---

9 인적개발지수(HDI: human development Index)는 인적개발의 3개 영역에 초점을 둔 종합지수로서 길고 건강한 인생(출생 시 기대수명), 지식획득 능력(평균학업기간 및 기대학습기간), 양질의 생활수준(1인당 소득) 등을 고려하고 있다. UN의 인적개발 보고서(Human Development Report)는 다른 보조지표들로서 불평등성 조정 후 HDI, 남녀별 개발지수(Gender Development Index), 남녀불평등지수(Gender Inequality Index), 다방위의 빈곤지수(Multidimensional Poverty Index) 등을 다루고 있다.

10 1인당 순수진전 지수(per capita genuine progress indicator)는 1인당 소득 이외에 교육, 범죄, 자원 고갈, 공해, 장기적인 환경 손상, 여가시간 감소, 방위비 지출, 내구소비재 및 사회간접자본의 수명 단축, 외국 자산에의 의존성 등 여러 가지 보조지표를 이용하여 인류생활 수준의 순수진전 정도를 계측하는 지수이다.

11 특정년 중 결혼한 인구를 해당년의 연앙인구로 나눈 비율을 의미한다.

리오원칙의 경우에도 많은 부분이 국제법과 국내정책에 반영되었으나 아직 27개 원칙 중 17개 원칙에서만 제한적인 진전이 이루어지고 있다. 유효한 이행준수 및 이행강제 메커니즘이 없다면 이 원칙의 목표와 염원을 달성하기 어렵다. 한 가지 예외는 환경정보에의 접근성에 관한 원칙 10인데 이는 EU 회원국의 대부분을 포괄하는 알허스 헌장 (The Aarhus Convention)[12]에 잘 반영되었다.

한편 지속가능 발전 목표에 관한 UN의 오픈 워킹그룹(The UN Open Working Group on Sustainable Development Goals: OWG on SDGs)이 19개 지속가능 발전 목표 후보군(최종적으로는 17개 목표로 변경하여 채택)에 대한 진전 수준을 평가한 바 있다. 이 워킹그룹은 이들 중 11개 영역에서 진전 정도가 열악한 상태였고, 4개 영역에서는 제한적이거나 혼재된 진전이 있었다. 반면 4개 영역(빈곤 퇴치, 식품 안전 및 지속가능한 농업, 물과 위생, 건강 등)은 진전이 양호하거나 조기 달성된 것으로 평가하였다.

7. 지속가능 발전 목표 관리의 접근법

2014년의 원형 글로벌 지속가능 발전 보고서는

---

[12] 알허스 헌장은 환경에 관한 일반대중의 권리를 설정한 것으로 UN 산하 유럽경제위원회(UN Economic Commission for Europe(UNECE))의 환경 문제에서의 일반대중의 정보 접근성, 의사결정에의 참가, 사법적 정의에의 접근성에 관한 헌장에 기초하고 있다.

기후-토양-에너지-물-발전(CLEWD: Climate-Land-Energy-Water-Development)의 연결성 이슈를 다룬 바 있다. 이들 5개 문제에 관한 각국의 계획과 평가는 이들 간의 강한 연결성(특히 가뭄다발 지역 및 소규모 도서국가에서)에도 불구하고 영역별, 테마별로 독자적 영역에서 이루어졌다. 하지만 기후변화로 인해 빈곤 퇴치, 식품 안전 및 지속가능한 농업, 물과 위생, 건강 등 이들 간의 연결성이 더욱 강화되고 있다. 예를 들어 이들 연결성에 관한 선구적 평가인 글로벌 CLEWD 모델은 부문별 모델이 제시하는 것보다 온실가스 완화비용이 상당히 적다는 것을 밝혀준 바 있다. 이 모델은 오픈 소스, 오픈 데이터체계로 개발되고 CLEWD 사례 연구에서도 통합적 접근법이 이용되는데 이 같은 접근법이 영역별, 테마별 접근법보다 더 좋고 혁신적인 해결책을 찾는 데 유용함을 보여준 것이다.

한편 2015년 발표된 글로벌 지속가능 발전 보고서는 지속가능 발전에 필요한 과학-정책 인터페이스(SPI: Science-Policy Interface) 강화와 관련된 토픽과 이슈들을 다루었다. 이는 그만큼 통합적 이해가 지속가능 발전을 위한 과학의 선결조건이기 때문이다. 이러한 통합적 이해는 여러 학문분야를 두루 활용하는 소위 학문결합성(inter-disciplinarity)을 필요로 한다. 또한 지속가능 발전 과학(Sustainable Development Science)이 채택하고 있는 패러다임은 과학자 이외 인사들의 참여(소위 학문 초월성)를 요구한다는 것이다. 즉 학문초월성(trans-disciplinarity)은 학문결합성과 참여형 접근법(participatory approach)을 결합시키고 다양한 커뮤니티와 접촉하여 비과학적 지식(예로서 지방 및 토착 커뮤니티, 사용자 그룹, 일반 대중, 비정부단체 등이 활용하는 지식)도 고려하는 것이다.

또한 UN 사무총장 과학자문위원회(Science Advisory Board)의 정의에 따르면 지속가능성 과학의 다른 조건들은 과학의 사회적 책임(예로서 사회적 목표와 가치를 지향), 윤리적으로 수용할 수 있고 지속가능하며 사회적으로 바람직한 혁신과정 등을 포함하고 있다.

8. 해양자원과 인간의 웰빙 연결성 및 재앙 리스크 감축

2015년 보고서는 해양, 바다, 해양자원 및 인간의 웰빙의 연결성을 다루었다. 이 보고서는 이들 자원이 인간의 웰빙에 기여할 수 있기 위해서는 생지화학적(biogeochemical), 물리적 과정들이 적절하게 기능하고 생태계에 돌이키기 어려운 손상이 없어야 한다는 점을 강조하고 있다. 인간의 웰빙 증대가 생태계를 희생시킬 수도 있다. 그러나 보다 지속가능한 방식에 따른 해양자원의 활용, 생산 및 소비패턴의 변화, 인간 행위의 관리 및 통제 개선 등을 통해 인간의 웰빙 증대가 생태계에 대한 인위적 충격을 감소시킬 수도 있다. 이와 같은 선순환을 강화하기 위해서는 인간이 웰빙을 추구하는 데 적용되는 건전한 거버넌스를 확립하여 생태계의 능력이 손상되지 않는 환경이 유지되도록 해야 한다.

또한 이 보고서는 재앙 리스크의 감축 이슈를 다루면서 2000년 이후 자연재해로 110만 명 이상이 사망하고 27억 명의 인구가 영향을 받았으며 경제적 손실이 매년 2,500억 달러에서 3,000억 달러에 달한다고 보고하였다. 이러한 이슈는 적절한 목표와 표적의 선택 및 그 진전 상황의 모니터링이 중요한데 이를 위해서는 신기술이 데이터 수집에 적용되어야 한다.

이러한 기술들이 전체적인 재앙관리 사이클에 적용되면 재앙 리스크 및 취약성의 모니터링, 조기 경보, 충격 완화 등에 유용하게 활용될 수 있다. GPS 장착 카메라로 촬영된 영상이 허리케인, 토네이도 발생 시에 활용되고, 전화호출 기록, 휴대전화 사용시간 기록 등이 인간의 이동성 및 지진 후 주민대응 상황을 파악하는 데 활용되고 있다. 그러나 이런 빅데이터의 활용이 충분한 효과를 내기 위해서는 많은 개도국에서 사회경제, 인프라, 데이터 관리 및 교육 등에서의 장애가 극복되어야 한다.

9. 지속가능 발전을 추구하는 새로운 산업화 전략

20세기 동안 산업화는 저렴한 탄소 에너지원에 상당히 의존하였다. 하지만 이런 방식의 산업화는 인류가 기후변화에 대응하는 데 많은 문제를 야기한다. 또한 기술진보, 특히 정보통신기술의 진보는 지난 수십 년에 걸쳐 전에 없던 수많은 일자리를 창출하고 있다. 이에 따라 총고용 중 전통적 산업부문의 고용비율은 과거보다 낮은 수준에서 정점을 찍고 있다. 오늘날 산업화 추진정책이 갖는 두 가지 우려는 1) 어떻게 더 환경적으로 지속가능한 산업화를 추진할지, 2) 어떻게 더 포용성이 높은 산업화를 추진할 것인지와 관련되어 있다.

이제 산업부문이 지속가능한 생산과 소비를 위한 적합한 규제 없이 열악하게 관리될 경우 환경, 인간의 건강 등에 큰 손상(화석연료 사용에 의한 간접적 손상 포함)을 줄 수 있다. 반면 산업화가 폭넓은 고용 증대(특히 중소기업 고용 포함)를 수반한다면 가계소득의 꾸준한 증가와 중산층의 성장을 지원하는 높은 생산성 증가를 성취할 수도 있다.

역사적으로 산업진흥정책은 생산성 증가를 가속화하고 양질의 고용을 확대하기 위한 것이었다. 그런데 특정한 업종과 기업에 많은 혜택을 주는 방식의 과거의 산업정책은 정부가 승자 선발(pick winners)을 시도해서는 안 된다는 주장과 이를 시장에 맡기는 것이 더 좋다는 주장들에 의해 비판을 받아 왔다. 국제기구의 이코노미스트들은 정부가 고등교육 및 직업훈련, 호혜롭고 예측가능한 기업환경, 과학적 연구 및 초기 단계의 R&D 지원 등을 산업성장 및 생산성 증가의 유인수단으로 활용할 것을 권고하고 있다. 또한 국내기업을 국제경쟁에 노출시켜 내성을 키우고 전문화를 이룰 것을 촉구하고 있다.

경제적 다양화는 기술적으로 보다 발전된 과정과 부품을 연결하는 가치체인을 따르는 수직적 통합(vertical integration)을 통해 나타나기도 하고, 대등한 또는 보다 정교한 유사제품으로의 수평적 이주(horizontal migration)를 통해서도 나타난다. 이런 맥락에서 산업화정책에서 중요한 것은 지속적인 기술발전을 요하는 고복합성의 직무와 제품을 향해 경제의 생산구조가 진화하도록 장려하는 것이다.

현재의 경제성장 패턴은 에너지 및 자원의 효율성과 상당한 거리가 있으므로 보다 지속가능한 소비 및 생산패턴으로 바뀌어야 한다. 이는 기존의 최선기술을 이용함과 동시에 신기술 개발 유인을 제공함으로써 에너지 및 자연자원 사용과 환경 악화를 최소화하는 것을 의미한다. 또한 이는 소비행위와 생산자의 생산 및 조직방법(개별적 생산과정뿐 아니라 생산 시스템, 글로벌 유통망, 공급체인 등을 포괄)에서 변화를 추구하는 것이다.

소비자는 글로벌 공급체인의 마지막 연결고리이지만 생산결정에 아주 중요한 영향력을 갖고 있다. 이런 영향력은 제조물 자체(성분, 에너지 등급 등)는 물론 공급체인의 전 영역에 걸친 것이다. 지속가능성의 위협요인(기후변화, 생물학적 다양성 손실, 해양 및 지상 생태계 손상 등)에 대한 사회적 인식이 높아지면서 소비자 선호가 크게 변함에 따라 생산기업이 이에 적응해야 하기 때문이다. 또한 공개기업의 주주들은 경영진이 기후변화와 같은 리스크에 어떻게 대응하는지 관심을 두게 되었다.

점차 많은 정부들이 지속가능 소비 및 생산패턴의 지원전략에 부심하고 있다. 이러한 전략의 추진에는 환경적 지속가능성에 따라 사회와 경제를 조율하고 다양한 부문, 라이프 사이클 단계, 시장참가자 등의

〈표 2-8〉 지속가능 소비 및 생산을 위한 정책수단

공급 측면 주요 조치	수요 측면 주요 조치
경제활동의 자원/에너지 집약도 감축, 공해물질 방출 및 추출자원의 낭비 축소, 자원효율적인 방식에 의한 생산 및 소비를 유도	생활의 질을 희생하지 않으면서도 에너지 및 자원 집약도가 낮은 제품과 서비스로의 소비패턴 변화를 촉진하도록 행동정보 기반 정책(Behaviorally Informed Policies)을 시행
폐기물 관리, 공공비용 절감과 효율 개선을 위한 확대된 생산자 책임(EPR: Extended Producer Responsibility) 실행, 보다 많은 재활용 제품의 생산을 촉진	환경영향정보 표시(ecolabelling) 등을 포함한 소비정보의 질적 향상 및 접근성 제고, UN의 소비자 보호지침에 따른 소비자 보호법에서의 소비자 웰빙을 보장
생산 및 소비의 전 과정에서 사회적, 환경적 영향을 고려하는 라이프 사이클 사고(thought of life-cycle)의 적용	효율성 제고로 거둔 이익이 소비증대로 상쇄되지 않도록 리바운드(rebound) 효과에 대응

자료: UN, *Global Sustainable Development Report 2015*(2015)

차이를 폭넓게 감안하는 전방위적 조망(holistic perspective)이 중요하다. 이러한 전방위적 조망에 따라 지속가능 소비 및 생산을 위해 활용 가능한 주요 정책수단들은 〈표 2-8〉에 나타난 바와 같다.

지속가능하고 포용적인 산업화는 지속가능 소비 및 생산정책과 상통할 수 있도록 산업정책들이 조율될 것을 요구한다. 그동안 녹색경제에 관한 UN 환경계획(UNEP: UN Environment Programme), UN 공업발전기구(UNIDO: UN Industrial Development Organization), 국제노동기구(ILO: International Labor Organization) 및 기타 UN 기구들의 업적, 녹색성장에 관한 OECD 및 세계은행의 업적들은 모두 환경적 외부성을 내부화하고 양질의 고용기회를 높이기 위한 관점에서 추진된 것들이다.

〈그림 2-5〉는 중국이 환경적으로 건전한 기술의 연구개발 투자를 통해 글로벌 특허경쟁에서 얼마나 앞서 나가고 있는지 보여준다. 노벨

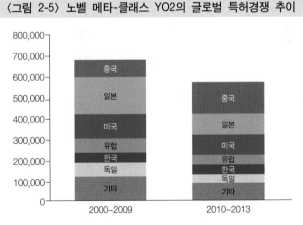

〈그림 2-5〉 노벨 메타-클래스 YO2의 글로벌 특허경쟁 추이

출처: A. J. O Silca and S. Mendoza(2015, forthcoming), The Grand Green Challenge Assessing Progress in Eco-Innovation through YO2 Patents

메타-클래스 YO2는 유럽특허청이 기후변화 방지 및 완화 기술 개발을 위해 제안한 특허인데 2010~2013년 중 중국이 이들 특허등록에서 선두를 달리고 있다.

이처럼 저렴하고 환경적으로 건전한 기술에 시의적절하게 접근하는 것은 환경비용을 인프라투자 결정에 반영함으로써 지속가능한 산업화를 얼마나 성공적으로 추진할 수 있는지를 보여준다. 이제 각국 정부는 보다 지속가능한 생산품과 생산방식을 지향하는 민간투자를 강화하기 위한 게임규칙을 정하는 데 주력하고 있는 것이다.

10. 과학-정책 인터페이스

과학적 증거, 평가 및 예측에 기초하여 새롭게 등장하는 이슈들을 식별해 내는 것은 과학-정책 인터페이스의 핵심기능이라고 할 수 있다. 정책당국이 적절한 주의를 기울이지 않았던 이슈로서 과학계가 인과관계를 정립시켜 중요한 이슈로 새로 식별하는 데는 일정한 범위의 접근법이 적용된다. 통상의 방법은 전문가 컨센서스로서 이러한 과정의 합법성은 그것이 얼마나 왜곡되지 않고 공정한가에 의존하는데, 이러한 약점들은 과학적 이슈의 구조화 과정을 크라우드소싱(crowd sourcing)과 결합시킴으로써 극복될 수 있다. 2015년 글로벌 지속가능 발전 보고서는 187개의 과학 브리프를 채택하였는데, 이는 상향식(bottom-up) 크라우드소싱을 통해 선정된 지속가능 발전 이슈들이다.

지속가능 발전 목표	측정 대상	데이터 소스	적용 지역
빈곤 (SDG1)	빈곤	위성 이미지(야간조명)	글로벌 맵
		휴대폰 기록	코트디부아르
	가격지표	소매상 웹 사이트 온라인 가격	아르헨티나
	사회경제적 수준	휴대폰 기록	라틴아메리카 도시, 런던
기아 및 식품안전 (SDG2)	식료품가격 위기	트위터	인도네시아
	식품구입 지출	휴대폰 데이터 및 사용시간 신용구매	동-중앙아프리카 국가
	수확 생산성	위성 이미지	아프리카
	가뭄	원격 감지	호주, 아프가니스탄, 인도, 파키스탄, 중국
건강 (SDG3)	독감	온라인 탐색	미국, 중국
		트위터	일본, 미국
		인터넷 상 자발적 보고	벨기에, 이탈리아, 네덜란드, 포르투갈, 영국, 미국
	말라리아	휴대폰 기록	케냐
	전염병 시 인구이동	휴대폰 기록	서아프리카
	콜레라	소셜 미디어, 뉴스 미디어	아이티
	댕기	웹 탐색 질의	아르헨티나, 볼리비아, 브라질, 인도, 인도네시아, 멕시코, 필리핀, 싱가포르, 태국, 베네수엘라
	독감, 위염, 수두	온라인 탐색	프랑스
	백신 우려	미디어 보도	144개국
	질병	트위터	미국
	백신 우려	트위터	미국, 인도네시아
	HIV	트위터	미국
	마약 복용	트위터	미국
		폐수 분석	유럽
		소셜 미디어 및 웹 플랫폼 스캔, 비상센터 호출, 체포자 약물검사	미국

	피임법에 대한 감정	페이스북 및 U 리포트	우간다
교육 (SDG4)	문자독해율	휴대폰 호출 및 SMS 기록	세네갈
여성 (SDG5)	여성의 웰빙	트위터	멕시코
	여성 차별	트위터	인도네시아
물 및 위생 (SDG6)	물 흐름, 식수 질	강수량, 수위 및 수질 모니터, 레이더 자료, 모델 예측치 및 수문 펌프 스테이션, 댐 등 관리자료(과거 및 현재)	네덜란드
	누수, 폐쇄, 수질	센서	싱가포르
인프라, 산업화 및 혁신(SDG9)	위치별 인터넷 디바이스 장착 지도	IP 4버전 주소 스캔용 인터넷 도구	전 세계
불평등성 (SDG10)	부 및 불평등성	휴대전화 사용시간 신용구매	코트디부아르
	이주	소셜 미디어, 온라인 검색	몇 개 국가
도시 (SDG11)	도시화 및 인구	위성 이미지	전 세계
	교통수단 이용 및 여행, 지하철 운행	교통카드 자료	런던, 영국
	여행 패턴	휴대폰 기록	코트디부아르
	통근시간	교통센서	핀란드
		휴대폰 기록	코트디부아르, 포르투갈, 사우디아라비아, 미국(보스턴)
	홍수 위험 및 리스크	위성 이미지	나미비아, 글로벌, 나이지리아, 니제르, 인도
	홍수 피해	휴대폰 기록	멕시코
해양 (SDG14)	불법조업 선박	위성 자료	전 세계, 지구의 75%
	해양 측정		전 세계
지상생태계(SDG15)	산림 커버	위성 이미지	코스타리카, 멕시코
평화, 정의, 제도 (SDG16)	범죄	휴대폰 및 인구통계 자료	런던, 영국
	폭력적 사건	뉴스 데이터베이스	시리아

자료: UN, *Global Sustainable Development Report 2015*(2015)

지속가능 발전을 위한 빅데이터 접근법도 과학자들이 정보와 분석을 제공하는 새로운 도구가 되었다. 〈표 2-9〉는 광범위한 빅데이터 적용 사례로서 여러 지역과 시점에서 이들 빅데이터가 지속가능 발전목표들의 진전 상황을 모니터링하거나, 정책 프로그램 및 조치의 유효성을 평가하는 데 이용되고 있다.

11. 형평성, 사회간접자본, 복원성의 관계

2016년 지속가능 발전 보고서는 "누구도 뒤처지지 않게 보장하기(ensuring that no one is left behind)"를 테마로 설정하였는데 이는 포용성이 지속가능 발전 목표의 실행에서 핵심원칙임을 강조한 것이다. 따라서 이 보고서는 사회간접자본, 불평등성, 복원성(resilience)의 연결성, 기술의 다양한 방향성, 제도 등을 다루고 있다. 지속가능 발전 목표들의 성공적 이행여부를 평가함에 있어 핵심원칙은 성, 인종, 연령, 종교, 주거 지역 등에 관계없이 극빈층 및 취약계층의 생활 향상이 어느 정도 성취되었는지를 중시하는 것이다. 포용성 원칙을 지속가능 발전과제에 성공적으로 반영하기 위해서는 1) 과연 누가 뒤처지거나 그럴 가능성이 높은지, 2) 어떤 전략과 정책으로 이들에 접근할 것인지, 3) 어떤 형태의 전략과 정책이 이들을 뒤처지지 않도록 하는 데 적절할 것인지 검토해야 한다.

낙오자의 식별에는 많은 기준들이 이용될 수 있다. 어떤 기준은 특정 그룹(여성, 토착민, 장애인, 청소년 등)에 관련된 것으로 단일영역에 집중된 박탈지수(deprivation index)이며 사회, 경제, 환경 등 다수영역에 중첩된 다중박탈지수(multiple deprivation index)도 있다. 복합적 지수에 근거한 다중박탈 지도(multiple deprivation map)가 국가, 지역 단위에서 계획 및 관리수단으로 주로 활용되어 왔다. 박탈계층에 접근하는 데 있어서의 전략이나 정책의 성공여부는 국가별 특수상황, 계획의 설계, 표적화(targeting)[13] 방법, 실제 집행 등에 달려 있다.

또한 효과적인 전략이나 정책은 제도의 설계, R&D, 사회간접자본 투자계획 및 실행 등에서 포용성 개념이 중심이 되는 형태여야 한다. 이를 위해서는 세 가지 수준에서 주의를 요한다. 이는 1) 빈곤, 변방화(marginalization), 취약성 등의 동학에 대한 이해와 함께 장소 특유의 내용(place-specific context)이 고려되어야 하며, 2) 정책토론 및 정책결정에 박탈그룹 및 주변화그룹이 참여해야 하며, 3) 정부의 의사결정에서 사회적 목표들과 기타 목표들(단기적인 경제효율 등)이 균형을 유지해야 한다.

2016년 지속가능 발전 보고서는 사회간접자본, 불평등성, 복원성 간의 연결성을 검토하였다. 이런 분석에서 나타난 주요 연결성은 〈그림 2-6〉과 같은데 이는 다음과 같이 요약된다.

사회간접자본은 세 가지 채널을 통해 불평등성에 영향을 미치는데 이는 1) 물, 위생, 전기 등과 같은 기초적 서비스의 공급, 2) 관개시설, 전기, ICT 및 도로 등과 같은 사회간접자본으로 가능해지는 생산성

---

13 표적화(targeting)는 여성, 청소년, 장애자 등과 같은 특정 부문이나 디지털 갭, 생명윤리 등과 같은 특정 콘텐츠를 정책의 집중대상으로 설정하여 관련 상황의 개선을 위한 특별한 조치들을 취하는 접근법이다.

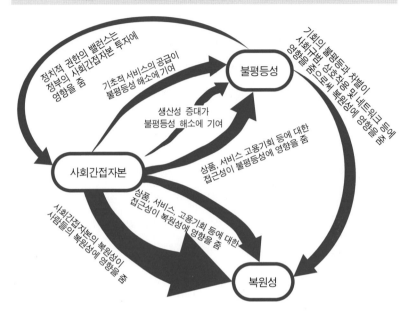

자료: UN, *Global Sustainable Development Report 2016*(2016)

증대, 3) 사회간접자본이 상품, 서비스 및 고용기회 등에 대한 인간의 접근성에 미치는 영향 등이다.

그런데 사회간접자본이 불평등성 감소에 영향을 미치는 채널은 복잡하다. 불평등성은 사회간접자본의 질, 디자인, 커버리지, 접근성 및 배분 등 다양한 요소에 영향을 받는데 가장 중요한 것은 사회간접자본이 어디에 위치하고 누구에게 주로 혜택을 주느냐이다. 사회적 불평등성은 정치적 권한의 밸런스에 영향을 미쳐 다시 사회간접자본에 영향을 미치며, 이는 다시 사회간접자본의 제공에 대한 정부의 결정에 영향을 미친다. 이는 가장 취약한 계층에 이익을 주는 사회간접자본에의 투자율이 낮아져 사회적, 공간적 불평등성이 악화되는 것으로 귀결된다. 따라서 이러한 불평등의 악순환 고리를 끊는 것이 어젠다 2030의 시행에서 핵심사항이라고 하겠다.

복원성에 대한 사회간접자본의 영향은 사회간접자본의 질, 디자인, 분배, 상호관계 및 운영이 어떻게 자연재해에의 복원성에 영향을 미치고 이것이 다시 인간의 충격 복원성에 영향을 미치는지를 분석하는 것이다. 심각한 재해의 경우 어떻게 사회간접자본의 복원성을 유지시킬 것인지 아직 연구가 부족하며, 교통망, 배전망 등 위기 발생 시 연쇄반응에 취약하여 치명적일 수 있는 사회간접자본의 연구에도 관심이 더 모아져야 한다. 기회의 불평등과 차별도 인간의 충격대응 능력에 영향을 미치는 사회규범, 상호작용, 네트워크 등에 영향을 줌으로써 복원성에 영향을 미친다.

상호 연결성을 가진 이슈에서는 시너지를 강화하고 상충성을 해소하는 것이 핵심과제이다. 사회적 불평등성의 감소는 보다 양질의 사회간접자본이 취약계층에 제공되도록 함으로써 복원성 증가를 가져온다. 또한 정책적으로 중요한 요소는 기초서비스 관련 사회간접자본 투자에서의 지역적 형평성이다. 사회간접자본과 복원성의 시너지 증대를 위해서는 사회간접자본의 모든 라이프 사이클에서 재앙 리스크의 감축이 이루어지도록 규제와 유인 메커니즘이 정책계획에 포함되어야 한다. 또한 사회간접자본 투자의 계획 수립 시에는 경제, 사회, 환경적 측면의 영향이 충분히 고려되도록 해야 하는데 이를 위해서는 지역사회의 참여가 필수적이다.

12. 기술과 지속가능 발전 목표에 관한 과학자들의 관점

지속가능 발전 목표의 달성을 위해 과학은 어떤 역할을 해야 하는가? 이는 매우 중요한 관점인데 과학기술이 인간의 사회, 경제, 환경을 크게 바꿔 왔고, 그 역도 성립하기 때문이다. 실제로 기술, 사회, 제도는 같이 진화한다. 기술진보는 제도의 적응을 요하고 사회적 이슈에 의해 제약되기도 한다. 지속가능 발전 목표를 성취하고 그 시너지의 혜택을 거두며 목표 간의 상충을 최소화하는 데에는 기술이 중요하다.

이런 관점에 따라 지속가능 발전 목표 17(목표달성을 위한 파트너십)에서 기술은 주요 이행수단이고, 169개 표적에서도 14개 표적은 명시적으로 기술을 언급하고 있으며, 많은 다른 표적들에서도 관련 이슈들이 기술적 용어로 논의되고 있다. 기술관련 표적들은 세 가지로 분류되는데, 1) 총체적 기술수행 개선에 관련된 표적, 2) 특정기술에의 보편적 접근을 위한 표적, 3) 지속가능 발전 목표를 위해 유효한 글로벌 혁신 시스템의 윤곽을 잡아주는 표적 등이다.

기술이 많은 지속가능 발전과제들에 해결책을 제공하기도 하지만 새로운 과제를 낳기도 한다. 특히 기술변화는 충돌의 원인이 되기도 하고 사회적 포용성의 수단이 될 수도 있다. 정도의 차이는 있지만 모든 기술은 자원을 소비하고 토지를 사용하며 물 공기 등 환경을 오염시킨다. 이와 같이 양면성을 갖는 기술로는 디지털 자동화, 나노 기술, 바이오 기술, 유전체학, 합성생물학 등을 들 수 있다. 또한 모든 부문에서 기술 갭이 존재하고 신기술의 적용으로 새로운 갭이 나타날 수도 있는데, 이는 빅데이터, 사물인터넷, 3D 프린터, 대규모 온라인 공개

코스, 디지털 자동화 등에서 나타날 수 있다.

그러나 어떤 기술들은 기존의 불평등성을 줄이기보다는 더욱 늘릴 가능성도 있다. 따라서 기술변화와 함께 형평성 이슈(특히 기술 접근성), 총체적인 기술시스템 성과, 제도 변화의 지원 등에도 진전이 수반되어야 한다. 정책 조치들은 첨단기술에서 기술성과를 제고하는 R&D 투자의 지원뿐만 아니라 주변화된(marginalized) 그룹에게도 기존기술의 확산과 적용을 고취시키는 데 유의해야 한다.

과학자들은 2030년까지의 지속가능 발전 목표 달성에 결정적으로 유용한 핵심 신기술을 식별하였는데 이는 바이오 기술, 디지털 기술, 나노 기술, 뉴로(neuro) 기술, 녹색 기술 등 5개 범주로 구분된다. 〈표 2-10〉에 표시된 것처럼 이들 범주에는 앞으로 연구개발 성과 및 실용화, 성능혁신 등의 가능성이 높은 94개 분야의 다양한 첨단기술이 망라되어 있다. 다만 2030년까지 달성할 필요가 있는 이들 기술의 성과 및 배치 수준의 예측과 관련한 정보는 아직 제한적이다. 이에 관해 일부 수량화가 이루어질 수도 있겠지만 기술을 명확하게 포함하는 지속가능 발전 목표의 시나리오 및 로드 맵에 관한 국제협력이 필수적일 것이다. 이러한 장기적인 기술 로드맵이 설계되어야 기업의 연구개발 투자와 기술정책 계획을 지원할 수 있을 것이다.

어쨌든 2030년까지 이들 분야에서 경쟁력을 선점하기 위한 글로벌 경쟁은 치열해질 수밖에 없을 것으로 전망된다. 앞으로 우리나라는 지속가능 발전 목표 달성에 핵심역할을 할 수 있는 이들 미래형 과학기술의 발전노력을 꾸준히 전개해 나가야 한다. 이러한 노력이 이루어진다면 과학기술 교육의 개혁, 과학기술 인력의 양성, 지속가능 발전 목표의 이행에 유용한 과학기술 기반산업의 육성 및 일자리 창출 등에서

〈표 2-10〉 2030년까지 지속가능 발전 목표(SDG)를 위한 핵심 신기술 전망

기술 클러스터	2030년까지 SDG를 위한 핵심 신기술 전망	지속가능 발전 영역에서의 활용 기회	잠재적 위협
바이오 기술 (10개 분야)	바이오 기술, 유전체학, 단백질체학; 유전자-편집 기술, 주문형 DNA 서열, 유전자변형 유기체, 줄기세포 및 인간공학, 바이오 촉매, 합성생물학, 지속가능 농법	식량 수확, 인체 건강, 제약, 소재, 환경, 연료 등	군사적 이용; 건강과 환경에의 불가역적 변화
디지털 기술 (21개 분야)	빅데이터 기술, 사물 인터넷, 5G 휴대폰, 3-D 프린터, 클라우드 컴퓨팅 플랫폼, 오픈 데이터 기술, 프리/오픈 소스, 대규모 오픈 온라인 코스, 마이크로 시뮬레이션, E-디스트리뷰션,[14] 시스템 결합 라디오, 위성, 지리정보 시스템(GIS), 원격 감지 데이터, 데이터 공유 기술, 시민 과학-능력화 기술,[15] 소셜 미디어 기술, 모바일 앱, 전기료 선불 및 자동 계기 독해 기술, 디지털 모니터링 기술, 디지털 보안 기술	개발, 고용, 제조, 농업, 건강, 도시, 금융, 절대적 "디커플링", 거버넌스, 참여, 교육, 시민 과학, 환경 모니터링, 자원 효율, 글로벌 데이터 공유, 소셜 네트워킹 및 협업 등	차별적 혜택, 실직, 스킬 갭, 사회적 충격, 글로벌 가치체인 교란, 프라이버시 자유 및 개발 침해, 데이터 사기, 절도, 사이버 공격 등
나노 기술 (5개 분야)	나노-임프린트 석판 인쇄, 분산 상하수도 처리용 나노 응용 기술, 담수화 기술, 태양에너지(나노 물질 태양전지), 고성능 유기 및 무기 나노물질(그래핀,[16] 탄소 나노 튜브, 탄소 나노-닷, 전도성 폴리머 그래핀, 철, 코발트, 니켈 나노 분자, 페로브스카이트[17] 등)	에너지, 물, 화학물, 전자제품, 의학 및 제약 산업, 고효율, 자원 절감, CO_2 저감	인간 건강(독성), 환경충격(나노 폐기물)
뉴로(Neuro) 기술 (11개 분야)	디지털 자동화(자율주행 차량 및 드론 포함), IBM 왓슨(Watson), 법률 서비스용 e-디스커버리 플랫폼, 개인화 알고리즘, 인공지능, 연설 인식, 로봇공학, 스마트 기술, 인지형 컴퓨터, 인간두뇌의 계산 모델, 메조-과학[18] 활용 증강현실 (11개 분야)	건강, 안전, 보안, 고효율, 자원 절감, 신형 직업, 제조, 교육 등	차별적 혜택, 숙련도 감퇴, 실직 및 양극화, 기술 갭 확대, 군사 목적 이용, 충돌
녹색 기술 (41개 분야)	순환경제: 재제조기술, 제품 라이프사이클 확장 기술(재사용, 보수, 재활용 기술), 다기능 사회간접자본, 중앙 집중 시스템 및 분산 시스템의 통합 기술, CO_2 저감 기술, 저에너지 소모 및 저방출 기술(6개 분야)	환경, 기후, 생물학적 다양성, 지속가능 생산 및 소비, 재생 에너지, 소재 및 자원, 청정 공기 및 청정수, 공기	새로운 불평등성, 실업, 사생활 우려, 자유 및 개발

녹색 기술 (41개 분야)	에너지: LPG 스토브 급의 저방출량 요리용 스토브, off-grid 직류 전기시스템 배선, mid-grids 기반 저장가능 간헐적 재생 에너지, 배터리 기술 향상, 공간 난방용 열 펌프, 열 및 전력 저장장치, 전기적 이동 기술(off-grid 전기와 상호작용), 스마트 그리드, 천연가스 기술, 신 발전기술, 담수화(역삼투성) 기술, 핵 반응, 바이오 연료 공급체인, 태양광, 풍력 및 마이크로 하이드로 기술, 염분 기온변화도 기술, 물 절감 냉방기술, LED 램프, 발전된 측정기술 등(19개 분야)	및 청정수, 에너지 물 및 음식물 안전, 발전 및 고용, 건강, 형평성
	운수: 통합 운수 인프라, 전기운송기기(전기 자동차, 전기 자전거), 수소연료 운송기기 및 공급 인프라(3개 분야)	
	물: 이동 물 처리 기술, 폐수처리 기술, 발전된 측정 인프라(3개 분야)	
	빌딩: 지속가능 건축 기술, 수동적 주택(2개 분야)	
	농업: 지속가능 농업 기술, 바이오 기반 상품 및 처리과정 혁신, 투입절약 공정 및 저장 기술, 원예 기술, 개간 기술, 바이오-유기금속 기술(생체모방 질소 유사물질의 효율화 기술)(6개 분야)	
	기타: 해저 지진, 인공적 사진합성 등(2개 분야)	
기타 (6개 분야)	장애인 보조 기술, 대체적 사회적 기술, 의술 혁신, 지공학 기술, 신 광업 및 채굴 기술(셰일 가스 등), 심해 광업 기술	포용성, 발전, 건강, 환경, 기후 변화 완화, 자원 가용성	오염, 불평등성, 충돌 등

자료: UN, *Global Sustainable Development Report 2016*(2016)

---

14 물리적 미디어가 아닌 전자적 미디어를 사용하는 재화와 서비스의 구매 또는 판매로서 인터넷을 통한 소비자의 전자적 디바이스로의 다운로딩에 의해 매매가 실행됨. 전자상거래에서 중요한 요소로서 기업과 소비자의 직접거래(B2C)에 의한 판

우리나라가 획기적인 성과를 낼 수 있을 것으로 저자는 확신한다.

13. 포용적인 제도 구축: 의회와 지속가능 발전 국민평의회

　　　　　　　　'누구도 뒤처지지 않도록 보장하기' 과제를 이행하기 위해서는 제도의 역할에 대한 이해가 중요하다. 제도는 포용성의 필수적 실행수단이기 때문이다. 비록 지속가능 발전을 위한 2030 어젠다가 국가단위의 제도 모델을 직접 규정하지는 않지만 각국의 제도들이 성취하려고 노력해야 하는 거버넌스 원칙들을 규정하고 있다. "효율성, 포용성, 책임성"(SDG 16), "모든 수준에서의 책임지고, 포용적

매관리 비용 절감, 소비자 필요(needs)의 즉시 충족, 효율적이고 안전한 대금지불 등의 장점이 있음.

15 시민과학은 휴대폰을 모바일 컴퓨팅의 도구로 활용함으로써 네트워크를 이룬 시민들의 이익을 위한 과학-교육의 연결성(nexus)을 창출하는 것을 의미함. 생태학 연구, 시민교육, 환경 모니터링 등에 많이 활용되고 있으나 향후 신기술 발전으로 활용 영역이 다양한 사회문화적 이슈에도 파급될 가능성이 있음.

16 탄소로 만들어진 세상에서 가장 강도가 높고 가장 가늘며 가장 전도성이 높은 물질로 알려져 있음.

17 페로브스카이트(Perovskite)는 러시아 우랄산맥에서 발견된 미래의 태양전지를 만드는 신물질로 알려져 있으며 광물이름은 러시아 과학자 페로브스키(Perovski)를 기념하여 명명.

18 메조과학은 기초입자와 관찰 가능한 우주 사이에 존재하는 모든 형태의 메조 스케일의 문제들을 다방면의 학문을 결합하는 새로운 패러다임으로 접근함으로써 자연 및 사회현상에 관한 공통적이고 보편적인 지식을 추구하는 과학으로 이해할 수 있음.

이며, 참여적이고, 대표적인 의사결정"(표적 16. 7), "정책 응집(policy coherence)"(표적 17. 14) 등이 좋은 예이다.

포용적인 제도들은 평등한 권리 및 자격, 공평한 기회, 자원 및 서비스에 대한 공평한 발언권 및 접근성 등을 보장한다. 이처럼 포용적인 제도들은 보편성(universality) 원칙(예로써 사법 정의 및 공공서비스에의 보편적 접근), 비차별성(non-discrimination) 원칙(예로써 여성 피상속인의 토지 상속권을 인정하는 상속법 등), 또는 표적 조치(targeted action)(예로써 여성 정치인 비율을 높이기 위한 조치) 등에 기초하고 있다.

반면에 권력 보유층은 사회의 모든 구성원보다는 일부의 이익을 위해 제도를 조작함으로써 배타적인 제도들을 강화하기도 한다. 이 같은 제도들은 모두를 위한 권한과 자격들을 유보시키고, 공평한 기회, 자원과 공공 서비스에의 발언권 및 접근성을 침해할 수 있으며, 경제적 불이익을 항구화시킬 수도 있다. 또한 이런 제도들은 공공서비스에의 접근성 결여, 의사결정에의 발언권 결핍, 폭력과 부패에의 취약성 등 빈곤이슈의 비경제적 요소에도 부정적 영향을 준다.

2016년 지속가능 발전 보고서는 제도들이 얼마나 포용적인지, 정책 조치들이 포용성을 진전 또는 후퇴시키는지, 그리고 어떤 방식으로 진전 또는 후퇴시키는지를 평가하기 위한 시도로서 의회(Parliament) 및 지속가능 발전 국민평의회(NCSD: National Council for Sustainable Development)의 2개 제도를 검토하고 있다. NCSD는 1992년 제정된 UN 어젠다 21의 중요한 제도적 항목으로서 지난 20년간 많은 국가들이 다양한 버전의 NCSD를 설치하여 현재 NCSD 및 유사한 기관들은 세계적으로 100개 이상에 달하고 있다. 또한 NCSD 및 유사기관들의 성공적인 운영성과도 다양하였는데 〈표 2-11〉은 다양한 구성형태별로

위원구성	권한	과제	교훈
정부 대표	• 정책에 대한 영향력이 있고 잠재적 입법권을 갖기도 함 • 강한 리더십 • 전략 이행을 위한 더 많은 자원을 보유 • 공공행정 경력을 더 많이 보유	• 덜 독립적이며 덜 객관적임 • 정치적 이해에 영향을 받을 리스크가 높음 • 장기적 고려에 반드시 이룹지는 않음 • 의욕 저하 초래 가능성	내각형 NCSD가 객관적이고, 증거에 기반한 지속가능 발전 이슈 및 추이, 현행 정책의 지속 또는 변경의 충격에 관한 정보와 분석에 접근할 수 있어야 함
정부 대표 및 비정부인사 혼합	• 대표성과 참여성이 높음 • 다양한 여론과 전문가 견해 반영 가능 • 보다 진보적인 정책권고 가능	• 정부 발언권이 이해관계자를 지배 • 교착을 피하거나 적절하게 응집력 있는 메시지가 나오기 어려움 • 폐쇄적 사고를 피하거나 전반적 상황을 포착하기 어려움	다음 사항의 확보가 중요함: 1) 핵심부문에서의 적절한 대표; NCSD 관련 기업이익의 적절한 대표 2) 비정부대표의 자유로운 발언과 참여가 가능해야 하고, 독립적인 정부 외 인사가 의장 또는 공동의장직을 수행함이 바람직함 3) 정보에 기반한 유효한 공헌을 위해 모든 위원에 정보 접근성의 확보가 필요
비정부대표 및 이해관계자 대표	• 독립성이 정부정책의 검증과 지속 불가능한 정책에 대한 발언권 행사가 가능 • 국가 하부단위 수준에서 대표성이 높아지고 이해관계자 네트워크와도 강력한 유대 형성이 가능 • 합법성 확보를 위한 대중 지지기반을 갖출 수 있고 권고사항들의 주창에도 유익	• 의사결정자나 정책에의 영향력 확보 • 위상 및 지위가 충분히 높은 대표 구성 • 환경이슈를 초월한 이해와 전문성 확보 • 장기적인 재원 확보	다음 사항의 확보가 중요함: 1) 위원의 이해, 경험 및 전문성이 지속가능 발전의 전 방면을 다룰 수 있고, 과학, 환경, 경제 등의 영역에서 강한 역량을 갖출 필요 2) 위원들이 관련 정부부처 장관 및 고위 관료와 효과적으로 협의할 수 있는 위상과 지위를 가질 필요

자료: UN, *Global Sustainable Development Report 2016* (2016)

NCSD의 권한과 과제 및 교훈 등에 대해 정리한 것이다.

UN 연구진의 보고에 따르면 적절한 자원이 제공될 경우 NCSD는 정책의 라이프 사이클(정책이슈의 인지, 사전 연구 및 검토, 입안, 공개토론 및 의사결정, 시행, 사후평가 등)에 걸쳐 이해관계자의 참여 및 의사결정권 보장을 위해 유용한 메커니즘으로 평가되었다. NCSD는 1) 지속가능 발전 토픽에 대한 대중의 이해를 위한 정보와 교육을 제공하고, 2) 정보와 지식에 기반한 토론을 고취하며, 3) 정책 권고사항의 식별에 주요 이해관계자를 참여시키며, 4) 시행 및 이행 점검에서 이해관계자의 참여권을 보장하는 것으로 평가된다.

실제적으로 이해관계자의 참여에 대한 정부의 태도가 중요하며 이에 따라 NCSD의 기능과 NCSD에 제공되는 자원이 큰 영향을 받는다. 지금까지의 경험에 비추어 보면 더 독립적인 NCSD가 의사결정 과정에서 더 많은 역할을 수행하고, NCSD가 정부에 지배될수록 NCSD의 주된 역할은 정부정책을 주요 이해관계자들에 설명하는 데 그치고 있다.

의회는 입법기관으로서 2030 어젠다와 지속가능 발전 목표의 이행을 위해 중요한 제도이다. 의회는 입법 및 정부의 법률 집행 감시, 정부정책 및 전략계획 감시, 예산 승인, 국정보고 및 국정감사, 감사기관을 통한 국정감시 및 평가 등을 통해 지속가능 발전과 관련된 입법 및 행정감시 역할을 담당하고 있다. 포용성은 제도자체의 포용성과 제도를 통한 포용성을 구분할 필요가 있는데, 전자는 제도의 대표성이 얼마나 포용적인가이며 후자는 제도의 역할이 얼마나 포용적인가이다.

포용적인 의회는 주변화된 계층을 포함한 사회의 모든 계층에 의해 대표되어야 하며 이들 그룹의 필요를 입법화 과정에서 고려하여야 한다. 2016년 글로벌 지속가능 발전 보고서에 따르면 각국 의회에서 이들 주변화된 그룹의 대표성은 진전되었으나 여전히 갭이 있으며, 이들 취약그룹의 권리를 법제화하는 데에서도 일부 진전이 있지만 아직 갈 길이 멀어 "누구도 뒤처지지 않도록 하기" 위해서는 의회의 핵심역할이 중요하다고 평가하고 있다.

우리나라의 경우 2005년 대통령 직속으로 지속가능 발전위원회 (Presidential Commission on Sustainable Development)가 설립되어 제 2차 동아시아 NCSD 워크숍을 최초로 개최하고 2014년 제1차 NCSDs 글로벌 네트워크 회의를 개최하는 등 국제협력을 겨냥한 간헐적인 시도는 있었다. 그러나 국내에서 지속가능 발전의 패러다임에 관한 국민적 공감대 형성을 위한 정책노력은 상대적으로 미흡하였다.

현재까지 지자체 단위에서 지속가능 발전협의회 등이 운영되고 있고 대기업 중심의 지속가능 발전을 위한 기업협의회(Korea Business Council for Sustainable Development)가 결성되어는 있으나 대부분 지자체의 정책이나 대기업 중심의 민관 파트너십 활동과 관련한 홍보 등에 그치고 있다. 중앙정부 및 지자체의 정책 라이프 사이클에 걸친 이해관계자(특히 취약계층)의 의사결정 참여, 공개토론, 이행 점검 및 평가 활동 등은 전반적으로 부진한 상황이다.

특히 우리나라는 아직 지속가능 발전 이슈에 대한 정부정책의 우선순위나 국민들의 인지도가 대체로 낮고 정부정책 추진에서의 취약계층 등 이해관계자의 참여를 확보시키기 위한 컨트롤 타워인 대통령 직속 지속가능 발전위원회는 더 이상 가동하지 않고 있다. 현재 환경부가 주축이 되어 관련 업무를 다루고 있으나 지속가능 발전 목표들은 17개 목표의 개별적, 분산적 추진으로는 효과를 거두기 어렵고 상호 연결성하에서 추진되어야 하는 만큼 국가적인 컨트롤 타워가 반드시 필요하다. 아쉽게도 우리나라는 이러한 상황으로 인해 지속가능 발전에 대한 일반 국민의 관심도 낮고 관련 이슈들의 토론이나 협의회 등의 활동도 큰 주목을 받지 못하고 있다.

앞으로 2030년까지 지속가능 발전 목표를 완수하는 데 우리나라가 선도적 역할을 수행하기 위해서는 먼저 국내의 지속가능 발전 목표를 완수하기 위한 역량 축적에 힘써야 한다. 아울러 민관 협력기구 형식의 새로운 NCSD가 지속가능 발전과 관련된 국가전략 수립 및 추진을 위한 국민참여기구로서 기능할 수 있도록 관련 조직과 제도를 재정비해야 할 것이다.

14. 지속가능 발전 목표 지원을 위한 민간자본의 역할

이제 마지막으로 지속가능 발전 목표의 달성을 위해 소요되는 재원규모가 어느 정도이며 이를 지원하기 위한 민간자본의 역할이 어떠해야 하는지를 살펴보도록 하겠다. 지난 15년간 새천년 발전 목표(Millennium Development Goals)의 달성에는 민간자본의 적극적인 참여가 결정적이었다. 2030년까지 지속가능 발전 목표의 달성을 위한 민간부문 및 민간자본의 역할은 더욱 중요해질 것으로 보인다. UN 개발 프로그램(UNDP: UN Development Programme)은 물, 에너지, 자원 개발, 재앙 리스크 감축, 재원 조달 등 다양한 과제의 공통해법을 찾기 위해 기업들과 협력하고 민관 파트너십을 고취시킬 것을 권고하고 있다.

이는 지속가능 발전 목표의 달성에 소요되는 재원을 공공투자나 공적개발원조(ODA: Official Development Aid)에만 의존하기 어려운 만큼 보다 포용적이고 활기 있는 민간부문의 역할을 통해 소요재원의 가장 큰 부분을 조달해야 하기 때문이다. 즉 수익성을 약화시키지 않으면서도 포용적이고 지속가능한 비즈니스 모델을 구축하는 것이 민간부문의 새로운 과제로 등장하고 있다.

UN 무역개발위원회(UNCTAD: UN Commission on Trade and Development)는 개도국의 교육, 건강, 생물학적 다양성, 기후변화, 식품 안전, 농업, 물 및 위생, 원거리 통신, 운송 및 전력 등을 포괄하는 부문에서 매년 3.9조 달러의 재원이 소요되고 2.5조 달러의 투자 갭이 나타날 것으로 추정하고 있다. 〈그림 2-7〉은 2015~2030년 중 개도국에서 지속가능 발전 목표 달성에 소요되는 재원의 추정 규모를 부문별로 보여주는데 적게는 1,000~2,000억 달러(기후변화 적응, 건강, 생태계/

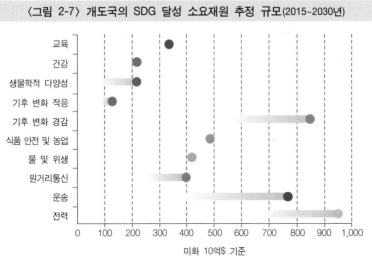

〈그림 2-7〉 개도국의 SDG 달성 소요재원 추정 규모(2015~2030년)

출처: UNCTAD, *World Investment Report 2014* (2014)

생물학적 다양성)에서 많게는 8,000~9,000억 달러(전력, 기후변화 완화, 운송)에 이르고 있다.

중위소득 국가들로의 민간자본 흐름은 지난 10년간 꾸준히 증가하였고 남남 협력 파트너(South-South Partners), 민간 원조 등을 통해 일부 저소득국가로의 자금흐름이 증가하고 있다. 이는 글로벌 저금리 기조하에서의 수익추구 외에도 신 시장, 중산층 증가, 기술 혁신, 무역 및 투자 자유화 등에 영향을 받은 것이다. 실제로 글로벌 유동성은 상대적으로 풍부하여 글로벌 부(wealth)가 글로벌 금융위기 이후 꾸준히 누적되어 2014년에 250조 달러를 상회하였다. 2000~2010년 중 개도국에서의 국내외 자본투자는 1.6조 달러에서 6.9조 달러로 4배 정도 커졌고 앞으로 10년간 다시 2배 정도 늘어날 것으로 추정된다. 개도국으로부터의 자금 흐름도 해외투자 및 이윤의 본국송금 등으로 꾸준히 증가하여 2012년에는 0.7조 달러에 달하였다. 또한 개도국들이 글로벌 경제체제에 통합되면서 변동성도 확대되고 있다.

국민저축률은 지리적 요인, 문화적 요인, 경제성장률, 금융심화(financial deepening) 정도, 인구 피라미드 등에 따라 차이가 있다. 1990년대 이전에는 개도국의 저축률이 선진국의 저축률을 밑돌았으나 이후로는 아시아 국가들 및 중동 산유국들의 저축률 상승으로 선진국의 2배 정도까지 높아졌다. 이렇게 축적된 금융자금들은 대부분 선진국 및 아시아의 일부 금융허브에 소재한 금융기관들에 의해 관리되고 있다. 세계 500대 자산운용사들의 자산 68.3조 달러 가운데 아시아의 비중은 2012년 9.7%에 불과하였다.

〈그림 2-8〉은 민간부문에 의한 국경 간 자금 흐름 및 금융자산 규모를 보여주는데, 은행 및 비은행 금융기관이 관리하는 자산 규모는

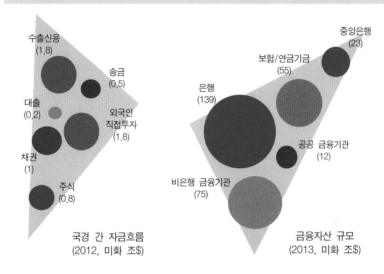

〈그림 2-8〉 민간부문에 의한 국경 간 자금흐름 및 금융자산 규모

수출신용
(1.8)

송금
(0.5)

대출
(0.2)

외국인
직접투자
(1.8)

채권
(1)

주식
(0.8)

국경 간 자금흐름
(2012, 미화 조$)

중앙은행
(23)

보험/연금기금
(55)

은행
(139)

공공 금융기관
(12)

비은행 금융기관
(75)

금융자산 규모
(2013, 미화 조$)

출처: Financial Stability Board, McKinsey 및 Berne Union

270조 달러(2013년)로 추정되며, 국경 간 흐름도 9조 달러(2012년)에 달할 것으로 보인다. 눈에 띄는 변화는 국경 간 송금의 증가인데 2000년 이후 4배로 커져 2016년에는 5,000억 달러를 웃돌고 있다. 중국을 제외하면 국경 간 송금 규모가 이미 외국인 직접투자 규모를 상회하고 있다. 또한 크라우드펀딩(crowdfunding)[19]이 빠르게 늘어나고 있어 2025년까지는 930억 달러에 이를 것으로 전망된다. 국경 간 민간원조(재단, 기업 등)도 매년 600~700억 달러로 추정되고 개도국에서의 박애

---

19 크라우드펀딩은 특정 프로젝트나 모험사업의 소요자금을 일반대중으로부터 직접 조달하는 방식인데 통상 아이디어 프로젝트의 제안자, 아이디어나 프로젝트를 지원하는 개인 또는 그룹, 당사자(제안자, 지원자, 일반 투자자)를 연결시켜주는 플랫폼 등 3개의 결합형태로 되어 있다. 2015년 중 이런 형태의 자금조달은 세계적으로 340억 달러에 달하는 것으로 알려져 있다.

운동(philanthropy movements) 등도 빠르게 성장하고 있다.

지속가능 발전의 재원조달에 있어서는 투자 갭이 어디에서 나타나고, 프로젝트의 자본소요 규모가 어느 정도이며, 수익적인 민간참여가 가능한 사업성의 유무 등을 고려해야 한다. 초기 종자금융 수단에 대한 소기업 및 중소기업(MSMEs: Micro, Small and Medium Enterprises) 등의 수요는 많지만 이들에게 적절한 금융수단을 제공할 수 있는 기관투자가나 개인투자자들은 많지 않다. 단기적인 자본수익률에 집중하기보다는 장기수익성을 강조할 필요가 있다.

통상적인 투자전략들은 지속가능 발전에 잘 맞지 않는 것이 현실이다. 자본수요는 개도국 및 신흥시장국의 지속가능 발전부문에 있는데 이와 반대로 자본공급의 대부분은 선진국의 글로벌 은행 및 비은행 금융중개기관과 기관투자가들이 관리하고 있어 수급균형을 맞추기가 쉽지 않다.

연금기금, 보험회사, 대형 재단기금 등은 보다 장기적인 투자를 지향하기 때문에 개도국은 장기금융의 혁신을 통해 이들에게 투자유인을 제공할 수 있다. 특히 이들 기관들은 위험자산 투자가 제한되기 때문에 개도국의 사회간접자본 투자 관련 프로젝트의 리스크 프로파일을 경감시킬 수 있는 안전장치가 필요하다. 근년에 들어 급증하고 있는 이주 근로자의 국경 간 송금20도 양호한 금융상품(이주 근로자의 본국 투자 또는 장기적 재산형성 유인을 갖는 투자상품 등)으로 전환된다면 좋은 재원이 될 수 있다.

---

20 개도국 출신의 국경 간 근로자의 본국 송금은 근년에 들어 크게 늘어나 2013년 기준으로 3,500억 달러에 달하고 있는데 이는 개도국에 대한 공적개발원조(ODA) 1,300억 달러를 두 배 이상 상회하는 규모이다.

프로젝트 금융과 모험자본 등에서도 어떤 개선이 필요한지 검토해야 한다. 최근 민간자본의 개도국 투자가 크게 증가하였지만 특정지역(자연자본 보유국)과 특정부문(자원개발 산업 등)에 집중되고 있다. UNCTAD의 보고에 의하면 외국인 직접투자(FDI)의 겨우 1.9%만이 최소개발국(Least Developed Countries)에 유입되고 아프리카 지역 FDI의 70%가 자원풍요국에서 이루어지고 있다. 국제금융공사(IFC)는 전 세계 MSMEs의 단지 15%가 적절한 신용 및 금융서비스에 접근할 수 있는 것으로 추정하고 있다.

글로벌 투자자의 투자유인을 강화시키기 위해서는 개도국에서의 규제 개혁과 국제금융시장에서의 투자행태 변화를 통해 자금수급을 효과적으로 연결시키는 것이 중요하다. 민간자본의 투자결정이 지속가능 발전과 연결되기 위해서는 신 시장 기회 및 사업성 지원을 위한 규제체계 개혁이 필수적이고, 민간자본은 단기수익률 외에도 혁신 및 사회적·환경적 목표의 수용을 통한 브랜드가치 제고 등 공공적 유인에도 주의를 기울일 필요가 있다. 아울러 기업, 가계, 거액자산 보유 개인들의 개인적·사회적 도덕과 종교적 가치에 기초한 박애적인 기부도 더욱 확대되어야 한다.

지속가능하고 포용적인 시장의 진전을 위한 전략은 3단계에 걸쳐 추진하는 것이 바람직하다. 이와 관련하여 1) 해로운 민간투자의 충격을 방지 또는 완화하고 민간자본이 유익한 투자를 하는 시장을 지원하는 건전한 규제체계의 설계 및 시행, 2) 시장실패의 경우 투자리스크 비용의 절감과 리스크의 재구성을 지원하는 공공적 유인의 설계 및 시행, 3) 투자자와 민간부문의 투자활동에서 지속가능 발전 목표들을 보다 원활하게 내부화하도록 하는 기업관행 및 소비자 선호의 변화

유도 등이 제안되고 있다.

이런 노력들의 성공사례도 풍부한데, 관광업 보호지역의 설정,[21] 몬트리올 의정서(Montreal Protocol)에 의한 CO_2 방출량 감축(냉장설비 제조 대기업의 기술표준 강화 등이 유효했던 것으로 평가) 등이 좋은 예이다. 한편 가계 순자산의 8~15%가 조세회피 지역(tax haven)에 유입됨으로써 개도국에서만 매년 660~840억 달러의 세수손실이 발생하는데 조세협력에 의해 이처럼 누수된 세원을 지속가능 발전 목표를 위한 공공투자 재원으로 전환시킬 수도 있다. 매년 5,000억 달러 정도가 비재생 에너지 보조금으로 지불되는데 이들 보조금을 재생에너지부문으로 전환시킬 필요가 있다. 정부가 화폐적·비화폐적인 유인을 통해 민간자본의 흐름을 바꾸어 주고 가격 및 잠재시장 정보를 MSMEs에 제공하는 것도 효과가 컸다.

국제투자보증기구(MIGA: Multilateral Investment Guarantee Agency) 처럼 공적기관이 보증을 제공함으로써 민간자본 흐름의 촉매역할을 할 수도 있다. 수출보증기관들의 무역신용 보증도 중요한데 2013년 중 각국 수출신용보증기구들은 약 2조 달러의 무역신용 보증을 공급했으나 86%는 단기신용 보증이었다. 지속가능한 장기투자 지원을 위해 장기 무역신용 보증을 좀 더 확대할 여지가 있을 것이다.

정부가 민간자본과 공동으로 투자하는 것도 좋은 방법이 될 것이다. 2020년까지 개도국에서의 사회간접자본 투자를 위한 소요재원은

---

21 연간 연인원 80억 명의 관광유치 효과가 있는 것으로 추정되며 현재는 유럽 및 북미지역 관광이 80% 정도이나 개도국에서의 잠재적 사업성이 높은 것으로 보고되고 있다.

매년 1.8~2.3조 달러에 이를 것으로 추정된다. 투자 프로젝트의 성숙기에는 연금기금 등 장기투자 목적의 기관투자가를 중심으로 자금 유치가 용이해지지만 초기에는 투자리스크가 더 높은 만큼 이를 낮추려는 정부 및 국제금융기구의 공동투자 등 지원노력이 긴요하다. 아울러 민관 파트너십을 위한 새로운 형태의 혁신적 금융이 다양하게 등장하고 있는데 '면역을 위한 국제금융 퍼실리티(IFFIm: International Finance Facility for Immunization)',[22] GAVI 매칭펀드,[23] 부채 스왑,[24] 크라우드 펀딩, 도전 및 혁신 펀드(challenge and innovation funds),[25] 사회성과 연계채권(social impact bonds),[26] 디아스포라 채권(diaspora bonds)[27]

[22] IFFIm은 2003년 영국 정부의 제안으로 면역을 위한 자금조달의 가용성과 예측성을 가속화하기 위해 출범한 민관 공동재원 조성 메커니즘인데 원조국 정부의 국제 자본시장 채권 발행 선언을 통해 백신연맹인 GAVI 프로그램에 즉시 활용가능한 자금이 민간자본에서도 조달되도록 지원하고 있다.

[23] GAVI 매칭펀드는 면역부문에서 민간부문 투자 유인을 제공하는 민관 공동투자 메커니즘으로 2011년 빌 게이츠/멜린다 재단(BMGF)과 영국 국제개발부(Department for International Development)가 2011~2015년 중 각각 5천만 달러 및 6천1백만 달러를 출연한 바 있다. 이러한 공공부문의 출연으로 민간부문에서도 2억 1천만 달러가 출연되는 성공적인 매칭 효과를 거두었다. 2016~2020년에도 GAVI 매칭펀드는 BMGF(7천5백만 달러) 및 네덜란드 정부(1천만 달러) 등이 출연을 약속하고 있다.

[24] 부채를 의무 당사자 상호간에 교환하는 메커니즘으로 예를 들어 기업이 발행한 상업어음(commercial paper)을 지방정부 채권(municipal bonds)으로 교환하거나, 구 채무를 신 채무 또는 주식 등으로 교환할 수도 있다. 주로 파산 방지, 부채구조 개선, 상환 스케줄 개선 등의 목적으로 이용된다.

[25] 세계적으로 다양한 형태의 도전 및 혁신 펀드가 나타나고 있는데 이들 펀드의 핵심적 특징은 공개적·경쟁적 신청 절차에 의해 혁신, R&D 투자, 새로운 접근방식 등을 시도하는 것이다. 아울러 도전과 혁신을 무산시키는 리스크와 불확실성을 극복하도록 선정된 신청자에게 금융서비스 등 다양한 그랜트를 제공하기도 한다.

등이 좋은 예이다.

지금까지는 지속가능 발전 목표의 달성을 위한 국제금융시장에서의 민간자본 조달 이슈를 살펴보았는데 우리나라의 경우 국민저축률 수준이 높은 만큼 국제금융시장에서의 민간자본 조달보다는 국내에서의 민간자본 조달에 주력해야 할 것이다. 국내 금융중개 기관이나 기관투자가들이 단기수익보다는 장기수익을 추구하고 혁신 및 사회적·환경적 목표를 수용하여 브랜드 가치를 제고시키는 등 공공적 유인에 좀 더 반응하는 투자전략을 운영할 필요가 있다.

또한 이미 앞에서 보았듯이 지속가능하고 포용적인 발전 목표는 2030년까지 많은 국가들이 추구하는 장기발전 전략인 만큼 다양한 분야에서 잠재된 많은 기회가 등장할 것이다. 이에 대응하여 우리나라는 〈표 2-10〉에 제시된 과학기술 발전을 선도하고 기업들이 혁신적인 연구개발 및 신시장 진출을 지원하는 장기전략을 추진함으로써 이런 기회를 활용해 나가야 할 것이다.

---

26 사회성과 연계채권은 특정 사회적 목적의 성취 결과에 따라 투자자에의 상환이 결정되는 형식의 채권으로서 채무상환 자금은 기부자, 호스트 국가 정부자금 등으로부터 조달된다. 현재 15개국에서 60개의 사회성과 연계 채권이 발행되어 약 2억 달러의 자금이 조달된 것으로 추정된다.

27 디아스포라 채권은 국경 간 이주민의 본국 투자를 위해 본국 정부가 애국심에 기초한 저리(patriotic discount)의 장기채권을 발행하는 것으로 이스라엘, 인도 및 아프리카 국가들에서 성공적인 성과를 거두고 있다. 이스라엘은 1950년대 이후 약 250억 달러를 조달하였고 인도는 1991년 경제위기 당시 디아스포라 채권 발행을 통해 위기 극복에 성공한 이후 이 채권을 꾸준히 발행하고 있다. 아프리카 지역에서도 에티오피아, 케냐, 나이지리아, 남아공화국, 이집트, 소말리아 등에서 디아스포라 채권을 발행하고 있다.

이와 함께 우리나라 금융기관들도 우리나라 기업의 개도국 투자지역에 동반 진출하여 시너지 효과를 극대화하는 전략을 추진할 필요가 있다. 즉 우리나라의 산업기술, 금융자본 및 전문인력이 동반 진출하여 개도국 및 신흥시장국의 지속가능 발전 프로젝트에 참여하고 해당국 관련 기업 및 금융기관들과도 파트너십을 구축하는 방식이다.

과거 아시아 금융위기 이전 우리나라 금융기관들은 전략적 준비 없이 국제금융센터를 중심으로 무분별하게 진출하여 수익기반이 제한된 해외동포 및 국내기업 현지금융 위주의 영업에 치중함으로써 별다른 수익을 내지 못하였다. 현재까지도 우리나라 금융기관의 해외영업 수익비중은 크게 낮은데 앞으로 국내영업에서 경쟁우위를 먼저 축적한 후 이러한 비교우위 활용에 적합한 지역을 찾아 진출할 필요가 있다. 또한 장기적으로 안정적인 수익기반을 형성하기 위해서는 현지 네트워크를 갖춘 현지인력(해외 동포 포함) 중심으로 현지화 영업전략을 구사해야 할 것으로 생각된다.

제5장

포용적 금융

"세계의 가장 빈곤한 사람들이 저축, 신용, 보험 등을 가릴 것 없이 지속가능한 금융서비스를 누릴 수 없는 것이 엄연한 현실이다. 우리 앞에 놓인 큰 도전은 사람들이 금융산업의 서비스를 완전히 활용하는 것을 어렵게 만드는 제약들을 풀어내는 것이다. 우리는 힘을 합쳐 모든 사람들이 그들의 생활을 개선할 수 있게 도와주는 포용적인 금융산업을 구축할 수 있고 또 그래야 한다(The stark reality is that most poor people in the world still lack access to sustainable financial services, whether it is savings, credit or insurance. The great challenge before us is to address the constraints that exclude people from full participation in the financial sector. Together, we can and must build inclusive financial sectors that help people improve their lives)."

－전 UN 사무총장 코피 아난(Kofi Annan), 2003년 12월 29일

포 용적 금융(inclusive finance)은 사회의 불이익 계층이나 저소
득 계층에 저렴한 비용으로 금융을 제공하는 것으로 그러한
금융서비스가 용이하지 않거나 저렴하지 않은 배타적 금융(exclusive
finance)에 대비되는 개념이다. 포용적 금융은 지속가능하고 형평성
이 있는 경제성장을 성취하는 데 필수적인 조건이다.

금융포용화정책은 빈곤인구 및 소기업, 중소기업 등 제도권 금융
서비스의 과소 수혜기업 등 금융소외 계층을 대상으로 하는 만큼
이들 계층의 금융서비스 이용을 지원하는 양호한 하부구조 구축이
필요하다. 대표적인 하부구조로는 현대적인 온라인 통보 기반 담보
등기제도와 포괄적인 신용정보체제를 들 수 있다.

우리나라도 2010년 전후로 제도금융권 내에서의 빈곤층 대상 소
액금융제도(햇살론, 새희망홀씨대출, 바꿔드림론, 미소금융 등)를 시도하
였으나 현재까지 취급실적이나 빈곤감소에의 기여도는 미미한 상황
이다. 이는 포용적 금융의 성장을 위한 국제사회의 다양한 노력 및
성과에 대한 정보 축적이 미흡하였던 데다 정책의지의 지속성 및
일관성도 부족하였던 데 기인한다. 아직도 우리나라에서는 금융포용
화에 대한 정책 우선순위나 일반국민들의 인지도가 낮아 금융포용화
의 다양한 이슈에 포괄적으로 접근하지 못하고 있는 것이 현실이다.
이제부터라도 우리나라는 친빈민, 친서민정책의 추진의지와 사명감
을 갖고 금융포용화를 추진함으로써 성공적인 빈곤감소 성과를 거둘
수 있도록 해야 한다. 이와 관련하여 금융포용화의 법제화, 추진 주
체의 명시화 및 구체적 목표 설정 등을 포괄하는 정책 추진 노력을
강화해야 할 것이다.

1. 왜 포용적 금융이 필요한가?

포용적 금융(inclusive finance)은 사회의 불이익 계층이나 저소득 계층에 저렴한 비용으로 금융을 제공하는 것으로 그러한 금융서비스가 용이하지 않거나 저렴하지 않은 배타적 금융(exclusive finance)에 대비되는 개념이다. 포용적 금융은 지속가능하고 형평성이 있는 경제성장을 성취하는 데 필수적인 조건이다. 포용적 금융을 구축할 수 있는 기회는 풍부하다. 이러한 인식을 바탕으로 많은 국가들이 소득의 불평등을 감소시키는 한편, 포용적 금융을 확산시키기 위해 다양한 정책노력을 기울이고 있다.

포용적 금융에 대해 사람들의 관심이 높아지게 된 것은 마이크로 금융(micro finance)으로 불리는 친 빈민(pro-poverty) 소액 금융이 제도 금융권 밖에서 자생적으로 성장하면서 비롯된 것이다. 하지만 이제 포용적 금융이 다루는 정책이슈들은 영세서민 금융지원, 마이크로 기업 및 중소기업 금융의 강화, 금융소비자 보호, 금융교육에 의한 일반인의 금융이해력(financial literacy) 향상, 자금세탁/테러지원 금융의 방지 등과 같은 보다 폭넓은 분야로 확장되고 있다. 이런 인식에 따라 이 책에서 저자는 국가경쟁력 강화, 지속가능 발전, 사회적 포용성 제고, 인간의 웰빙 및 양질의 일 창출 등과 함께 포용적 금융을 우리나라가 지향해야 할 새로운 경제정책의 패러다임으로 접근하고자 한다.

글로벌 금융시스템의 통합화가 진전됨에 따라 금융산업은 2007~2008년 글로벌 금융위기처럼 범세계적으로 확산된 위기의 진앙지가 되었다. 이로 인해 투기적 금융자본의 탐욕성과 약탈성에 대한 거센 비판이 일기도 하였지만 여전히 금융은 글로벌사회가 지향하고 있는 사회적 포용성 확대와 지속가능 발전을 강력히 지원할 수 있는 중요한 산업이다. 이제 금융산업도 i) 사회적 포용성(친 소외계층 금융, 서민 금융, 중소기업 금융, 금융교육 등), ii) 지속가능성(지속가능 발전 목표에 기여하는 첨단 신기술에 기반한 기업 금융 및 창업 금융 등 지원 강화), iii) 청렴성(금융소비자 보호, 자금세탁/테러 금융 방지 등) 등 글로벌사회가 지향하는 인류 공동의 가치를 추구하는 데 동참해야 한다는 사회적 각성이 높아지고 있다.

2. 금융포용화를 위한 글로벌사회의 노력

세계은행그룹에 따르면 현재 약 25억 명의 세계인구가 공식적인 금융서비스로부터 소외되어 있다. 개도국에서 약 70%의 중소기업들이 제도금융권에서 금융서비스를 받지 못하거나, 과소한 금융서비스를 받고 있다. 이들 부문에서 충족되지 못하는 신용 갭(credit gap)은 7,000~8,500억 달러 규모에 달하는 것으로 추정되고 있다. 이제 포용적 금융의 확산을 위해 글로벌사회가 어떤 노력을 하고 있는지 먼저 살펴보고자 한다.

우선 포용적 금융의 원류이었던 마이크로 금융에 대해 살펴본다. 마이크로 금융의 개념은 수세기 전부터 사용되었다고 하는데 현대적인 마이크로 금융회사들은 1980년대에 들어 설립되기 시작하였다. 1983년에 무하마드 유누스(Muhammad Yunus)가 설립한 방글라데시의 그래민 은행(Grameen Bank)은 방글라데시 마이크로 금융회사의 선도자이다. 유누스는 1970년대에 가난한 수제 바구니 상인들에게 소액의 돈을 빌려주기 시작하면서 마이크로 금융을 개척하였다. 오늘날 그래민 은행은 2,500개의 지점과 8백만 명의 고객을 가진 세계 굴지의 마이크로 은행으로 발전하였다. 그래민 은행의 경우 고객의 97%가 여성이며 대출상환율도 97% 이상으로 세계의 어떤 은행들보다도 높다. 이 같은 마이크로 금융을 통한 빈민층의 생활수준 향상에 대한 공로로 2006년에 유누스와 그래민 은행은 노벨평화상의 공동 수상자로 선정되었다.

죠셉 블라치포드(Joseph Blatchford)는 버클리 소재 캘리포니아대학교 법과 대학생 시절인 1961년에 비영리기업 형태의 액시온(Accion)을 설립하였다. 액시온은 브라질의 소상인들에게 소액대출을 제공하면서 마이크로 금융을 개척하기 시작하였다. 가난한 사람들이 단 한 차례의 소액자금 제공으로도 빈곤에서 성공적으로 탈출하는 수많은 사례를 경험한 그는 마이크로 금융에서 큰 성공을 거두었다. 이후 10여 년간 액시온은 라틴아메리카 14개국에도 진출하여 마이크로 금융모델을 확산시켰다. 현재 액시온은 남미, 아프리카, 아시아 지역 21개국에서 5백만 명 이상의 고객에게 저렴하고 따뜻한 금융서비스를 제공하고 있다.

지난 30년간 마이크로 금융산업은 꾸준히 성장하여 현재 대출고객이 약 2억 명에 달하는 것으로 추정된다. 마이크로 금융은 은행서비스 및 관련 서비스에 접근하기 어려운 빈민과 소기업들을 위한 대안적 금융서비스를 발굴하여 저렴한 비용으로 제공하는 역할을 하고 있다. 예를 들어 남아프리카 및 남아시아 국가들에서는 주류금융이 소매금융

(retail banking) 형태로 제공하는 개인예금 및 개인대출에 준하는 서비스를 마이크로 금융이 저소득 피용자들에게 제공하고 있다. 마이크로 금융은 개별 기업가 및 소기업들에 토착적 관계에 기반을 둔 관계기반 은행서비스(relationship-based banking)[1]를 제공하거나 영세사업자 그룹이나 기업가 그룹에 속한 개인 차입자가 대출 등 서비스를 이용할 경우 그룹차원에서 보증을 서는 방식으로 상환의무를 공유하는 그룹 기반 금융모델(group-based model)을 이용하기도 한다.

또한 마이크로 금융은 사람들의 다양한 상황에서 발생하는 금융수요를 충족하는 데 집중하지만 때로는 가축, 곡물, 보석, 귀금속 등 비화폐적 수단을 매개로 토착적 금융서비스를 제공하기도 한다. 마이크로 금융이 지원하는 다양한 금융수요는 다음과 같다.

- 사업 확장, 토지 및 설비 구입, 주거 개선, 취업 등 투자기회 활용
- 결혼, 장례, 출산, 교육, 주택 구입, 과부생활, 노령생활 등 사람들의 라이프 사이클에서 발생하는 금융수요
- 질환, 상해, 실직, 도난, 사망 등 사람들이 겪을 수 있는 비상 상황에서 발생하는 금융수요
- 화재, 수해, 전쟁, 주거지 파손 등 자연적 재앙과 사회적 충돌

---

1 관계 기반 은행서비스는 가까운 관계의 소수 고객을 대상으로 높은 정보습득 비용을 요하는 주류 은행서비스에 비하여 비용이 낮은 대출 등 은행서비스를 제공하는 금융형태이다. 개도국들의 경우 관계 지향 은행서비스는 오랫동안 형성된 토착적 관계 속에서 이미 높은 신용도가 알려져 있는 기업들에 대출 등 금융서비스가 제공되기 때문에 최적 균형을 이룰 수 있는 장점이 있다.

에 따른 금융수요

마이크로 금융은 1980년대에 원격지 등 넓은 지역에 산재한 금융수요자들을 대상으로 금융서비스를 제공하면서 출발하여 1990년대에는 산업화 단계로 진화하였으며, 2000년대 이후로는 주류 금융에서 충족되기 힘든 취약계층에 저렴하고 보다 큰 규모의 금융서비스를 제공함으로써 가시적인 빈곤감소 성과를 달성하는 데 크게 기여하고 있다.

그러나 주류금융에 대한 대안금융 형태의 마이크로 금융은 예금수취 마이크로 금융회사에 대한 규제 감독의 미비, 저축, 송금, 보험 등 수요를 충족시키는 하부구조를 갖춘 마이크로 금융회사의 부족, 관리능력 미비 및 제도적 비효율성 등을 극복하는 데 한계를 갖고 있는 것이 현실이다.

그럼에도 불구하고 마이크로 금융의 전반적인 성과는 양호하였다. 마이크로 금융의 평균 대출금리는 주류 소매금융의 평균 대출금리에 비해 상당히 낮아 비용 효율성(cost efficiency)이 높고, 주류 금융보다 대출금 상환율도 높아 대출 포트폴리오의 건전성도 양호한 것으로 평가된다. 마이크로 금융회사인 기회 인터내셔널(Opportunity International)은 2016년 중 마이크로 금융의 대출금 상환율이 98.9%였다고 보고한 바 있다. 한편 국제금융공사(IFC)의 분석에 의하면 2014년 중 약 1.3억 명의 인구가 마이크로 금융의 직접 수혜자였는데, 이는 세계의 빈곤인구 약 30억 명의 20% 정도에 혜택을 준 것으로 아직 마이크로 금융의 빈곤층 커버율은 제한적인 상황이다.

21세기에 들어 마이크로 금융의 긍정적 기여에 대한 개도국 및 신흥시장국 정부와 국제기구의 관심이 높아지면서 마이크로 금융이 추구하는 금융포용성의 경제적·사회적 가치가 제도금융권에서도 수용되어야 한다는 공감대가 확산되었다. 이에 따라 UN은 금융포용화(financial inclusion)의 목표를 다음과 같이 설정하여 각국에서의 목표달성 노력을 촉구한 바 있다.

▸▸ 모든 가구가 저축, 예금, 지급 및 송금 서비스, 신용 및 보험 등을 포함한 전 범위의 기초적 금융서비스를 저렴한 비용으로 이용

▸▸ 투명한 규제와 성과기준에 의해 지배되는 건전하고 안전한 금융기관 제도의 구축

▸▸ 투자의 지속성과 확실성을 확보해 주는 금융 및 제도의 지속 가능성 확보

▸▸ 고객의 선택과 합리적 비용부담을 확보해 주는 금융부문의 경쟁 유도

〈표 2-12〉 금융포용화 지원 비정부단체, 금융기관 및 국제 네트워크

명칭	특징적 활동
Association for Enterprise Opportunity(AEO)	미국 내 마이크로 기업(microenterprise) 활동 지원단체들의 전국 연합
Bank Rakyat Indonesia(BRI)	마이크로 기업 지원에 특화된 인도네시아의 국책은행으로 국내 최대의 저축, 신용, 기타 금융 서비스를 제공
Banking with the Poor (BWTP)	아시아–태평양 지역의 국제협력 및 발전 지원을 위한 호주의 비영리단체로서 발전협력 재단(Foundation for Development Cooperation)의 the Banking with the Poor 프로젝트에서 탄생
CALMEADOW	1983년 결성된 마이크로 금융회사로서 라틴아메리카 및 아프리카의 마이크로 금융회사에 직접 투자하는 재원 조달과 관리를 담당

Consultative Group to Assist the Poor(CGAP)	세계은행과 제휴하는 마이크로 금융지원 프로그램으로 빈곤층 가구를 위한 금융서비스에의 접근성 제고 등 다양한 빈곤감소 활동을 전개
Global Impact Investing Network(GIIN)	성과연계 투자(impact investment)[2]의 규모와 유효성 증대 활동에 주력하는 비영리단체
Micro Enterprise Unit	미주개발은행(Inter-American Development Bank)의 내부조직으로 지속가능하고 다이내믹한 마이크로 기업의 개발 지원을 통해 라틴아메리카 및 카리브해 연안 지역의 경제적 기회 확대 활동에 주력
Microenterprise Fund for Innovation, Effectiveness, Learning and Dissemination (FIELD)	Aspen Institute의 기금으로 미주 지역 빈곤층을 지원하는 마이크로 금융회사의 개발 및 확산에 주력
MicroFinance Network(MFN)	주도적인 마이크로 금융회사들의 상호협력을 위한 국제 네트워크
Moksha-Yug Access(MYA)	마이크로 금융에 집중하는 농촌 지역 사회간접자본 및 서비스 회사로서 민간부문의 금융재원과 혁신 지원에 주력
Opportunity Finance Network	미국 내 빈곤층의 이익 기회를 식별하여 투자하기 위한 민간 금융회사들의 네트워크
Oikocredit	라틴아메리카, 아시아, 아프리카, 동유럽 31개국의 협동조합, 마이크로 금융회사, 소기업 등 금융서비스 소외계층에 신용을 제공하는 네덜란드 소재 개발기관
Small Enterprise Education and Promotion Network (SEEP)	개도국의 소기업 프로그램을 지원하는 40여 개 북아메리카 민간단체 및 자원봉사그룹의 연합으로 지식 및 경험 공유 포럼, 조사연구 및 연수 활동에 주력
+Acumen	빈곤감소 과제에 대한 접근법 개선을 위한 온라인 코스를 통해 전 세계 수천 명의 리더들에게 핵심 스킬을 제공하는 데 주력하는 비영리 모험자본
Unitus	마이크로 금융산업을 위한 사회적 모험자본 투자가로서 성장 잠재력이 높은 마이크로 금융회사들에 자본투자 및 역량 구축 컨설팅을 제공

자료: Accion, "Organizations and Networks Focusing on Financial Inclusion"(2016)

---

2 성과연계 투자(impact investment)는 측정가능한 사회적·환경적 성과를 창출하면서 재무적 수익도 같이 얻으려는 목적으로 기업, 단체, 재단 등에 투자하는 것을 의미한다.

〈Box 2-3〉 마야선언의 내용

"우리 AFI 회원들은 …… 중략 …… 모든 국민들, 특히 빈곤층의 생활에 능력을 부여하고 변화를 주는 데 있어 금융포용성의 결정적 중요성, 각국 및 국제사회에서 금융안정성과 청렴성 제고를 위한 금융포용성의 역할, 개도국 및 신흥시장국에서 강력하고 포용적인 성장을 달성하는 데 금융포용성이 기여한 점을 인정하고;

개도국들과 관련된 혁신적인 금융포용화정책의 입안 및 시행을 위한 금융규제자 및 정책당국자 상호간의 지식 교환 및 학습의 가치를 재확인하며;

AFI의 네트워크를 강화, 확대하고 AFI 워킹그룹을 통한 개도국에서의 금융포용화정책의 우선분야를 식별, 도출하기 위한 지난 수년간의 노력을 상기하면서;

개도국 및 신흥시장국 금융규제자 및 정책담당자의 네트워크로서 다음과 같은 실천 행동을 약속한다:

a. 적정기술을 완전히 활용하고 금융서비스의 단위비용을 획기적으로 낮추는 금융서비스에의 접근이 비용 효율적(cost effective)으로 이루어지는 환경을 창출하는 금융포용화정책의 시행

b. 금융포용화, 금융안정성, 금융청렴성의 상호보완적 목표들을 달성하는 건전하고 균형적인 규제체계의 시행

c. 모든 국민들이 금융부문에 확고하게 접근하게 되는 금융포용화 실현 노력의 핵심 부분으로 소비자 보호와 능력 배양(empowering)을 인식

d. 포괄적인 데이터 수집과 분석, 금융포용화의 변화 추세 파악, AFI 네트워크 내에서 비교 가능한 지표의 생산 등을 통해 실증적인 금융포용화정책에 우선순위를 부여

e. 혁신의 확산과 지속가능하고 포용적인 발전을 진전시키는 데 있어 중소기업이 금융포용화와 같은 목적을 공유하는 점을 인정하여 중소기업 금융에의 접근성을 지원

우리는 조화로운 국내외 조치를 통해 금융포용화를 실현하고, AFI 네트워크를 통해 지식과 경험을 적극 공유하는 데 헌신하며, 지속가능하고, 관련성이 높고, 비용 효율적이며, 의미 있는 금융서비스를 금융소외 계층에 제공할 수 있도록 구체적인 금융포용화의 성과를 거둘 것을 약속한다."

한편 금융포용화를 지원하는 많은 비정부단체, 공공 금융기관 및 국제적 네트워크들이 조직되어 다양한 활동을 전개하여 왔는데, 이들의 특징적 활동은 〈표 2-12〉에 요약되어 있다.

한편 2008년에 금융포용화를 추진하기 위한 중앙은행 및 금융감독기관들의 국제적 조직으로 포용적 금융연합(AFI: Alliance for Financial Inclusion)이 빌/멜린다 게이츠 재단(Bill & Melinda Gates Foundation)의 지원으로 출범하였다. 이 기구는 개도국 및 신흥시장국에서 금융포용화정책을 진전시키기 위해 결성된 네트워크이다. 현재 89개 회원국에서 100개 이상의 중앙은행과 금융감독기관이 AFI의 회원으로 가입하여 다양한 활동을 전개하고 있다. 2011년 9월 멕시코 리비에라 마야에서 개최된 AFI의 제3차 글로벌 정책포럼(Global Policy Forum)에서는 금융포용화의 진전을 위한 글로벌 협력을 위한 선언(소위 마야선언)이 채택되었다(〈Box 2-3〉 참조).

3. 금융포용화정책의 주요 추진내용과 성과

AFI는 2012년 회원기관의 출연금으로 재원을 조달하는 국제기구로 전환한 데 이어 2014년에는 본부를 태국 방콕에서 말레이시아 쿠알라룸푸르로 이전하였다. 저자가 소장직을 맡아 지휘하였던 동남아중앙은행 조사연수센터(The SEACEN Centre)가 소재한 사사나 키장(Sasana Kijang) 건물에 AFI가 새로 입주하게 된 연유로 저자는 이 기관과의 상호협력(SEACEN 조사연수 활동에의 AFI 인사 참여 등)

을 추진하면서 포용적 금융에 대한 지식과 이해를 넓힐 수 있었다.

AFI는 매년 글로벌 정책포럼을 개최하여 금융포용화 이슈와 관련한 중앙은행 및 금융감독기관의 국제협력을 지원하고 있다. 2011년 마야선언 이후 5년간 AFI 회원국들은 금융포용화의 추진과정에서 중요한 성과를 거둘 수 있었다. 먼저 2012년 멕시코 로스 코보스에서 열린 G20 정상회담에서 각국 정상들은 금융포용화의 실현을 위한 구체적이고 혁신적인 이니셔티브의 실천에 있어 마야선언의 역할이 중요하였다고 인정하였다. 이어 2013년에는 쿠알라룸푸르 사사나 키장(Sasana Kijang)에서 개최된 AFI의 글로벌 정책포럼에서 사사나 협정(Sasana Agreement)에 합의를 하였는데 주요 내용은 AFI 회원 기관들이 금융포용성 관련 데이터를 활용하여 측정가능하고 시한이 정해진 목표들을 설정하고 금융포용화의 실현을 위한 이니셔티브들의 이행상황과 효과를 점검하기로 약속한 것이다.

현재 측정가능한 목표들을 중심으로 금융포용화 전략을 수립한 국가들은 34개국에 달하고 있다. 2011~2014년 중 사사나 협정에 따라 측정 가능한 목표들을 설정한 국가들은 금융포용성을 13% 진전시킬 수 있었는데 이는 목표를 설정하지 않은 국가들이 이룬 8%와 대비된다. 즉 측정가능한 목표를 명시적으로 공표함으로써 책임성, 결과의 명확성, 행동조치를 위한 기동력이 원활하게 작동할 수 있었다.

2014년에는 온라인 진전 상황 대시보드(Online Progress Dashboard)가 출범하였고, 2015년에는 모잠비크 마푸토(Maputo)에서 열린 글로벌 정책포럼에서 마푸토 협정(Maputo Accord)이 출범하게 되었다. 마푸토 협정은 고용, 경제발전 및 혁신 등을 이끌어 내는 중소기업의 역할에 초점을 맞추어 목표들을 발굴하여 실천하는 데 중점을 두고 있다. 현재까지 11개 회원기관들이 29개의 중소기업 금융과 관련한 목표를 설정해 놓고 있다.

2016년에는 온라인 진전 대시보드를 대체하여 AFI 온라인 데이터 포털(ADP: AFI Online Data Portal)이 출범하게 되었다. ADP는 금융포용화정책, 규제 및 결과 등에 관한 통합적인 글로벌 DB 포털로서 정책 담당자들의 편익을 위해 구축되었다. 이 포털은 3개 데이터 세트로 구성되는데 i) 마야선언에 따라 참가국이 서약한 약속들, ii) AFI 참가국 정책 프로파일(각국에서의 금융포용화의 법적·규제적 상황에 관한 정보), iii) 금융포용화 지수(AFI 워킹그룹이 식별해 낸 공통지표들과 각국의 자체지표들로 구성)이다. 사용자들은 ADP에 접속하여 국가별, 지역별, 글로벌 단위에서 필요한 정보를 구할 수 있다.

마야선언 이후 AFI 회원국에서 이루어진 금융포용화 진전 상황은 〈표 2-13〉에 요약되어 있다. 지금까지 58개 회원기관들이 제도적 약

〈표 2-13〉 지역별 금융포용화 진전 상황

	사하라 이남 아프리카	아시아	라틴아메리카, 카리브 연안국	태평양 도서국	유럽 및 중앙아시아
제도적 약속	19	9	16	7	5
구체적 목표	132	126	92	48	26
질적 목표	102	100	84	39	20
양적 목표	30	26	8	9	6
완료 목표	48	29	41	11	2
이행 중 목표	84	97	51	37	24

자료: AFI, *2016 Maya Declaration Progress Report: Celebrating Five Years of Advancing Global Financial Inclusion* (2016)

말레이시아 중앙은행법에 명시된 건전하고 발전적이며 포용적인 금융부문을 촉진시키는 말레이시아 중앙은행(BNM: Bank Negara Malaysia)의 역할은 금융포용화정책을 강화하는 큰 계기가 되었는데 BNM의 금융포용화정책체계는 아래 표와 같다.

비전(Vision)			
보다 공유된 경제적 번영을 달성하기 위해 사회의 모든 구성원, 특히 금융서비스의 혜택이 부족한 계층(underserved)이 자신들의 필요를 충족시키는 양질의 저렴한 필수적 금융서비스에 접근할 수 있도록 최선의 노력을 기울이는 금융시스템을 창출			
성과 목표	편리한 접근성	혁신적인 상품 및 서비스	책임성 있는 이용	높은 만족도
임무 달성을 위한 10개 실행계획	1. 에이전트 뱅킹 도입3 2. 기술기반의 혁신적 채널 구축	3. 신축적인 마이크로 금융 도입 4. 마이크로 저축 상품 도입 5. 마이크로보험/ 이슬람보험 도입	6. 개발금융 기관의 역량 강화 7. 금융포용화를 위한 체계적인 훈련프로그램 구성 8. 금융포용화 지수 등의 측정을 위한 체계 도입	9. 역량 구축 프로그램을 위해 비정부단체(NGOs)와 협업 10. 금융이해도 제고를 위한 포용적 금융 교육 강화

BNM은 포용적 금융연합(AFI)과 협력하여 글로벌 표준 및 비례적 규제, 소비자 능력 배양 및 시장 활용, 금융포용화 데이터 및 국가전략, 디지털 금융서비스 및 중소기업 금융 등 핵심 정책영역에서 금융포용화정책의 증진 및 확산을 위한 핵심역할을 수행하고 있다. 또한 BNM은 AFI 네트워크 참여국들의 금융포용화에 대한 선언적 약속인 마야선언, 금융포용화정책의 핵심성과지표 개발 및 활용 등을 위한 사사나 협정(Sasana Accord), 금융포용화정책 실행에서의 비례성을 위한 쿠알라룸푸르 결의안(KL Resolution 2015) 등에서 국제적 협력을 주도하여 왔다.

또한 BNM은 금융포용화를 위한 아세안 실무위원회(Working Committee) 구성(2016년 4월)을 주도하여 아세안 지역에서의 금융포용화 진전을 위한 다자간협력 활동을 강화하는 데도 기여하고 있다.

자료: Bank Negara Malaysia, Financial Stability and Payment Systems Report 2015

〈표 2-14〉 말레이시아의 금융포용화(FI) 추진 성과

구분	추진 성과
편리한 접근성	144개 지역 전체와 886개 기초 지역의 97%가 필수 금융서비스에 접근성 확보 전 국민의 99%가 편리한 금융서비스 접근 포인트에 연결(2011년 82%)
	에이전트 뱅킹의 도입으로 거래취급 실적이 2012년 말 3백만 건에서 2015년 말 63백만 건(57억 링깃)으로 확대
	전 국민의 63.7%(2011년 11.9백만 명→19.8백만 명)가 인터넷뱅킹을 이용, 23.5%(2011년 1.6백만 명→7.3백만 명)는 모바일뱅킹을 이용
혁신적인 상품 및 서비스	Pembiayaan Mikro Scheme(PMS): 마이크로기업(종업원 5인 이하)의 금융대출 접근성 제고를 위한 마이크로대출 인증제도로서 BNM이 10개 금융기관의 전대 대출*을 지원하는 2억 링깃의 마이크로기업 펀드(MEF)를 운용 (* 무담보, 10일 이내 승인, 2000개 이상 접근 포인트에서 취급, 5만 링깃 한도 내에서 대출, 2006년 출범 후 2015년 말까지 31억 링깃(18.5만 건) 취급) 또한 신축적 불입 및 상환이 보장되는 flexible PMS도 운용하여 불규칙적이고 계절적인 소득흐름을 갖는 마이크로기업을 지원 마이크로 금융기관의 보완체계: Amanah Ikhtiar Malaysia(AIM): 주로 여성의 소득활동에 마이크로대출을 지원하는 마이크로 금융 전문은행(1987년 설립) Tabung Ekonomi Kumpulan Usaha Niaga(TEKUN): 창업기업 및 확장기업에 마이크로대출을 지원하는 한편 기업서비스도 제공(1998년 설립) 금융상품/서비스 가입률: 예금계좌 수는 고수준을 유지하고 있으나 신용카드 등 대출계정 보유 성인비율은 36%에서 25%로 하락(신용카드 서비스 조세, 신용카드 가이드라인, 금융 책임성 가이드라인 등 시행에 기인), 보험 가입률도 18%에서 16%로 하락(보험 부담능력이 낮은 저소득계층의 해지 등에 기인)하여 저소득층 금융수급에 여전히 큰 갭이 존재 이 같은 갭의 해소를 위해 저소득층의 정기저축을 지원하는 신축적인 금융저축상품 개발, 마이크로기업, 중소기업에 맞춤형 마이크로 금융상품 제공 포괄적인 금융생태계 조성: 능력을 배양하는 금융 인프라 구축*, 금융 및 신용

---

3 에이전트 뱅킹은 금융기관들이 원격지의 금융소비자들에게 금융서비스를 제공하기 위해 원격지에 소재한 비은행 소매점포(예를 들면 우체국, 주유소 및 기타 소매 체인 등)를 이용하는 것으로 데빗카드, POS(point-of-sale) 터미널 및 모바일 뱅킹 서비스 등 전자금융 및 지급결제 시스템의 확산에도 기여할 수 있다.

	보증 Scheme, 정보 및 개선을 위한 Avenue, 채무정리 및 관리, 확산 및 인지능력 강화 프로그램 등 포괄
	(* 신용평가사(CB: Credit Bureau), 신용보증공사(CGC), 신용정보집중기관(CCRIS), 개발 금융기관(DFI) 등 설립 운영)
	중소기업, 농촌 지역 및 협동조합의 발전을 지원하는 개발금융기관(DFI)의 역할 제고, BNM이 6개 DFI의 포용적 금융업무를 감독
	(* SME 금융 실적: 대출 승인율 80% 이상, 96%(2,745억 링깃)를 금융기관이 취급, 최근 3년간 14% 증대, 전체 SME 대출 중에서 소기업이 41%, 마이크로기업이 31%, 중기업이 28%를 차지)
책임성 있는 이용	지속적 활용상태의 예금계좌 비율이 2011년 87%에서 92%로 증가, 상환이 원활한 대출계정 비율도 97%에서 98%로 증가
	금융교육 효과도 높아 합리적인 금융서비스 이용 결정, 긍정적인 금융서비스 이용 경험이 정착
	BNM은 Financial Mediation Bureau, Credit Counselling and Debt Management Agency, Small Debt Resolution Scheme 등과 협력하여 건전한 금융이용습관 배양에 기여
높은 만족도	금융이용 만족도가 2011년 61%에서 73%로 증가, 저소득층 만족도도 60%에서 67%로 증가
	BNM은 금융상품의 투명성과 공시의무를 강화하고 금융서비스 fee 및 charges 감시를 강화, 서류 간소화 및 처리기일 단축을 위한 민간은행의 PARTNER 프로그램도 이에 기여, 보험업계도 약관 등 문서상의 용어 평이화 등에 노력
	BNM은 2020년까지 은행서비스 무이용 인구비율을 8%에서 5%로 낮출 계획

자료: Bank Negara Malaysia, *Financial Stability and Payment Systems Report 2015*(2015)

속에 참여하였고 총 79개의 측정 가능한 목표들을 설정하고 있다.

이 책에서 각국이 구체적으로 어떤 약속들과 목표들을 설정하여 금융포용화를 추진하고 있는지 전반적 상황을 구체적으로 다루기는 어렵다. 다만 금융포용화정책의 추진에서 모범사례로 평가받고 있는 말레이시아 중앙은행의 구체적 사례를 간략히 소개해 보고자 한다 (〈Box 2-4〉, 〈표 2-14〉 및 〈표 2-15〉 참조).

말레이시아는 이미 2009년에 포용적 금융제도의 실현을 법제화하여 말레이시아 중앙은행의 임무로 명시[4]하는 등 획기적인 금융 선진화를 추구해 왔다. 이후 말레이시아 중앙은행은 제도금융권 내에서의 금융포용화의 확산을 위한 다양한 정책을 입안 시행하고 이행 상황을 면밀히 점검함으로써 큰 성과를 거두어 왔다.

말레이시아 중앙은행은 포용적 금융연합(AFI)의 쿠알라룸푸르 유치 등을 통해 금융포용화 확산을 위한 국제협력 활동을 주도하고 있다. 마야선언 이후 많은 AFI 회원국들이 금융포용화 추진 목표를 공개적으로 선언하고 이를 추진해 왔는데 이와 관련하여 말레이시아 중앙은행의 구체적 사례를 〈표 2-15〉와 같이 요약, 소개하고자 한다.

〈표 2-15〉 금융포용화 목표 및 이행 상황(말레이시아 중앙은행의 예)

분야	목표	이행 상황
총체적 국가목표	2014년까지 성인인구의 95%가 공식 금융제도에 접근	2020년까지 성인인구의 95%가 공식 금융제도의 계정을 보유(목표 수정)
총체적 국가목표	2014년까지 인구 2,000명 이상 837개 기초 행정구역(mukim)의 90%가 최소 1개의 금융서비스 접근 포인트를 보유	2020년까지 인구 2,000명 이상 837개 기초 행정구역의 98%가 최소 1개의 금융서비스 접근 포인트를 보유 (목표 수정)
에이전트 뱅킹, 기타 금융서비스	에이전트 뱅킹체제를 개발	목표 완료
기타 디지털 금융서비스	모바일 뱅킹 플랫폼 설치 가속화	목표 완료
마이크로 보험, 마이크로 크레딧, 마이크로 저축	신축적 마이크로 금융, 장기계약형 마이크로 저축, 마이크로 보험 및 마이크로 이슬람보험(takaful)을 포함한 상품 및 서비스 범위 확대	목표 완료

---

4 말레이시아 중앙은행법(Central Bank of Malaysia Act) 제5조(Principal objects and functions of the Bank) 제2항(The primary functions of the Bank are as follows)에 금융포용화 추진 목표 및 기능을 위한 문구로서 (f) to promote a sound, progressive and inclusive financial system을 추가한 바 있다.

금융포용화 데이터	금융포용화 진전을 추적하는 모니터링체제 구축	측정수단으로 금융포용화 지수 (Financial Inclusion Index)를 개발, 2015년 FII는 0.90으로 높은 수준
중소기업 금융, 소비자 권리 보호 및 시장행위, 금융 literacy 및 금융교육	금융서비스의 과소수혜 계층에 금융 자문 서비스를 제공하고 마이크로 기업의 역량을 구축	1) MobileLINK[5] 및 소비자단체와의 협업; 389개 과소수혜(underserved) 지역 이 성공적으로 커버되고 62,287 개 농촌사회가 프로그램 혜택을 받았으며 평균 지식습득율은 27% 수준 2) 확산 프로그램 및 마이크로 금융 인지도: a) 말레이시아 중앙은행(BNM)이 2016년 5월까지 399개 중소 기업 대상 이벤트 및 확산 프 로그램에 참여 b) 기타 진행 중인 이니셔티브 - 농촌과 목표계층(여성 소기업 가, 장애인 등)에서의 마이크 로 금융 증진을 위한 개발금 융기관, 관련 정부부처 및 정부기관과의 협업 - 기업연합, 정부기관, 지자체, 금융기관을 통한 안내서 배부 3) 소기업의 역량 구축. NGO 등을 활용하여 과소수혜계층에 자문서 비스를 확대, 2,000개 이상의 마 이크로기업에 혜택 제공
금융포용화 데이터	3년마다 금융 역량 및 포용성 수요 서베이를 시행	2011년과 2015년에 수요 서베이를 성공적으로 실시
금융포용화 데이터	2017년까지 금융 접근성 포인트 관 련 정보를 주는 지공간적 맵핑 분석 기법(geospatial mapping analytics)을 개발	정부기관과의 협업으로 파일럿 프로 젝트를 개발 중이며 2016년 말 종료 예정
금융이해도 및 금융교육	초(2016), 중·고교(2017) 교과에 금 융교육 지식을 수록	Primary 4, 5, 6 수학, 말레이어, 영 어, 도덕 교육 커리큘럼 및 교과서에 금융교육 요소를 포함
금융이해도 및 금융교육	18~30세 청년층의 금융역량 제고를 위한 POWER! 프로그램을 시행	POWER! 프로그램 제공 이후 수혜 인구가 138만 명, 청년층은 103,000 명에 도달

금융이해도 및 금융교육	금융포용화 이니셔티브의 인지도 제고 및 Financial Inclusion Microsite (FIM) 설치를 통한 높은 투명성 제공. FIM은 금융포용화를 위한 원스톱 통합정보 e-플랫폼으로 2020년까지 최소 10,000 방문을 목표로 함	microsite는 현재 구축 중으로 2016년 3분기 중 가동 예정
중소기업 금융	공식 금융제도의 중소기업 금융 접근성을 제고, 총 기업금융의 최소 40%를 SME 금융에 배분	2016년 4월 기준 총 기업금융의 47.7%를 SME 금융에 배분, SME 금융의 승인율은 80% 수준
중소기업 금융	2016년까지 SME에 저비용금융을 효과적으로 제공하도록 BNM의 특별기금을 증액	2016년 4월 기준 68,000개 이상의 SME 계정이 승인되어 BNM 특별기금 가용액이 25억 RM(약 7억 달러) 수준
중소기업 금융	eFIRST 시스템에 Shariah 기반(이슬람 금융) 플랫폼을 2016년 6월까지 구축(Tawarruq 개념의 대출[6] 신청, 지급, 상환 등의 관리를 위한 플랫폼)	eFIRST 시스템은 2015년 8월 성공적으로 출범. Shariah 기반(이슬람 금융) 플랫폼도 2016년 6월까지 구축될 전망
중소기업 금융	2016년까지 대안적 SME 금융채널로서 Shariah 기반 투자계정플랫폼 (IAP: Investment Account Platform)을 구축	2016년 2월 성공적으로 IAP를 구축 완료. IAP는 보다 많은 샤리아 준수형(Shariah-compliant) 투자옵션이 제공되고 벤처금융에의 접근성도 높은 중앙집중형 multi-bank 플랫폼임
중소기업 금융	금융애로 SME에 소액채무정리제도 (SDRS: Small Debt Resolution Scheme)와 민원/시정제도를 통해 지원을 확대. 지원 수혜 SME의 최소 40%가 SDRS하에서 viable 상태를 유지	2016년 5월 기준 총 937개 SME에 11억 RM의 금융이 SDRS하에서 지원되고 SDRS하에서 지원수혜 SME의 50%가 viable 상태 유지 중
중소기업 금융	"Train-the-Trainers" 프로그램을 통한 역량 구축 프로그램 등에 대한 SME의 인지도를 제고	2016년 5월 기준 8개의 SME 훈련 프로그램이 시행되어 700개 이상의 SME가 수혜. 2016년 중 22개 SME 훈련 프로그램을 통해 2,000개 이상 SME가 수혜될 예정

자료: AFI, *2016 Maya Declaration Progress Report: Celebrating Five Years of Advancing Global Financial Inclusion* (2016)

---

5 버스 등 이동수단에 의해 원격지의 금융소비자들에게 금융서비스를 직접 제공하는 것이다.

6 이자를 금지하는 이슬람 율법을 위반하지 않고 고객에게 대출서비스를 제공하기

4. AFI의 주요 활동

여기에서는 금융포용화의 국제적 확산을 위한 AFI의 활동들을 간략하게 소개해 보고자 한다. 먼저 AFI는 회원기관들이 그들 국가의 금융포용화 목표를 성취하도록 다양한 지원활동을 전개하고 있는데, 워킹그룹 구성, 동료 간 상호 조언(Peer Reviews), 지역 내 공동 이니셔티브, 금융포용화 연수 프로그램, 공동 학습 프로그램, 회원 존(Member Zone) 등을 통해 효과적인 지원체계를 구축하고 있다.

워킹그룹으로는 소비자능력 배양 및 시장행위(Consumer Empowerment and Market Conduct), 금융포용화 데이터(Financial Inclusion Data), 디지털 금융서비스(Digital Financial Services), 금융포용화 전략 관련 동료학습(Financial Inclusion Strategy Peer Learning), 글로벌 표준의 균형성(Global Standards Proportionality), 중소기업 금융(SME Finance) 등으로 구성되어 있다. 여기에서 소비자 능력배양 및 시장행위 워킹그룹은 소비자 보호 및 금융교육 등에 주력하고 있으며, 글로벌 표준의 균형성 워킹그룹은 금융포용화, 금융의 청렴성, 금융안정성 간의 균형을 모색하기 위한 이슈들에 집중하고 있다.

동료 간 상호 조언은 회원기관들이 각 워킹그룹을 통해 정책이나 규정 초안을 제출하여 동료 회원기관들로부터 공개적인 피드백을 받는

위해 판매가 쉬운 자산을 이슬람은행으로부터 차입자가 웃돈을 주고 산 후 정가에 되팔아 자금을 조달하는 방식의 이슬람대출을 지칭하는 용어이다.

과정이다. 지역 내 공동 이니셔티브는 지역 내에서 공통적으로 관련된 금융포용화 이슈의 해법을 찾고 아이디어를 교환하는 데 목적이 있다. 금융포용화 연수 프로그램은 회원기관 직원의 역량 개발을 위한 연수 프로그램(금융포용화 관련 특별주제나 글로벌 추세 및 모범사례 등을 중심으로 구성)을 매년 7회 정도 제공하고 있다. 공동 학습 프로그램은 성공적인 정책효과를 거둔 동료 회원기관의 지식이나 정책경험을 전수해 주는 지원활동이며, 회원 존은 금융포용화정책 이슈에 관한 회원기관 간의 협업을 위한 온라인 네트워크이다.

금융포용화 조치에 대한 각국의 약속은 금융포용화 목표 및 이니셔티브를 완수하는 데 필요한 개혁을 가속화시킬 것으로 보인다. 한편 마야선언은 각국의 금융포용화 목표 및 이니셔티브를 위한 국제적 지원을 확대하는 데 강력한 도움을 줄 것으로 기대되며, 이 선언에 따라 이루어진 약속들이 완수됨으로써 각국의 보다 포용적인 발전과 빈곤 완화에 기여할 것으로 전망된다.

5. 금융포용화 진전을 위한 하부구조 구축

금융포용화정책은 빈곤인구 및 소기업, 중소기업 등 제도권 금융서비스의 과소 수혜기업 등 금융소외 계층을 대상으로 하는 만큼 이들 계층의 금융서비스 이용을 지원하는 양호한 하부구조 구축이 필요하다. 이러한 하부구조로서 최근 들어 세계적으로 주목

받고 있는 것은 현대적인 담보등기(CR: Collateral Registry)제도이다.

현대적인 담보등기제도는 포용적 금융시스템의 원활한 작동을 위한 핵심요소인데 대체로 온라인 통보에 기반(notice-based)을 둔 중앙집중 방식을 채택하고 있다. 세계은행 그룹의 Doing Business 2017 보고서에 의하면 2016년 기준으로 26개국(호주, 보스니아 헤르체코비나, 캐나다, 캄보디아, 콜롬비아, 중국, 라오스, 뉴질랜드, 코스타리카, 엘살바도르, 라이베리아, 말라위, 바누아투 등)이 이런 제도를 운영하고 있다. 또한 다른 9개국은 문서 기반(paper-based) 담보등기 또는 양자를 병행하는 하이브리드 담보등기제도를 운영하고 있다. 이들 제도는 저소득계층이 보유한 동산(기계, 재고품, 가구, 가축 및 경작물 등) 및 기능적 담보등가물(functional equivalents to collaterals)의 담보 활용을 촉진하는 데 간접적으로 기여하고 있다. 〈표 2-16〉은 이와 같은 기능적 담보등가물의 사례를 보여주고 있다.

차입자는 동산 및 기능적 담보등가물을 활용하여 은행대출을 받기도 하고 금융리스 등을 받을 수도 있어 자본시장에서 직접금융으로 자금 조달이 어려운 빈민층 가구, 소기업, 중소기업 등이 금융자금을 조달할 수 있게 된다. 신용제공자도 법률 또는 당사자 사이의 합의로 차입자 자산에 설정된 담보권에 의해 신용상환이 보증될 수 있기 때문에 자금 제공에 응하게 된다. 담보물의 중앙집중등기와 관련한 모범관행은 법률에서 담보물에 대한 일반적 기술[7]을 허용하고 있는데 이는 그러한 담보권의 제3자 대항권을 법률이 보장함으로써 신용시장이 보

---

7 예를 들어 담보물을 "300XYZ 랩톱, 일련번호 1234, 금속 컬러, 14인치 스크린 등"으로 세부적으로 기술하는 대신 "모든 300XYZ 랩톱 재고품" 등과 같이 담보물의 식별이 가능한 정도의 세부사항이 포함된 기술을 의미한다.

다 원활하게 기능할 수 있기 때문이다.

중앙집중식 담보등기제도는 자동차, 선박, 항공기 등과 같이 일련 번호가 부여되는 기존의 자산등록과는 다르다. 이 제도에서는 보다 효율적이면서도 실용적인 투명성(담보 식별 가능성)과 함께 중앙집중 방식, 모든 유형의 동산에 대한 통일적 적용, 등기 내용 확인, 등기 수정 및 갱신을 위한 온라인 접근성 등이 필요하다. 등기 절차도 당사자 ID, 담보물에 대한 개괄적 기술, 담보물가액 등이 포함되는 정도로 가능한 한 간소할 필요가 있다. 법률이 등기요건으로 대출계약, 담보계약, 대출조건 등 담보물의 기초서류를 요구할 필요는 없다. 담보등기제도의 주목적은 담보권을 통지하고 청산시점에서의 이해당사자 간 우선

〈표 2-16〉 기능적 담보등가물의 사례

기능적 담보등가물	점유 (자산의 사용)	소유권 타이틀 (자산의 소유)	사례
(동산) 자산의 신탁적 양도	차입자	대부자 (상환완료 시에는 차입자)	차입자는 동산(예: 재봉틀 등 가재도구)의 타이틀을 대출자(신용제공자)에 이전하나 동산을 계속 사용함. 상환 완료시점에서 타이틀이 차입자에 반환됨
금융리스 약정	리스신용 이용자 (Lessee)	리스신용제공자 (Lessor): 상환 완료 시에는 리스 이용자	리스신용제공자는 신용이용자에게 대여하는 자산을 소유하며 신용이용자는 리스자산 가액의 전부 또는 일부를 분할상환함
외상매출금의 양도	신용제공자	차입자	차입자가 특정 외상매출금 계정의 지불금 수취권한을 신용제공자에 양도하나 외상매출금 소유권은 유지
타이틀 유치부 판매	차입자	판매자 (판매가격 완불 시 차입자)	차입자가 판매자(신용제공자)로부터 동산을 구입하지만 판매대금 완불 시까지 판매자가 소유권을 계속 보유

자료: World Bank Group, Doing Business 2017(2017)

권을 명확히 하는 데 있기 때문이다.

Doing Business 2017 보고서에 의하면 중국의 경우 2007년에 현대적인 담보등기 메커니즘이 채택되어 수출기업, 중소기업 및 창업기업 등에의 동산 및 채권 담보 대출이 용이해졌는데 이후 중국인민은행의 외상매출권 담보대출 플랫폼을 통한 대출 누계액(2014년 이후)이 약 4,000억 달러에 이르고 있다. 담보등기제도에 등기된 담보물에 기초한 신용창출 규모도 2007년 말 이후 누적기준으로 총 220만 건, 약 10조 달러에 달하고 있다.

금융포용화를 위한 또 다른 하부구조는 포괄적 신용정보체제(CCRS: Comprehensive Credit Reporting System)이다. 이는 은행권 이외의 다양한 소스에서 신용이력 데이터를 수집하여 포용적 금융서비스의 제공에 활용하기 위한 것이지만 일반국민의 건전한 금융 이용 습관(financial discipline)을 배양하고 소기업 및 중소기업의 경영 투명화에도 촉매역할을 할 수 있다.

신용평가사(Credit Bureau)나 신용정보집중기관(Credit Registries)이 소매업자, 유틸리티 회사(전기, 가스, 이동통신 서비스 등 공급자), 무역신용 공여자, 마이크로 금융회사, 리스회사 및 팩토링회사 등으로부터 데이터를 수집하는 국가들은 여타 국가들에 비해 상당히 높은 신용정보 커버율을 보이고 있다. OECD 고소득 회원국들과 라틴아메리카 및 카리브해 연안국들은 포괄적인 신용정보체제를 통해 이들 비규제부문(non-regulated entities)에서 수집된 신용정보를 금융포용화에 관련된 다양한 금융기관들에 제공하고 있다.

세계은행그룹이 작성하는 Doing Business 보고서에 참여하는 190개 국가들 가운데 50개국은 포괄적인 신용정보체제를 통해 유틸리티

회사에서 수집된 신용데이터를 공급하고 있고, 110개국에서 최소 1개 이상의 신용정보회사들이 금융기관 및 리스회사 등에서 수집한 신용이력 정보를 제공하고 있다.

신용보고 서비스 제공자(CRSP: Credit Reporting Service Provider)의 마이크로 금융 데이터 보고는 차입자에게 대출신청 승인에 유익한 신용상환 이력을 형성시켜 주며, 신용공여자에게는 고객의 상환능력 평가를 지원해 준다. CRSP의 신용정보 수집 커버율이 높을수록 신용카드 보급률과 제도금융권 대출 이용자의 비율이 높으며, 민간부문에 대한 국내신용(Domestic Credit) 제공 비율(GDP 대비)도 높아지는 경향이 있다. 또한 더 많은 기업들이 은행대출이나 크레딧라인을 이용하며 대출신청의 기각률도 낮다(Doing Business 2017 보고서).

신용정보의 공유는 대출자와 차입자 사이에 나타나는 정보의 비대칭성(information asymmetries)[8]을 완화시켜 준다. 이에 따라 대출자들은 1) 더 많은 대출을 금융소외층에 제공할 수 있고, 2) 부실대출 비율도 낮출 수 있으며, 3) 궁극적으로는 금융부문의 거시 건전성을 강화시켜 금융위기에의 대응력도 높여 준다. 또한 4) 대출자들에게 수익률을 제고하고 리스크를 낮춤으로써 대출자들이 사회적으로 해로운 경제적 렌트를 추구하려는 동기나 능력을 약화시켜 준다.

즉 신용평가사나 신용정보집중기관의 커버율을 높일수록 금융부

---

[8] 일반적으로 차입자는 자신의 소득 및 현금흐름 등 경제적·금융적 능력과 자신에게 가능한 투자의 기회 등에 대해 대출자보다 더 잘 알고 있다. 즉 차입자에 관련된 정보는 차입자에게 많은 데 비해 대출자에는 많지 않은 정보의 비대칭성으로 높은 리스크의 금융 수요가 많은 데 비해 낮은 리스크를 추구하는 금융 공급이 많아져 최적 균형을 이루지 못하는 '역선택'이 존재하는 것이다.

문을 포함한 국가경제에의 전반적 임팩트가 높아지는 것이다. 따라서 다양한 신용소스를 포괄하는 신용정보망을 제도금융권을 넘어서 구축함으로써 신용정보의 비대칭성을 완화시키는 것이 금융정책 당국의 최우선과제가 되어야 한다.

비전통적인 데이터 소스(소매점, 소기업, 마이크로 금융회사, 법인 신용카드, 보험회사, 통신회사, 유틸리티 회사 등)는 신용정보 커버율을 높일 수 있는 원천이며, 특히 통신회사, 유틸리티 회사 등의 체납 관련 정보는 금융 이용 경력이 미미한 "thin-file" 고객의 신용이력(Credit History) 형성을 도와줄 수 있다. 결과적으로 금융포용화에 초점을 맞추어 포괄적인 신용정보체제를 구축하게 되면 금융기관들이 신용리스크, 신용자산의 가치 및 신용제공 능력 등을 평가하고 감시하는 능력을 강화시켜 줄 수 있게 된다.

상업 및 무역신용 제공자들(trade creditors)은 신용한도에 제약받지 않는 무담보 크레딧 라인을 제공함으로써 중소기업들에게 신용이력을 형성해 주는 가장 중요한 비금융기관들이다. 하지만 이들 정보의 보고는 아직 흔하지 않다. 현재 36개국(라틴아메리카 및 카리브해 연안 10개국, OECD 고소득 국가 9개국 등)에서 이런 정보들이 신용평가사나 신용정보집중기관에 의해 수집되는데 이들 국가의 신용정보 커버율은 다른 국가들에 비해 평균 29% 포인트나 높다(〈그림 2-9〉 참조). 이들 정보들은 금융기관과의 거래에서 초기 단계에 있는 기업들의 금융서비스 접근성을 높이는 데 크게 유용하다.

리스회사 및 팩토링회사들도 신용평가사나 신용정보집중기관에 중요한 정보소스가 될 수 있다. 리스이용자는 소액의 증거금(downpayment)과 소액의 잔금을 지급함으로써 리스설비를 구입할 수 있다. 팩

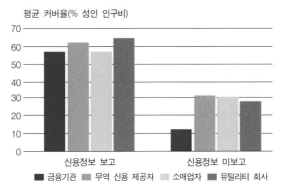

평균 커버율(% 성인 인구비)

자료: World Bank Group, Doing Business 2017(2017)

토링 금융이용자는 외상매출금을 제3자 금융회사에 양도함으로써 대금회수 등 비핵심 업무를 아웃소싱하고 핵심 업무에 전념할 수 있다. 라틴아메리카국가들과 동유럽 국가들에서 리스 및 팩토링금융은 중소기업에 세 번째로 중요한 금융소스이기도 하다. 현재 110개 국가에서 최소 1개의 CRSP가 금융기관 및 리스회사에서 신용이력 정보를 수집하고 있는데 팩토링회사로부터 신용정보를 수집 제공하는 국가들은 아직 많지 않다.

유틸리티 회사의 신용정보는 특히 빈곤층의 신용이력 파악을 위해 중요하다. 이들 회사에서 신용정보를 수집하는 50개 국가들의 신용정보 커버율은 평균 65%로 그렇지 않은 국가들의 평균 28%보다 월등히 높다. 라틴아메리카 및 카리브해 연안국 15개국과 고소득 OECD 회원국 12개국이 이런 정보를 수집 제공하고 있다.

마이크로 금융부문에서의 신용정보 수집도 확대되고 있는데, 유럽과 중앙아시아 국가의 68%, 중동 및 북아프리카 국가의 45%, 라틴아메리카 및 카리브해 연안국의 38%, 사하라 이남 국가의 31%, 동아시아 태평양 국가의 28%, 남아시아 국가의 25%에서 신용평가사나 신용정보집중기관이 이런 정보를 제공하고 있다.

6. 우리나라 금융의 포용성 제고를 위한 역할 재조명

우리나라도 2010년 전후로 제도금융권 내에서의 4대 소액서민금융상품(햇살론, 새희망홀씨대출, 바꿔드림론, 미소금융 등)이 출시된 이후 2016년 서민금융진흥원이 출범되면서 자영업자 대출인 미소금융, 햇살론 중 근로자보증심사와 재원 마련, 대환대출인 바꿔드림론(자회사인 국민행복기금이 취급)을 인수하였으나 현재까지 취급실적이나 빈곤감소에의 기여도는 부진한 상황이다. 은행, 저축은행 등의 저소득층대상 중금리신용대출인 사잇돌대출이 2016년 출시되어 2017년에는 취급한도가 확대(1조 원 → 2조 원)되고 4대 소액서민금융 상품도 확대공급(5.7조 원 → 7조 원)될 계획이나 금융소외층의 금융수요 충족에는 아직 크게 부족한 규모이다.

이처럼 서민금융이 낙후된 것은 포용적 금융의 성장을 위한 국제사회의 다양한 노력 및 성과에 대한 정보 축적이 미흡하였던 데다 정책의지의 지속성 및 일관성도 부족하였던 데 기인한다. 아직도 우리나라에서는 제도금융권의 금융포용화에 대한 정책 우선순위나 일반국민들의 인지도가 낮아 금융포용화의 다양한 이슈에 포괄적으로 접근하지 못하고 있는 것이 현실이다.

주지하다시피 우리나라의 제도금융권은 대기업 및 수출기업에 대해 저리의 정책금융을 다양하게 제공함으로써 대기업 성장 및 수출 확대에 큰 기여를 하여 왔다. 반면 가계대출 및 중소기업대출의 경우 부동산 담보대출에만 주력할 뿐, 활용가능하고 다양한 신용정보 소스에 보다 적극적으로 접근하여 체계적이며 실증적인 신용정보 분석을 통한 신용대출에는 소극적이었다.

물론 중소기업 대출 비율의 운용, 금융중개지원 대출(과거 총액대출한도제) 등 중앙은행 및 일반은행들이 중소기업 및 중견 수출기업 등을 정책적으로 지원하는 제도가 있다. 그러나 대다수 중소기업 및 소기업들이 충분한 부동산을 보유하지 못한 상황이어서 그 규모나 유효성이 크게 제한적이다. 금융중개지원 대출제도는 2014년까지만 하더라도 잔액기준으로 10조 원 안팎에 그치다가 현재 25조 원을 한도9로 하고 있으나 여전히 우리나라 경제규모(2015년 GDP 1,559조 원)의 2%를 밑도는 수준이다.

결과적으로 저소득 가계, 소기업, 중소기업들은 제도금융권으로부터 필요한 금융지원을 충분히 지원받지 못하고 고리가 적용되는 대부업자 또는 불법 사채업자 등에 의존함에 따라 대기업 및 수출기업들에 비해 크게 불리한 규모의 자금지원 및 대출금리(등록대부업자는 대부업법상 27.9% 이내, 미등록대부업자는 이자제한법 및 시행령상 25% 이내)를 적용받고 있다. 영세소기업 및 중소기업들은 제도금융권의 주류 금융기관으로부터 고용 및 생산에의 기여도에 미치지 못하는 대출지원을 감수할 수밖에 없다.

---

9 금융중개지원 대출 한도는 지방중소기업 지원 5.9조 원, 기술형 창업기업 지원 6.0조 원, 영세자영업자 지원 0.5조 원, 설비투자지원 8.0조 원, 무역금융지원 4.5조 원 등으로 구성되어 있다.

한편 서민층이 주로 부담하는 연체금리 및 소액금융 서비스에 대한 각종 수수료율(소액 송금, 은행 간 이체 및 타행 ATM 현금인출 등)도 저소득계층이 부담하기에는 지나치게 높은 수준이다. 서민층의 내집 마련 꿈을 실현시켜 주는 분양 주택 대상 중도금 대출의 경우 토지주택공사의 보증으로 신용리스크가 거의 없음에도 불구하고 높은 금리가 적용될 뿐만 아니라 뚜렷한 근거가 없는 대출수수료도 요구하는 실정이다. 〈부록 1-1〉에서와 같이 금융서비스의 이용 비용 측면에서 우리나라의 경쟁력은 세계 43위 수준에 그치고 있다. 경제적 약자에 대한 금융서비스 이용 비용이 상대적으로 높게 적용됨으로써 빈곤감소에 역행하는 영업행태가 유지되고 있는 것이다.

우리나라에서는 2009년 정부가 휴면예금을 활용한 미소금융에 재벌회사나 금융기관이 참여하도록 한 이후 과거 자생적으로 발전하던 마이크로 금융에는 민간자본이 유입되지 않고 있는 실정이다.[10] 현재 우리나라의 마이크로 금융은 거의 없어지고 사회연대은행만이 남아 있으며 '신나는 조합'도 사회적 기업으로 전환하고 있다.

현재 한국사회투자가 주축이 되어 새로운 패러다임에 의한 친빈민, 친서민 금융의 전환을 모색하고 있는데 사회투자는 다양한 사회 문제에 새로운 발상의 금융기법과 경영기법을 적용시켜 사회 문제의 완화와 사회적 자본의 형성을 추구하는 것이다. 현대사회의 복잡하고 다양해진 문제들은 재정적 이전지출 등 단순한 복지적 접근법만으로는 해결하기 어려우므로 금융과 경영적 요소를 접목시켜 지속가능한 해결을 모색하기 위한 것이다. 사회적 문제들이 악화되면서 더 많은 빈곤층을

---

10 민간 마이크로 금융의 주축이었던 사회연대은행의 대출실적이 2010년 100억 원에서 2011년 45억 원, 2012년 25억 원으로 크게 위축되었다.

양산하기 전에 이들 문제들이 해결되도록 금융과 경영을 투입하는 민간부문의 자생적 노력에 대한 사회적 관심과 지원이 필요하다. 아울러 정부도 이러한 활동이 확산될 수 있는 금융생태계를 보호하고 후원하는 데 더욱 관심을 가져야 한다. 문재인 정부 출범 이후 사회적 기업에 자금을 제공하기 위한 임팩트금융추진위원회가 발족하여 2017년 말까지 출연과 기부로 700억 원, 일반투자자로부터 2,000억 원을 유치하겠다는 목표를 발표한 바 있어 풀뿌리금융으로 시작한 임팩트금융이 활성화될 수 있는 분위기가 조성되고 있다.

이제부터라도 우리나라는 친빈민, 친서민정책의 추진의지와 사명감을 갖고 제도금융권의 금융포용화를 추진함으로써 성공적인 빈곤감소 성과를 거둘 수 있도록 해야 한다. 이와 관련하여 금융포용화의 법제화, 추진 주체의 명시화 및 구체적 목표 설정 등을 포괄하는 정책추진 노력을 강화해야 할 것이다. 아울러 금융포용화를 위한 온라인 통보 기반 중앙집중식 담보등기제도를 구축하고 보다 포괄적인 신용정보체제로의 전환을 위해 신용정보 커버율을 획기적으로 높여야만 한다. 2016년에 한국신용정보원이 출범하여 종전 은행연합회 등 5개 금융협회 및 보험개발원이 분산 관리해 오던 신용정보의 집중 관리체제를 갖추게 되었으나 아직 서민층의 신용정보를 비금융기관(유틸리티회사, 리스회사 및 팩토링회사, 공급자신용 등)으로부터도 수집 관리할 수 있는 체제를 갖추지 못하고 있다. 이들 하부구조의 구축은 우리나라의 금융포용화의 진전뿐만 아니라 궁극적으로는 금융산업의 국제경쟁력 강화를 위한 핵심과제이다. 앞으로 제도금융권의 금융포용화를 실현하기 위한 한국은행 및 금융정책 당국의 적극적인 정책 추진 의지와 노력이 필요하다고 하겠다.

제6장

인간의 웰빙 및 인적개발

"행복은 인생의 의미이자 목적이며, 인간 존재의 총체적 표적이자 최종목표이다
(Happiness is the meaning and the purpose of life, the whole aim
and end of human existence)."

– 아리스토텔레스

지금까지 포용성과 지속가능성의 두 가지 중요한 가치개념을 중심으로 관련 이슈들을 살펴보았는데 여기에서 다루게 될 인간의 웰빙 및 진전(progress)도 포용성 및 지속가능성의 개념과 맞닿아 있는 것이다.

'웰빙과 진전의 측정을 위한 OECD체제는 경제적 성과와 사회적 진보의 측정에 관한 위원회가 2009년에 권고한 접근법에 기초한 것으로 물질적 조건, 생활의 질, 지속가능성 등 3개 영역을 아우르는 구조를 갖고 있다.

현재 전 세계 73억 명의 인구 중 32억 명이 직업을 갖고 있으며 돌봄 서비스(care work), 창조적 일(creative work), 자원봉사(voluntary work) 등 다른 일에도 많은 사람들이 참여하고 있다. 어떤 일들은 인적개발에 공헌하지만 어떤 일들은 이에 공헌하지 못하고 심지어 인적개발을 저해하기도 한다.

일은 직업(job), 고용(employment) 등과 구분되는데 직업이 소득을 제공하고 인간의 존엄성, 참여 및 경제적 안전을 지원하지만 인적개발에 중요한 함축성을 갖는 돌봄 서비스, 자원봉사, 창조적인 일 등과 같은 많은 종류의 다른 일을 충분히 포착하지는 못한다. 일과 인적개발은 시너지를 만들어낸다. 일은 소득과 생계를 제공하고 빈곤감소, 여성의 능력 배양, 참여 및 발언권 제고, 존엄성과 인정, 창조성과 혁신 등을 통해 인적개발을 높여주고, 인적개발은 건강, 지식, 스킬, 인지능력을 제고시키고 인적자본, 기회 및 선택을 증가시킨다.

그런데 일이 인적개발을 고취시킬 수도 있지만 일부 일들은 인적개발을 손상시킨다. 양자의 관계는 자동적인 것이 아니며 일의 질, 일의 조건, 일의 사회적 가치 등에 의존한다.

1. 인간의 웰빙과 진전

저자는 앞부분에서 포용성과 지속가능성의 두 가지 중요한 가치개념을 중심으로 관련 이슈들을 살펴보았는데 여기에서 다루게 될 인간의 웰빙 및 진전(progress)도 포용성 및 지속가능성의 개념과 맞닿아 있는 것이다. 이제 우리나라의 경제정책도 단순히 1인당 GDP 수치에만 집중하던 방식을 과감히 떨쳐버려야 할 때가 되었다. 이를 위해서는 보다 포괄적인 범위에서 인간의 웰빙과 진전에 관련된 요소들이 무엇이고 현재세대뿐만 아니라 미래세대까지 아우르는 보다 장기적인 시야에서 웰빙과 진전에 관련된 요소들이 무엇인지를 분석할 필요가 있다. 인간의 웰빙과 진전에 관한 상황을 알고 이를 토대로 정책의 라이프 사이클(정책이슈 발굴, 정책적 쟁점의 공개토론, 정책결정, 정책실시, 수행성과 점검 및 평가 등)과정이 진행되어야 생활수준의 폭넓고 지속적인 향상이 가능해질 것이다.

최근 들어 GDP와 같은 거시경제 통계들이 일반인들이 경험하는 생활수준을 충분히 포착하지 못한다는 인식이 높아지고 있다. 특히 글로벌 금융위기 등이 이런 인식을 더욱 증폭시켰는데 이는 GDP 통계만으로는 인간의 웰빙(well-being)에 중요한 광범위한 요소들을 반영하기 어렵기 때문이다. 이를 반영하는 새로운 통계의 개발이 중요해진 것이다. 진전은 인간과 가계의 웰빙의 개선을 의미하는데 이를 측정하기 위해서는 경제제도의 작동뿐만 아니라 인간의 다양한 경험과 생활조건을 들여다봐야 한다.

'웰빙과 진전의 측정을 위한 OECD체제(The OECD Framework for

Measuring Well-Being and Progress)'는 경제적 성과와 사회적 진보의 측정에 관한 위원회(the Commission on the Measurement of Economic Performance and Social Progress)[1]가 2009년에 권고한 접근법에 기초한 것이다.

이 체제는 3개 영역, 즉 물질적 조건(material conditions), 생활의 질(quality of life), 지속가능성(sustainability)을 아우르는 구조를 갖고 있는데 이는 〈그림 2-10〉과 같다. 즉 1) 물질적 조건의 구성요소로는 소득과 부, 일과 수입, 주택 등을, 2) 생활의 질 관련 요소로는 건강상태, 일-생활의 균형, 교육과 재능, 사회적 연결(social connections), 시민 참여 및 거버넌스(civic engagement and governance), 환경의 질(environmental quality), 개인의 안전(personal security), 주관적 웰빙(subjective well-being) 등이 포함된다. 이들은 개인의 웰빙을 측정하기 위한 것으로 평균수준, 계층별 차이 등을 살펴볼 수 있다. 한편 3) 웰빙의 지속가능성을 측정하기 위해서는 몇 가지 유형의 자본을 유지 확보해야 하는데 이는 자연자본, 인적자본, 경제적 자본, 사회적 자본 등으로 구성된다.

〈그림 2-10〉을 보면 그동안 우리에게 익숙해진 GDP는 인간의 웰빙과 진전의 시각에서 볼 때 단지 일부일 뿐 총체적인 상황과는 거리가 있다는 점을 알 수 있다. 따라서 공공정책이나 민주주의의 작동에 의미있는 지표들을 포괄적으로 측정하기 위해서는 〈그림 2-10〉과 같은 체

---

[1] 이 위원회 활동의 공동리더 역할을 한 경제학자들의 이름을 따서 일명 스티글리츠-센-피투씨 위원회(the Stiglitz-Sen-Fitoussi Commission)로 불리기도 한다.

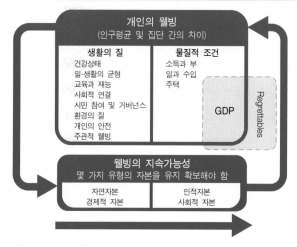

자료: OECD, "Measuring Well-Being and Progress"(2013)

계를 통해 접근할 필요가 있다. 현재 OECD, UN, World Bank, IMF 등 국제기구들은 새로운 시대의 국가정책 패러다임과 이들을 지원할 수 있는 과학적 접근법의 연구, 제도 및 관행 개혁 등 다양한 노력을 전개하고 있다. 우리나라도 이러한 글로벌 추세에 적극 동참하여 새로운 시대를 리드할 수 있는 국가정책 패러다임의 구축과 그 실현역량 강화를 위한 노력을 기울여야 한다.

OECD는 2011년 이후 매 2년마다 인류생활 상태(How's Life) 보고서를 발간하고 있는데 2013년 보고서는 1) 글로벌 금융위기 및 유럽의 재정위기가 가계의 경제적·비경제적 웰빙에 심각한 영향을 미쳤으며, 2) 남성에게 유리한 남녀 갭이 줄어들었지만 사라지지 않고 있으며, 3) 직장에서 일에 대한 충실성을 이끌어내고 일의 요구에 대한 대처능력을 강화시키는 요인들을 밝히고, 4) 웰빙의 지속가능성을 정의하고 측정하는 방법을 살핌으로써 현재와 미래의 웰빙의 연결고리를 연구한 바 있다.

한편 OECD는 쌍방향의 웹기반 도구로서 '더 좋은 생활지수(Better Life Index)'를 구축하여 〈그림 2-10〉에 포함된 인간의 웰빙 관련 11개 지수에 대한 사람들의 주관적인 중요도 평가정보를 수집 분석하고 있다. 이 결과를 보면 사람들이 11개 요소 중 생활 만족도, 건강 상태, 교육 등에 관련된 요소들이 가장 중요한 것으로 나타나고 있다.

〈그림 2-11〉은 OECD가 생활수준에 영향을 미치는 제반 요인들(가계소득, 수명, 실업, 소득불평등성 등)의 기여도를 OECD의 18개 주요 회원국들을 대상으로 측정한 결과를 보여준다. 측정 결과 핀란드, 헝가리, 호주, 노르웨이, 영국, 뉴질랜드의 순으로 이들 요인들이 생활의 질적 수준을 더 높게 향상시킨 것으로 나타나고 있다.

〈그림 2-11〉 생활수준에 영향을 미치는 제반 요인들의 기여도

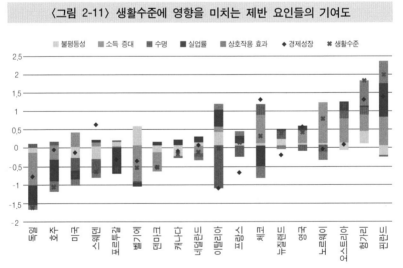

자료: OECD, "Measuring Well-Being and Progress"(2013)

4차 산업혁명 시대의 한국경제 발전전략

그런데 이들 요소들의 계측은 구체적으로 어떻게 이루어져야 하고 어떤 이슈들이 제기되는지는 앞으로도 전문적 연구가 계속될 것으로 보이는데 일단 현재까지 논의된 결과들을 소개해 보고자 한다.

우선 물질적 조건과 관련해서는 UN의 국민계정체계(SNA: System of National Accounts)가 가계소득, 가계소비 및 가계 부(wealth)의 전체 규모와 평균수준만을 보여줄 뿐 그 분포의 불평등성 여부는 보여주지 못하는 제약이 있다. 이를 극복하기 위해 2010년 국민계정에서의 불균형 관련 OECD-Eurostat 전문가 그룹(EG DNA: OECD-Eurostat Expert Group on Disparities in National Accounts)이 결성되어 가계소득, 소비 및 부의 분포에 관한 정보들을 국민계정체계에 어떻게 통합시킬 것인지 검토하고 있다.

가계가 스스로의 용도를 위해 생산하는 가계서비스(육아, 노령가족 부양, 요리, 세탁 등)의 가치측정도 중요한 과제인데 OECD는 이를 위한 연구에서도 우선 각국별 비교가능성을 높이는 데에서 성과를 나타내고 있다. 한편 1인당 실질 GDP와 1인당 실질 조정 가처분가계소득(real household's adjusted disposable income)의 차이를 해소하기 위해 교역조건 효과, 정부 및 법인기업 소득 증가율에 대비한 가계소득 증가율 차이 등 관련된 요인들을 식별하려는 노력도 기울이고 있다.

아울러 물질적 조건과 그 지속가능성은 가계 부(household wealth) 및 소비에도 많은 영향을 받는데, 부에 대해서는 국제적 측정표준이 마련되어 있지 않고 소득, 소비 및 부의 복합분포(joint distribution) 통계도 대부분의 국가에서 작성되지 않고 있다. 현재 OECD는 이들 문제의 해소에도 노력을 기울이고 있다.

생활의 질적 수준과 관련해서 경제적 자원이 중요하기는 하지만 인간의 웰빙에 중요한 유일한 것은 아니다. 건강 상태, 인간적 교류(human contact), 교육, 일, 환경의 질적 수준, 시민사회에의 참여, 거버넌스, 안전성, 여가시간 등도 인간 웰빙의 중요한 결정요소들이다. 또한 자신의 인생에 대한 사람들의 주관적인 느낌, 감성 등 총체적 만족도 역시 인간의 웰빙에 중요한 요소인데 OECD는 '주관적 웰빙 측정을 위한 OECD 가이드라인(OECD Guidelines on Measuring Subjective Well-Being)'을 2013년에 공표한 적이 있다.

최근 OECD가 성과를 내고 있는 두 분야는 일의 질적 수준(job quality)과 인간의 웰빙과 포용적 성장의 3자 간 상관관계이다. 사람들은 하루 일과의 가장 많은 시간과 인생의 가장 긴 기간을 일에 투입하는 만큼 일의 질적 수준을 개선하기 위한 정책노력과 일에 대한 사회문화적 태도의 성숙이 중요하다. OECD는 '일의 질적 수준의 정의, 측정 및 평가와 노동시장 성과 및 웰빙과의 관계(Defining, Measuring and Assessing Job Quality and its Links to Labor Market Performance and Well-Being)' 프로젝트를 통해 일의 질적 수준을 결정하는 7개 요인을 식별해 내었다. 이들 요인은 1) 건강 리스크 요인에의 높은 노출, 2) 직무 관련 높은 스트레스, 3) 낮은 수준의 직무 자율성, 4) 불투명하고 부정확한 직무 목표, 5) 열등한 직무관리 관행, 6) 동료들과의 불편한 관계, 7) 강압적 직장문화 등을 포함하고 있다.

또한 포용적 성장의 개념은 1) 경제성장이 중요하기는 하지만 성장의 과실이 개인과 계층 간에 공정하게 공유되어야 복지개선으로 연결될 수 있고, 2) 경제성장이 여타 비물질적 영역, 특히 교육 및 건강에

파급효과가 크다는 점에서 인간의 웰빙을 측정하는 데 중요한 요소가 된다. 포용적 발전정책의 성공을 위해서는 소득, 양질의 일, 교육, 건강의 수준 및 분포가 중요하며 노동시장의 성과평가와 정책권고에 있어서도 실업률 이외에 일의 질적 수준을 결정하는 다양한 요인들의 개선이 중요한 것이다.

웰빙의 지속가능성에 대한 평가는 어려운 과제인데 미래의 웰빙에 영향을 주는 많은 요소들(예를 들어 선호의 변화, 기술의 변화 등)이 현재로서는 측정하기 어렵기 때문이다. 그렇지만 미래의 웰빙 결과에 영향을 주는 자원들의 현재 부존량(stock)을 평가할 수는 있고 미래세대를 위해 이들 자원을 얼마나 남겨놓을 수 있을지는 관찰할 수 있다. 따라서 OECD는 네 가지 형태의 자본에 집중하고 있는데 이들은 앞에서 언급한 경제적 자본, 자연자본, 인적자본 및 사회적 자본이다.

OECD는 토지 및 부존자원의 화폐가치를 측정하여 국민계정체계에 반영하기 위한 검토에 착수하고 녹색성장 지표(GGI: Green Growth Indicators)의 개발에도 노력하고 있다. 이는 UN의 통합된 환경 및 경제계정 신체계(SEEA: the UN New System of Integrated Environmental and Economic Accounts)로 이행하기 위한 일환이기도 하다. SEEA는 자연자원 이외에 오염물질의 측정도 포함하고 있다. 자연자원 스톡과 오염물질의 계측치 산출은 중요한 과제이다. 이와 관련하여 자연자원들과 공통재(commons)로서의 환경이 소비패턴에 의해 어떻게 영향을 받는지를 계측하는 것이 핵심이다. 다양한 경제활동에 따른 온실가스의 방출에 큰 영향을 받는 기후시스템이 이의 좋은 예이다.

인적자본은 인간들에 체화된 경쟁력, 지식 및 스킬의 스톡개념인데 OECD는 물적자본 스톡(예로써 사회간접자본, 생산설비 등)과 대비될 수 있는 인적자본의 화폐적 가치를 추계하려 하고 있다. 사회적 자본은 개인적 관계(personal relationships), 사회적 네트워크 지원(social network support), 시민사회에의 참여(civic engagement), 신뢰 및 협동적 규범(trust and cooperative norms) 등 네 가지 형태로 분류된다.

개인적 관계는 사람들의 네트워크와 이를 조성, 유지시키는 사회적 행동들의 구조를 의미하며, 사회적 네트워크 지원은 개인들의 사회적 네트워크를 통해 각 개인들이 활용할 수 있는 자원들(정서적, 물적, 실제적, 금융적, 지적 및 전문적 자원들)을 의미한다. 시민사회에의 참여는 사람들이 시민생활 및 지역생활에 기여하는 행동 및 그 네트워크(자원봉사, 정치 참여, 단체 회원 가입 등)를 의미하고, 신뢰 및 협동적 규범은 사회의 작동과 호혜적 협동을 가능케 하는 신뢰(일반화된 신뢰 및 제도적 신뢰), 사회규범 및 공유가치를 의미한다.

독자들은 지금까지의 설명을 통해 인간의 웰빙과 진전이 국제사회의 연구 및 협력활동을 통해 이제 더 이상 관념적·이상적 이슈에 머물지 않고 우리사회의 실생활에 영향을 주는 실용적 이슈로 발전하였음을 이해할 수 있을 것이다. 물론 이들 이슈들은 아직 진행단계에 있는 것이 사실이지만 인간의 웰빙과 진전을 국가정책과 제도의 대상으로 점차 수용하게 될 것으로 보인다. 우리나라도 이러한 추세를 추적하고 국가발전 전략의 수립과 집행에 활용함으로써 향후 포용적이고 지속가능한 경제 및 사회발전의 유용한 추진동력으로 삼아야 할 것으로 생각한다.

2. 일과 인적개발 관련 이슈

이제부터는 UN의 인적개발 보고서 2015년 팀이 지난 25년간의 글로벌사회의 인적개발 성과와 과제를 다룬 인적개발 보고서 2015(Human Development Report 2015)의 내용을 중심으로 인류의 일(work)과 인적개발(human development) 관련 이슈들을 살펴보도록 하겠다.

일은 형평적인 경제성장, 빈곤감소 및 남녀평등 등을 위해 중요하다. 또한 일은 사람들에게 존엄성과 가치를 부여하며 사람들이 사회에 완전히 참여할 수 있게 한다. 일은 공공재의 생산과 활용에 기여할 수 있으며, 남을 돌보는 일은 가족과 사회의 응집력과 유대감을 조성해 준다. 또한 일은 사회를 강화시켜 준다. 일은 사람들의 물적 웰빙을 늘려줄 뿐만 아니라 문화와 문명을 지탱해 주는 광범위한 가치와 지식을 축적시켜 준다.

현재 전 세계 73억 명의 인구 중 32억 명이 직업(job)을 갖고 있으며 돌봄 서비스(care work), 창조적 일(creative work), 자원봉사(voluntary work) 등 다른 일에도 많은 사람들이 참여하고 있다. 어떤 일들은 인적개발에 공헌하지만 어떤 일들은 이에 공헌하지 못하고 심지어 인적개발을 저해하기도 한다. 인간은 실질적인 국부이며 인적개발은 사람들의 선택기회를 확대해 주는 데 집중해야 한다. 〈그림 2-12〉는 현재 전 세계의 인류가 다양한 일에 어떻게 참여하고 있는지를 보여준다. 전 세계적으로 5.8억 명은 노령인구(만 64세 이상)로서 충분한 연금수혜층, 불충분한 연금수혜층 및 연금소외층으로 구성되어 있다. 48억 명은

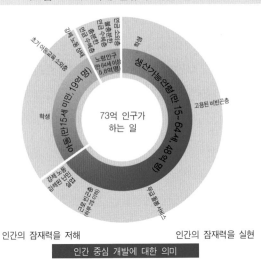

〈그림 2-12〉 세계 인류가 하는 일의 분포

73억 인구가
하는 일

인간의 잠재력을 저해   인간의 잠재력을 실현

인간 중심 개발에 대한 의미

자료: UNDP, *Human Development Report 2015* (2015)

생산연령인구(만 15~64세)로서 학생, 고용된 비빈곤층(employed non-poor), 무급 돌봄 서비스(unpaid care work), 근로 빈곤층(working poor: 하루 2달러 이내), 실업, 난민, 강제노동 등의 상태로 분포되어 있다. 19억 명은 아동(만 15세 미만)으로 주로 학생이지만 초기 아동교육 소외층과 강제노동 상태인 아동들도 많다.

2015년 인적개발 보고서는 일과 인적개발의 연관성, 일이 인적개발을 제고시키도록 하기 위한 정책의 역할 등을 다루고 있다. 생산적이고 보상적이며 만족스러운 일의 기회를 정책적으로 확대해 주어야 비로소 일이 인적개발을 높여줄 수 있다. 25년 전 UN의 인적개발 보고서가 첫 출간되었을 때 보고서는 인적개발의 목적이 소득 증대에만 있지 않고 인권, 자유, 역량 및 기회를 높이고, 인간이 보다 길고 건강하며 창조적인 삶을 가능하게 하며, 인간의 선택을 극대화하는 데 있다고 강조한 바 있다. 인적개발의 개념은 소득 이외의 다양한 측면에서 인간의 웰빙을 평가하는 인적개발지수(Human Development Index)[2]에 의해 보완된다.

일은 직업(job), 고용(employment) 등과 구분되는데 직업이 소득을 제공하고 인간의 존엄성, 참여 및 경제적 안전을 지원하지만 인적개발에 중요한 함축성을 갖는 돌봄 서비스, 자원봉사, 창조적인 일 등과 같은 많은 종류의 다른 일을 충분히 포착하지는 못한다. 일과 인적개발은 시너지를 만들어낸다. 일은 소득과 생계를 제공하고 빈곤감소, 여성

〈그림 2-13〉 일과 인적개발의 시너지

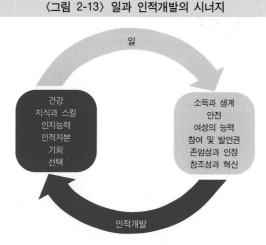

자료: UNDP, *Human Development Report 2015* (2015)

---

2 인적개발지수는 인간 개발의 세 가지 측면에 초점을 맞춘 복합지수로서 최고 1의 값을 갖는다. 세 가지 측면은 길고 건강한 인생(출생 시 기대연령으로 측정), 지식 습득 능력(평균 학습기간, 기대 학습기간으로 측정), 양호한 생활수준 성취능력(1인당 GNI로 측정) 등으로 구성된다.

의 능력 배양, 참여 및 발언권 제고, 존엄성과 인정, 창조성과 혁신 등을 통해 인적개발을 높여주고, 인적개발은 건강, 지식, 스킬, 인지능력을 제고시키고 인적자본, 기회 및 선택을 증가시킨다(〈그림 2-13〉 참조).

그런데 일이 인적개발을 고취시킬 수도 있지만 일부 일들은 인적개발을 손상시킨다. 양자의 관계는 자동적인 것이 아니다. 이 관계는 일의 질, 일의 조건, 일의 사회적 가치 등에 의존한다. 일과 인적개발의 고리(link)는 일의 질적 수준에 의해 강화되기도 하고 약화될 수도 있다. 즉 안전성, 성취 및 만족도, 발전 전망, 신축적인 일-생활 균형,

〈표 2-17〉 인적개발을 손상시키는 차별적·폭력적 일의 행태

행태	최근 상황
남녀차별	미국 금융산업에서 여성 전문직의 보수는 남성 전문직의 60% 정도로 추정
민족 및 인종차별	라틴아메리카 지역에서 토착인종과 기타 인구의 임금격차는 38%로 추정
직장내외 폭력 및 직업 관련 폭력	2009년 중 EU에서 약 3천만 명이 일과 관련한 폭력을 경험(직장 내 1천만 명, 직장 외 2천만 명)한 것으로 추정
아동노동	전 세계적으로 1.7억 명(아동인구의 11%로 소년이 1억 명, 소녀가 0.7억 명)의 아동노동이 있고 이 중 절반은 위험산업에 투입된 것으로 추정
강제노동	전 세계적으로 2천1백만 명이 강제노동(인신매매, 억류 등으로 1천4백만 명이 강제노동, 450만 명이 성적 착취 상태) 상태로서 연간 1,500억 달러의 불법이익이 발생하는 것으로 추정 2007~2010년 중 118개국에서 136개 국적의 인신매매 희생자(55~60%가 여성) 보고 2014년 중 3,500명의 인신매매 보트피플이 지중해역에서 사망 파출부 등 유급 가사노동(특히 여성 이주노동자)의 경우 협박 및 회유 등으로 휴일 없이 최대 하루 18시간까지 노동하는 사례도 빈발
위험노동	세계 노동인구의 1%인 광업 노동자들이 직장 내 치명적 사고의 8%를 차지

자료: UNDP, *Human Development Report 2015*(2015)에서 요약 정리

존엄성 및 자부심, 참여 및 상호작용, 환경의 지속가능성 제고, 사회의 공유가치(빈곤 및 불평등 해소, 사회적 응집, 문화 및 문명 등)에의 기여도 등이 높을수록 이들 고리가 강화되고 낮을수록 고리는 약화된다.

또한 일에 차별과 폭력이 있을 경우 이 고리가 약화되는데 차별은 주로 직위, 보수 및 처우와 관련한 남녀차별과 민족, 인종, 장애 등에 따른 차별도 존재한다. 직장 내외에서 발생하는 폭력과 직업 관련 폭력도 존재하는데 이는 추행(harassment), 협박(intimidation), 집단적 괴롭힘 (bullying), 물리적 폭력(physical violence) 등 다양한 형태로 나타난다.

특정 조건(남용적, 착취적 조건)하에서 특정한 일들은 인적개발을 손상시키는데, 아동노동, 강제노동, 인신매매노동 등으로 기초적인 인권과 인간의 존엄성을 박탈하는 행위가 이런 것들이다. 이 밖에도 가사노동(가사 도우미 등), 이주노동, 성산업 및 위험산업 노동자들이 남용적·착취적 폭력에 노출되어 있다. 최근 세계적으로 관찰되는 일과 인적개발의 고리를 약화시키는 다양한 행태들은 〈표 2-17〉과 같이 요약될 수 있다.

3. 글로벌화와 일자리

일의 오프쇼어링(off-shoring)으로 선진국에서 제조업의 조립형 일자리는 개도국의 수출단지로 대거 이동하였다. 중국, 멕시코 등 경제규모가 큰 개도국은 물론 코스타리카, 도미니카 공화국, 스리랑카 등 소규모 개도국들이 새로운 일자리 혜택을 입었다. 그러나 일의 질과 노동기준의 시행 등에서는 아직 개선의 여지가 많다. 1990년대 들어 ICT의 발전으로 다양한 보조서비스가 작업장을 벗어나서 수행되는 서비스산업의 오프쇼어링도 활발해졌다. 인도에서는 ICT에 직접 관련된 일자리가 2000년 28만 명에서 2010년 200만 명으로 늘어났고 러시아, 라틴아메리카, 아프리카 등지에서는 24시간 서비스를 제공하는 기업들의 일자리가 꾸준히 증가하였다. 반면 선진국에서 일자리는 오프쇼어링으로 꾸준히 사라졌는데 그 규모는 국가별로 다르지만 전체 일자리의 감소규모 중 0~55%가 오프쇼어링에 기인하고 있다.

현재의 일자리 중 관리지원, 비즈니스 및 금융거래, 컴퓨터 및 수리적 직무들은 대부분 아웃소싱될 가능성도 있다. 호주, 캐나다, 미국 등 선진국에서 전체 일자리의 20~29%가 잠재적 오프쇼어링 대상인데, 이들 일은 중간 또는 고급기술에 기반한 서비스로서 교육수준이 높고 ICT 인프라가 개선된 개도국에서 저비용으로 수행될 수 있다. 오프쇼어링을 받아들이는 국가에서는 새로운 일자리가 늘어났지만 보다 경쟁적인 환경이 조성됨에 따라 실직자들은 새로운 스킬을 습득하기 위한 직업훈련이 필요해졌다. 개도국들이 글로벌 가치체인에 편입되면서 취업기회가 늘고 여성의 노동참가율도 높아지면서 글로벌 가치체인에 진입한 개도국 근로자들이 1995년 2.96억 명에서 2013년 4.53억 명으로 늘어났다. 그렇지만 개도국들은 글로벌 가치체인의 저부가가치 고리에 갇혀버릴 리스크도 있다.

글로벌 가치체인을 통해 전이되는 시장압력의 대부분은 저임금, 비정규직 증가, 계약의 불안정성 또는 실직 등의 형태로 근로자들이 흡수하게 되었다. 다국적기업들은 신축적인 생산관리와 비용절감을 위해 기간직, 임시직, 독립적 계약직, 프로젝트 기반 채용직 및 외주근로자 등을 혼용하는 방식으로 노동권이 제약된 근로자(disenfranchised work force)를 고용하여 생산하는 방식에 더욱 많이 의존하고 있다. 즉 글로벌 가치체인에 합류함으로써 일부 근로자들은 안전하고 양호한 일자리를 얻지만 다른 근로자들은 보다 불안정한 일자리로 옮겨가는 노동의 이원화(labor dualism) 현상이 나타나고 있다.

4. 디지털 기술 혁명과 일자리

신기술의 발전으로 일의 형태와 수행방식이 바뀌고 있고 일과 인적 개발의 고리에도 변화가 나타나고 있다. 또한 사람들에게 긍정적인 결과를 가져오는 데 필요한 정책과 제도에도 변화가 필요해지고 있다.

기술발전의 일에 대한 효과는 국가별로 차이가 있다. ICT, 휴대폰 및 휴대용 디바이스 확산 등 일부 기술은 광범위한 영향을 미쳤지만 아직 많은 국가들은 생산 및 고용구조의 차이, 디지털 기술의 활용 차이 등으로 이러한 기술의 영향에서 정도의 차이가 있다. 노동시장에서도 유급노동과 무급노동의 비율, 지배적인 작업장 형태에 따라 디지털 기술의 영향도 다르게 나타나고 있다.

디지털 기술이 하이테크 산업과 관련된 것이지만 농부부터 노점상에 이르기까지 다른 산업에도 영향을 미친다. 일례로 에티오피아에서 농부들이 커피가격 검색을 위해 휴대폰을 이용하고 사우디아라비아에서는 농업용수의 배분을 위해 무선 디지털 기술을 이용하고 있다. 카이로의 노점상부터 세네갈의 거리 미화원에 이르기까지 다른 많은 일에서도 혜택이 있는데, 휴대폰은 음성호출, SMS 및 모바일 어플 등을 통해 다양한 측면에서 일의 개선을 이루고 있다.

인터넷과 휴대폰에의 접근성은 사람들의 창조성과 재능을 강화시킬 수 있고, 남녀 간 및 도농 간의 접근성 차이를 해소시킬 경우 보다 많은 혜택이 실현될 수 있다. 개도국의 인터넷 접근성이 선진국 수준으로 개선될 경우 2.2조 달러의 GDP가 산출되고 1.4억 명의 일자리가 창출되며 장기생산성이 25% 향상될 것으로 추정된다.

디지털 기술은 여성의 창조성과 잠재력 발휘를 위한 일자리도 늘려줄 것으로 보인다. 2013년 기준으로 13억 명의 여성이 인터넷을 사용하고 있는데 일부는 전자상거래 기업가로 변신하고 일부는 크라우드워킹(crowdworking) 또는 전자서비스(e-service)로 취업하고 있다.

그러나 아직 잠재적인 리스크와 기회도 많다. 기술혁명으로 높은 인적자본을 보유한 사람들에 양질의 일자리 혜택이 집중되는 반면, 중간 영역의 일자리마저 줄어들 위험도 있다. 최대의 패자는 덜 전문화되고 평범한 스킬이 요구되는 일의 종사자가 될 가능성이 크다. 합리적 수준의 자질을 갖춘 인력들조차 고도의 지적능력을 요구하는 일자리에 접근하기 어려울 수도 있다. 고급인력 부족이 가중되는 일부 분야에서는 글로벌시장에서 최고수준의 인력확보 경쟁이 치열해질 것으로 보인다. 이에 따라 국내에서 인력의 양극화(polarization)가 나타나기도 하

4차 산업혁명 시대의 한국경제 발전전략

지만 글로벌시장에서는 인력의 계층화(stratification)가 나타날 수 있다. 즉 저기술인력은 국내에서, 고기술인력은 글로벌시장에서 확보하는 경향이 높아질 것으로 보인다.

〈표 2-18〉 대체가능성이 가장 높고, 가장 낮은 20개 직업

대체가능성이 가장 낮은 직업	대체가능성이 가장 높은 직업
재활 치료사	텔레마케터
기계설비 일선 감독자, 설치자 및 수선자	동산 등록권(title) 등의 검사자, 추출자 및 검색가
비상관리 부서장	하수구 관리자
정신건강 및 물질남용 치유 사회 서비스 제공자	수리적 기술자
진찰자	보험 인수자
직업적 치료사	시계 수리공
치아, 턱 교정 전문 치과의사(orthotists), 인공신체 기술자(prosthetists)	창고 및 물류 대리인
건강관리 관련 사회 서비스	세무사
구강 및 턱/안면 전문 외과의사	사진 처리
일선 소방감독관 및 예방관	신규계정 사무원
다이어트 관리사 및 영양사	도서관 사서
숙박업 관리자	데이터 입력
안무가	타이밍 디바이스 조립공
판매 엔지니어	보험금 청구
내과의사 및 외과의사	중개 사무원
지시적 조정자(instructional coordinator)	주문 사무원
심리학자	대출 심사
경찰 및 탐정의 일선 감독자	보험평가
치과의사	심판, 레퍼리, 스포츠 사무원
초등학교 교사	은행 창구 업무

자료: UNDP, *Human Development Report 2015*(2015)

따라서 지금은 과거 어느 때보다 특별한 기술과 적합한 교육이 중요한 시기이다. 이는 이런 사람들이 가치를 창출하고 포착하는 데 필요한 기술의 활용능력을 갖고 있기 때문이다. 반대로 보통의 기술과 능력을 가진 사람들은 컴퓨터, 로봇, 기타 디지털 기술들이 급속하게 대체할 수도 있을 것이다(〈표 2-18〉 참조). 기술혁신은 불평등성 증대를 수반할 수도 있다. 이는 실질임금이 평균적으로는 증가하겠지만 고기술 보유자 및 자본보유 계층의 실질소득이 크게 증가하는 반면 여타 계층의 실질소득 증가는 미미할 수 있기 때문이다.

5. 지속가능한 일

지속가능한 일은 인적개발을 증진시키고 지구 환경의 지속뿐만 아니라 미래세대의 일을 확보하기 위해서도 결정적으로 중요하다. 지속가능한 일이 보다 보편화되기 위해서는 세 가지 변화가 필요하다. 즉 1) 일부 일이 소멸되거나 감소하고(termination), 2) 일부 다른 일은 적응적 신기술을 통한 투자, 재훈련, 스킬 제고 등을 통해 유지되며(transformation), 3) 일부 일은 새롭게 창출되는(creation) 등의 변화 과정을 거쳐야 한다(〈표 2-19〉 참조).

어떤 일들은 더욱 커질(예를 들어 대중 운송시스템 투자 확대로 인한 철도 기술자) 것이다. 반면 자연자원에 의존하거나 온실가스 및 오염물질 배출부문에서는 일자리가 소멸될 것인데 세계적으로 5천만 명(광업 7백만 명)이 이에 속한다. 많은 직종에서 생산방식도 변해야 하는데,

〈표 2-19〉 지속가능한 일의 매트릭스

→ 지속가능성 증가		
미래의 기회를 제약하나 현재의 인적 잠재력을 진전 (예: 물 및 비료 집약적인 전통적 영농방식)	미래의 기회를 증가시키고 현재의 인적 잠재력을 진전 (예: 빈곤 감소 효과가 있는 태양광 에너지)	
미래의 기회를 악화시키고 현재의 기회를 파괴 (예: 심해 조업 어선에서의 강제노동; 열대우림 청소에 동원된 인신매매 노동자)	미래의 기회를 증대시키나 현재의 인적 잠재력을 제약 (예: 근로자 안전조치가 없는 재활용 작업, 보호장구 미착용 오염물질 제거)	
지속가능성 감소 ←		

자료: UNDP Human Development Report Office

선박 해체(ship breaking)처럼 강화된 표준이 적용되는 부문이 그 대상
이다.

또한 SDG 7(재생에너지 프로젝트 지원)으로 많은 국가의 재생에너지
전략상 중요도가 높은 태양광에너지 관련 일 등 새로운 일도 늘어날
것이다(2014년 기준 세계적으로 770만 명이 직간접적으로 재생에너지분야
에 종사하며 250만 명은 태양광에너지부문에 종사). SDG 8(지속가능하고
포용적인 경제성장, 완전하고 생산적인 고용 및 양질의 일)의 표적 8. 7
달성을 위해 강제노동, 현대판 노예제도, 인신매매, 아동노동 등은 소
멸되고 이에 따라 1.68억 명의 아동노동과 2천1백만 명의 강제노동
인력의 삶이 개선될 것이다.

아울러 표적 5. 2의 달성은 440만 명의 성 착취 노출여성에 도움을
줄 것이며, 표적 8. 8(노동권 보호 및 안전하고 안정된 일 확보)의 달성으
로 모든 근로자(이주 근로자, 여성 이주근로자, 불안정 고용 근로자 포함)의

인적개발 성과가 강화되면서 추락경쟁(race to the bottom)[3]을 회피할 수 있게 될 것이다. 표적 8. 9(일을 창출하고 현지 문화 및 생산품을 장려하는 지속가능 관광) 관련 일도 증가할 것이며 표적 3. a(담배산업 규제) 추진으로 1억 명 근로자의 건강과 인적개발이 향상될 것이다. 표적 9. 4의 추진에 따라 사회간접자본 구축 및 개조를 위한 일이 증가하고 높은 자원효율성과 깨끗하고 환경적으로 건전한 기술개발에 관련된 일이 계속 증가할 것이다.

한편 SDG 2(기아 소멸, 식품안전 및 영양개선, 지속가능 농림어업) 달성으로 세계적으로 10억 명의 인구(하루 1.25달러 미만의 소득인구 포함)가 생활의 질적 향상을 누리게 되고 이와 함께 영농방식 및 수확물 처리기술 발전으로 식품 낭비(현재 약 1/3이 낭비 또는 폐기, 곡물비중이 가장 큼)가 감소할 것이다. 또한 물 및 토지 이용, 산림 훼손, 생물학적 다양성 손실 등에서 개선이 이루어져 기후변화에도 진전된 상황이 가능해질 것이다.

일을 통한 인적개발을 강화하는 정책 옵션들은 1) 새로운 일자리의 창출, 2) 일과 인적개발의 긍정적 고리를 강화하는 근로자 웰빙의 확보, 3) 특정 그룹 및 특정 콘텍스트 관련 과제해결을 위한 실행조치의 표적화(targeting) 등 3개 방면에서의 효과를 고려해야 한다. 이와 함께 4) 변화의 동인 구축을 위한 새로운 사회계약(New Social Contract), 글로벌 딜(Global Deal), 양호한 일의 어젠다(Decent Work Agenda) 등 실

---

3 저임금 및 저비용을 추구하는 오프쇼어링의 개도국 간 이전 또는 개도국 간의 유치 경쟁 등으로 저기술 노동력의 저임금 및 열등한 처우가 계속 악화되는 경쟁을 의미한다.

⟨표 2-20⟩ 일을 통한 인적개발 제고를 위한 정책 옵션	
일자리 창출 전략 일이 변화하는 세계에서 새로운 일의 기회를 포착 일의 위기에 대응하는 국가고용전략 (National Employment Strategy) 수립	근로자 웰빙의 확보 전략 근로자 권리 및 혜택의 보장 사회적 보호제도 확충 불평등성 해소
실행조치의 표적화 전략 지속가능한 일로의 전진 가사와 직장 일의 균형 그룹 특유의 이니셔티브 채택	실행조치를 위한 어젠다 양호한 일 어젠다 글로벌 딜 신 사회계약

자료: UNDP Human Development Report Office

행조치의 3개 어젠다를 포괄하여야 한다(⟨표 2-20⟩ 참조).

6. 일자리 창출을 위한 국가고용전략

인적개발을 위한 일은 직업 이상의 것들에 관
련되어 있지만 인적개발 역시 인간의 선택을 확대하기 위한 것이고
가능한 기회들을 확보하기 위한 것이다. 이를 위해서는 유급 일자리가
필요하고 원하는 사람들이 적합하고 양질의 유급 일자리에 접근하여
선택할 수 있도록 해야 한다. 많은 국가들이 일과 관련한 복잡하고
새로운 과제들이 등장함에 따라 이를 해결하기 위한 국가고용전략
(National Employment Strategy)을 채택하고 있다.

2015년 기준으로 27개 국가가 국가고용전략을 이미 채택하고 있고
다른 18개국은 이들 전략의 채택을 진행하고 있으며 다른 5개국은 새

로운 고용과제에 대응하기 위해 기존의 정책을 재점검하고 있다. 이 같은 국가고용전략은 대체로 1) 고용목표(employment target) 설정, 2) 고용주도형 성장전략(employment-led growth strategy) 수립, 3) 금융 포용화로의 전환, 4) 고용지원적 거시경제정책 운영, 5) 추락경쟁의 지양, 6) 근로자에 대한 새로운 스킬 및 교육 제공 등의 정책수단을 포함하고 있다.

1) 고용목표 설정

10여 개 국가들(인도네시아,[4] 온두라스 등)에서 정부가 고용목표를 설정하고 있고 일부 중앙은행들은 인플레 억제에 주력하면서도 고용목 표 달성에 조력하는 이중목표제(dual targeting)[5]를 운영하고 있다. 칠 레, 콜롬비아, 인도, 말레이시아, 싱가포르 등에서 중앙은행들은 보다 많은 일의 기회를 창출하기 위한 정책수단으로 신용할당 메커니즘 (credit allocation mechanism)을 활용하고 있다.

---

4 현재 인도네시아는 국가중기발전계획(National Medium Term Development Planning)에서 고용목표를 6% 실업률 달성으로 규정하고 있다.

5 여기에서 이중목표제(dual targeting)는 중앙은행의 목표달성 책임을 명시하는 물 가목표제(inflation targeting)와는 구분된다. 인도네시아, 온두라스 등처럼 정부가 고용목표를 공표하는 경우에도 그 달성책임은 정부에게 있고 중앙은행에 명시적인 달성책임을 부여하는 것은 아니다. 이중목표제를 채택하는 다른 중앙은행들의 경 우 통화정책의 목표는 물가안정을 유지하는 한편, 고용 등 경제상황에도 적절히 유의해야 하는 정도의 법상 문구를 포함하고 있다. 따라서 명시적이든 묵시적이든 물가안정이 여전히 주된 목표이고 고용안정은 보조적 목표라고 이해할 수 있다. 참고로 말레이시아 중앙은행법은 통화정책의 목표를 "maintaining price stability while giving due regard to developments in the economy"로 규정하고 있다.

2) 고용주도형 성장전략

고용은 더 이상 경제성장의 단순한 부산물로 간주되지 않고 있다. 국가고용전략이 주력해야 하는 다양한 과제들로는 i) 중소기업과 대기업의 연결고리 강화에 의한 고용 확대, ii) 평생에 걸친 근로자의 스킬 향상, iii) 빈곤인구 종사 산업(예: 농업 등)에의 투자 확대, iv) 고용주도형 성장전략에의 핵심 장애물(신용 및 금융서비스 접근성에서의 중소기업에 불리한 편견 등) 제거, v) 견고한 법제 및 규제제도의 실행, vi) 일자리 창출기술의 적용부문으로 노동 및 자본분배를 지원하는 재정지출 운용 등을 들 수 있다.

3) 금융포용화로의 전환

포용적 금융제도는 구조개혁과 일자리 창출에 필수적이다. 금융혜택의 소외가 소기업, 창업기업 및 중소기업 운영의 주요한 제약이다. 이의 해결책으로 i) 주변화 계층에의 대출서비스 확대, ii) 대출서비스 결여 지역, 원격 지역 및 목표부문(여성 마이크로 기업가, 장애인 등)으로의 대출 등 신용의 신규 제공 및 확대, iii) 소기업, 창업기업 및 중소기업 대상 저리대출, iv) 중소기업 및 수출기업에 대한 신용보증 및 신용보조금(subsidized credit) 제공 등이 이용되고 있다.

4) 고용지원적 거시정책체제

불안정성을 낮추고 안정적 일자리를 창출하기 위한 정책수단들은 1) 실질환율 안정 및 가격경쟁력 유지, 2) 자본거래의 건전한 관리, 3) 고용창출부문 위주로의 정부예산 편성, 4) 공공지출을 위한 재정수지의 여유공간 확보, 5) 인적개발 강화에 좋은 기업환경 고취, 6) 양호한 사회간접자본 구축, 7) 경쟁 고취, 효율성 제고, 기업 투명성 및 책임성 확보 등이 확보되는 규제체계의 채택 등을 포함하고 있다.

5) 추락 경쟁의 지양

양호한 임금의 확보, 근로자의 안전 유지, 근로자의 권한 보호는 추락 경쟁을 피하고 공정무역과 마찬가지로 기업활동의 지속가능성을 높일 수 있다.

6) 근로자에 대한 새로운 스킬 및 교육 제공

과학기술 등과 관련된 많은 일에서 전문성이 높은 스킬이 필요하다. 이는 창조성, 문제해결 및 평생교육 등과 마찬가지다.

7. 근로자의 웰빙 확보전략

근로자의 권리와 이익 보장은 일과 인적개발의 긍정적 고리를 강화하고 부정적 고리를 약화시키는 핵심이다. 이와 관련한 정책들은 1) 법제와 규제의 정비, 2) 장애자의 일자리 보호, 3) 근로자 권리 및 안정 확보, 4) 단체행동(예: 인도의 자가고용 여성 연합 등) 및 노동조합주의 촉진(예: 미국의 프리랜서 조합과 같은 신축적 근로자의 혁신적 조직을 보장) 등을 포함한다.

세계인구의 단지 27%가 포괄적인 사회보호 프로그램 혜택을 받고 있는데 이를 확대하는 실행조치들은 1) 잘 설계되고, 목표가 명시되고, 잘 운영될 수 있는 프로그램의 추구, 2) 사회보호 프로그램과 적합한 일 전략과의 결합(빈곤인구에게 적합한 일자리를 제공), 3) 생계가 가능한 최소소득 보장, 4) 지역상황에 맞는 사회보호제도, 5) 직접적인 고용보증 프로그램(예: 인도의 농촌고용 보증제도), 6) 노령인구를 위한 보호개입 등(예: 칠레의 비기여 기초연금제도 확대 및 기여연금제도 추진 등)을 포함해야 한다.

아직 근로자들에 총소득의 보다 작은 부분이 배분되고 기회의 불평등이 상당한 수준이므로 정책 옵션들은 1) 친빈곤(pro-poor) 성장전략의 수립 및 실행, 2) 보완적 지원제도 제공(마케팅 시설, 기타 물적 인프라 제공 등), 3) 민주화 교육(고등교육부문), 4) 이익공유 및 근로자의 자사주식 소유 추진, 5) 적합한 분배정책(누진적인 소득세 및 재산세, 경제적 렌트 추구의 억제, 포용적 금융, 빈곤층 지원 재정지출 등), 6) 경기 사이클의 역진적 효과 감축을 위한 금융규제(경기순환을 경감하고 고용 효과가 큰 실물투자를 증진시키고 덜 안정적이고 고용효과가 적은 금융투자를 제한), 7) 노동이동성과 자본이동성 간의 비대칭성(asymmetry)[6] 제거 등을 포함할 필요가 있다.

8. 표적화된 실행조치

무급 보살핌과 유급 일의 균형, 일의 지속가능성 제고, 청년실업 해소, 창조적이고 자발적인 일의 장려, 난민에 대한 일자리 제공 등을 위해서는 표적화된 실행조치가 필요하다.

유급 일과 무급 일에서의 남녀 간 불균형 해소정책은 1) 여성의 임금 및 고용을 위한 정책의 확대 및 강화(시장수요에 적합한 수학, 과학 등 교육 및 훈련을 통한 스킬 강화), 2) 고위 직위에서의 여성 대표성 강화 지원(고위 여성 관리자의 롤 모델로서의 멘토링 및 코칭 지원 등), 3) 특정 개입(직장 내 추행, 채용상 차별, 금융서비스 접근성, 기술 접근성 등에서의 남녀불평등 감소에 필요한 입법조치 등), 4) 육아휴직에서의 남녀 간 동등한 참여 유도(남성의 육아휴직 신청 장려 등)를 포함한다.

또한 5) 육아센터, 방과 후 프로그램, 양로원 및 장기요양 시설을 포함한 돌봄 서비스 옵션(care option)의 확대(직장 내 육아시설, 바우처

---

6 선진국은 자본이동성을 장려하고 노동이동성은 이민정책 등으로 규제하나, 개도국에서는 자본이동성 규제가 경제의 불안정성을 완화하고 중진국이 선진국으로 진입 단계에서 좌절되는 중진국 함정(middle-income trap)을 예방할 수 있으며 노동이동성 규제는 이주의 리스크를 최소화시킬 수도 있어 노동 및 자본의 이동성에서 선진국과 개도국 간에 비대칭성이 나타나는 것을 의미한다.

4차 산업혁명 시대의 한국경제 발전전략

및 티켓 등을 통한 돌봄 서비스의 지원 등), 6) 텔리커뮤팅(telecommu-ting)7을 포함한 신축적 근무제도 장려(육아휴직 여성의 일을 최대 1년까지 유보시키는 지원 등 포함), 7) 돌봄 서비스의 가치화(valuing care work) 지원(돌봄 서비스의 사회적 가치에 대한 정책의 인지도 제고 및 보상 장려), 8) 유급 일 및 무급 일에 대한 데이터 개선 등도 남녀차별 이슈와 관련될 수 있다.

지속가능한 일을 위한 표적화된 정책 조치들은 인적개발 및 환경적 지속가능성의 진전을 위해 일의 소멸, 변환, 창출에 초점을 둔다. 이들 조치들은 1) 상이한 기술 적용 및 새로운 투자 장려, 2) 개별적 조치에 대한 동기 부여 및 불평등으로부터의 보호(사회적 가치가 높은 일에 사적 임금보다 높은 사회적 임금을 지급), 3) 상충(trade-offs) 관리(예로써 업종 폐쇄(광산 등)에 따른 실직자 보상, 엄격한 표준 시행(선박 해체 등), 세대간 불균형 해소, 변화 관리 및 용이화 조치 등)를 포함한다.

교육 및 스킬 구축을 위한 정책 옵션들은 청년실업 해소에 유용할 수 있다. 청년실업은 경제적·사회적·정치적 영향이 커서 표적화된 개입조치가 필요하다. 청년들이 새로이 등장한 일의 영역에서 창의력, 혁신 및 기업가정신을 발휘할 기회가 창출되는 것이 중요하다. 이를 위한 조치들은 1) 일의 새로운 라인 창출부문 및 업체에 대한 정책 지원, 2) 스킬 개발, 창조성, 문제해결 등을 위한 인적투자(견습 기간, 트레이드 기간, 직업훈련 및 현장훈련 중인 청년에 대한 특별 지원 등), 3) 청년기업가 지원 정책수단 제공(기업설립 및 이니셔티브, 더 좋은 금융수

---

7 Wi-Fi 설치 랩톱, 태블릿 PC, 스마트폰 등 모바일 원격통신수단을 사용하여 출퇴근 시간을 줄일 수 있는 장소(자택 또는 원격 근무지 등)에서 행해지는 일을 의미한다.

단 및 채널 등의 자문 서비스, 크라우드소싱 장려 등), 4) 인터넷을 통한 고등교육의 가용성 제고(대규모 오픈 온라인 코스를 통한 유수 학교 및 학생들의 연결 지원 등), 5) 지방청년 및 빈곤층의 취업을 위한 현금이전 프로그램(예로서 청년 구직활동, 양질의 직업훈련 및 스킬 개발 지원을 위한 보조금 지원) 등을 포함한다.

창조적인 일은 금융지원을 포함한 근로환경, 협업 및 아이디어의 상호배양(cross-fertilization) 기회 등을 필요로 한다. 창조성과 혁신의 번창에 필요한 핵심요소는 1) 포용적 혁신(저소득층, 여성 등에 창조적 기회를 확대 제공하는 새로운 상품 및 서비스의 발굴 등), 2) 민주적 창조성 확보(모든 단계에서 혁신을 장려하는 방법에 의한 작업장 및 온라인 플랫폼 조직), 3) 펀딩실험 및 리스크 완화(사회적·환경적 문제의 해결 등에서 재단이나 공공기관들이 새로운 접근법의 리스크를 수용함으로써 지원), 4) 공공재를 위한 혁신(자원봉사를 포함한 보다 큰 사회적 이익을 지향하는 혁신) 등을 포함한다.

9. 보다 폭넓은 실천 어젠다의 필요성

보다 폭넓은 실천 어젠다가 필요한데 이들은 1) 새로운 사회적 계약 개발, 2) 글로벌 딜 추구, 3) 양호한 일의 어젠다 실천 등을 포함한다. 이와 관련된 다양한 이슈들은 〈표 2-21〉과 같이 요약되어 있는데 우리나라에서도 주목할 내용들을 담고 있다. 새로운 사회적 계약은 고용형태의 다양화로 정규직 근로자 이외에도 다양한

〈표 2-21〉 보다 폭넓은 실천 어젠다

어젠다	관련 내용
새로운 사회적 계약 개발	새로운 일의 세계에서 근로자와 고용주 간의 장기적 관계 설정 및 노조 가입의 어려움에 처한 비정규 근로자 등을 포함하는 보다 광범위한 계층과의 대화 환경을 포함하는 새로운 사회적 계약의 필요성 증대.
글로벌 딜의 추구	글로벌 생산체제로 제약되는 국내정책 및 사회적 계약의 제약 극복을 위해 각국 정부, 기업, 근로자를 포괄하는 글로벌 딜의 필요성이 증대. 2013년 국내 근로자를 위한 양호한 일에 관한 국제노동기구 헌장이 좋은 예임.
양호한 일의 어젠다 실천	〈양호한 일 어젠다의 4개 부문(pillars)〉 • 고용 창출 및 기업발전: 빈곤 탈출의 주요 루트는 일자리이며 투자, 기업가 정신, 일자리 창출, 지속가능한 생계 등의 기회를 경제가 창출해야 함. • 일에서의 표준과 권리: 근로자가 권리 및 존중을 얻기 위해서는 조직 내 대화 및 의사결정 과정에 참여하여 견해를 밝힐 대표권이 필요함. • 사회적 보호: 의료보험, 실업보험 등 사회적 보호제도는 사회와 경제에 생산적으로 참여하기 위한 기초임. • 거버넌스 및 사회적 대화: 노사정 간의 사회적 대화는 중요한 경제사회 이슈의 해결, 건전한 지배구조의 장려, 건전한 노사관계 정착, 경제사회적 발전 지원에 필수적인 제도임.

자료: UNDP, *Human Development Report 2015* (2015)에서 요약 정리

형태의 비정규직 근로자가 양산된 데 주목하여 노동조합 이외에 비정규직 근로자 등의 이익대표들도 노사정협의회 등 사회적 대화에 포함시키는 것이다. 또한 글로벌 딜은 오프쇼어링 등으로 글로벌 가치체인에 편입된 기업들의 근로자가 보다 양질의 일을 할 수 있도록 관련국들이 상호협력하여 국내 근로자를 위한 양호한 일에 관한 국제노동기구 헌장(2013년)을 준수하도록 하기 위한 것이다.

제3부
정책 제언

전후 세계경제 성장의 원동력이었던 교역의 증가를 꺾지 않으면서도 소득재분배와 형평성에 대한 우려를 진정시킬 수 있는 새로운 정책 패러다임을 지향함으로써 세계경제의 성장을 다시 점화시킬 수 있다. 이를 위해서는 새로운 정책 패러다임이 보다 폭넓은 과제들을 포괄해야 하고 보다 긴 시야에서 이들 과제들의 해결책을 다루어야 한다. 즉 새로운 정책은 경제성장과 수출 증대 이외에도 생산성 향상을 통한 경쟁력 강화, 사회경제적 형평성 제고, 지속가능한 발전 및 포용적 금융 추구, 양질의 인적자본 개발 및 일자리 창출, 기업가정신에 의한 창조적 혁신, 신기술 및 지식기반 창업기업 지원 등 제4차 산업혁명 시대에서 새롭게 요구되는 폭넓은 과제들을 포괄해야 한다.

국가경쟁력 강화를 위해서는 무엇보다도 정부, 기업, 정치인의 책임성과 사명감에 대한 자각이 급선무이며 정부의 행정 집행, 기업경영, 정치인의 입법 및 행정 감시 역할 등에 대한 국민들의 감시권과 참여권이 확보될 수 있도록 법제도가 획기적으로 강화되어야 한다.

이제부터라도 지속가능 발전을 위해서 정부정책 추진에서의 사회적 포용성 및 지속가능성을 구현할 수 있도록 취약계층 등 이해관계자의 참여가 확보되어야 한다. 따라서 2030년까지 17개 지속가능 발전 목표들이 상호 연계되어 종합적 접근으로 추진될 수 있도록 민관 혼합형의 컨트롤 타워를 구축할 것을 제안한다.

또한 포용성 제고를 위해 이명박 정부시절에 미소금융 등 제도금융권 내에서의 빈곤층 대상 소액금융제도를 시도하였으나 가시적인 빈곤감소 효과를 거두기에는 크게 미흡하였다. 이제부터라도 국제사회의 다양한 금융포용화 노력 및 성과에 벤치마킹하여 금융포용화를 획기적으로 진전시키고, 금융포용화정책의 지속성과 일관성을 확보하도록 노력해야 한다. 따라서 우리나라도 장기적·포괄적 비전을 갖고 금융포용화를 주도할 기관으로서 한국은행을 지정하도록 법제화할 필요가 있다.

제7장

새로운 정책 패러다임

1. 새로운 패러다임

우리나라는 과거 1960년대에서 1980년대까지 경제규모나 고성장에 정책목표를 직접 겨누는 방식의 경제정책 패러다임으로 큰 성공을 거둘 수 있었다. 그러나 1990년대 이후 제3차 산업혁명이 확산되는 가운데 1997~1998년 아시아 금융위기를 거치면서 광범위한 구조조정 노력이 있었지만 수출 드라이브를 통한 고성장에 초점을 맞춘 낡은 패러다임은 현재까지 유지되고 있다.

현재 선진국경제는 장기 정체(secular stagnation)[1]의 늪에 빠져 있다. 선진국경제에서의 불평등 증대 및 정체된 생활수준에 대한 불안심리가 2016년 선진국이 선택한 정치적 격동의 배경이었다. 글로벌화와 교역이 이의 원인으로 비판되면서 포퓰리즘의 대두, 내부지향적 정책 등이 세계경제질서를 위험하게 할 수도 있는 새로운 상황이 전개되고 있다. 그러나 선진국에서의 인구 및 생산성의 증가율 둔화가 보다 근본 원인이라는 주장도 설득력이 있다. 한편 세계인구의 2/3를 차지하는 신흥시장국 및 개도국의 좀 더 젊은 인구 구성, 양호한 생산성 등이 자국과 세계경제의 성장을 이끌어 갈 가능성도 있다. 어쨌든 현재 세계경제의 불확실성은 크게 높아진 것이 사실이다.

그러나 전후 세계경제 성장의 원동력이었던 교역의 증가를 꺾지 않으면서도 소득재분배와 형평성에 대한 우려를 진정시킬 수 있는 새로운 정책 패러다임을 지향함으로써 세계경제의 성장을 다시 점화시킬 수 있다. 이를 위해서는 새로운 정책 패러다임이 보다 폭넓은 과제들을 포괄해야 하고 보다 긴 시야에서 이들 과제들의 해결책을 다루어야 한다. 즉 새로운 정책은 경제성장과 수출 증대 이외에도 생산성 향상을 통한 경쟁력 강화, 사회경제적 형평성 제고, 지속가능한 발전 및 포용적 금융 추구, 양질의 인적자본 개발 및 일자리 창출, 기업가정신에 의한 창조적 혁신, 신기술 및 지식기반 창업기업 지원 등 제4차 산업혁명 시대에서 새롭게 요구되는 폭넓은 과제들을 포괄해야 한다.

이제 제4차 산업혁명의 물결과 글로벌 금융위기 이후 제5순환기의 전환점에 놓여 있는 우리나라는 국가경쟁력 강화, 지속가능 발전,

---

1 장기 정체는 글로벌 금융위기 이후 지속되고 있는 세계경제의 감속성장 현상을 의미하는 일종의 키워드이다.

사회경제적 포용성 제고, 인간의 웰빙 및 양질의 일자리 창출에 정책역량을 집중하는 새로운 패러다임으로 전환해야 할 시점에 있는 것이다. 이 같은 패러다임은 사실 우리사회가 지향하는 헌법적 가치와도 일치하는 것이다. 포용성과 지속가능성을 추구하는 이들 패러다임은 새로운 것이라기보다는 오히려 우리사회가 성장지상주의 및 수출드라이브 정책에 매몰되어 오랫동안 잊고 있었던 대한민국 헌법의 지향가치를 되살리는 것이라고 할 수 있다. 이제 대한민국 헌법의 전문을 다음과 같이 인용해 본다.

> "유구한 역사와 전통에 빛나는 우리 대한국민은 3.1운동으로 건립된 대한민국 임시정부의 법통과 불의에 항거한 4.19 민주이념을 계승하고, 조국의 민주개혁과 평화적 통일의 사명에 입각하여 정의·인도와 동포애로써 민족의 단결을 공고히 하고, 모든 사회적 폐습과 불의를 타파하며, 자율과 조화를 바탕으로 자유민주적 기본질서를 더욱 확고히 하여 **정치·경제·사회·문화의 모든 영역에 있어서 각인의 기회를 균등히 하고, 능력을 최고도로 발휘하게 하며, 자유와 진리에 따르는 책임과 의무를 완수하게 하여, 안으로는 국민생활의 균등한 향상을 기하고** 밖으로는 항구적인 세계평화와 인류공영에 이바지함으로써 **우리들과 우리들의 자손의 안전과 자유와 행복을 영원히 확보할 것을 다짐하면서** 1948년 7월 12일에 제정되고 8차에 걸쳐 개정된 헌법을 이제 국회의 의결을 거쳐 국민투표에 의하여 개정한다."
>
> _대한민국 헌법 전문

2. 국가경쟁력 강화

우리사회의 많은 경쟁력 약화요인은 정부, 정치인, 기업 등의 부패 및 비윤리성과 관련되어 있다.

▶ 정부의 경우 1) 공공자금의 전용, 2) 비공식 지불부담 및 뇌물, 3) 정부지출의 낭비성, 4) 정부관료 행정의사결정시의 특혜성, 5) 정책의 불안정성, 6) 비효율적인 관료주의, 7) 정부정책 입안의 투명성 부족, 8) 정부규제의 높은 부담 등이 심각한 것으로 평가되었다.

▶ 기업의 경우 1) 건전한 기업지배구조 및 공정경쟁 미흡, 2) 감사 및 회계보고 기준의 이행 미흡, 4) 기업 이사회의 효능 저조, 5) 기업행태의 비윤리성, 6) 소액주주 이익 침해, 7) 뇌물 제공 등이 심각한 문제점으로 평가되었다.

▶ 정치인의 경우에도 1) 정치인에 대한 낮은 국민 신뢰, 2) 분쟁 해결 관련 법제도의 효율성 미약 등이 경쟁력 약화요인으로 지적된 바 있다.

이 밖에도 1) 조직범죄, 2) 범죄 및 폭력 관련 기업 피해비용 부담 등이 경쟁력 약화요인으로 지적되어 우리사회 전반에 걸친 부정부패 요인들이 심각한 것으로 평가되고 있다.

이렇게 볼 때 정의로운 사회의 가치구현을 위해서는 무엇보다도 정부, 기업, 정치인의 책임성과 사명감에 대한 자각이 급선무이며 정부의 행정 집행, 기업경영, 정치인의 입법 및 행정 감시 역할 등에 대한 국민들의 감시권과 참여권이 확보될 수 있도록 법제도가 획기적으로 강화되어야 한다.

국가경쟁력 강화 위원회의 활성화: 기능 재정립

우리나라는 과거 이명박 정부 시절에 대통령 직속의 국가경쟁력 강화 위원회가 활동한 적이 있었지만 큰 업적 없이 활동이 약화되다가 박근혜 정부 들어 그 활동은 완전히 중단되었다.

WEF의 글로벌경쟁력 보고서에서 글로벌경쟁력은 정부, 기업, 금융 및 일반 국민을 포함한 12개 부문 114개 경쟁력 지표의 총체적 결과이다. 따라서 국가경쟁력 강화 위원회는 이들 12개 부문에 걸친 주요 정책의 점검 및 피드백(정책 수정 권고와 그 집행 및 사후 결과 모니터링, 외국 사례 벤치마킹을 위한 조사연구 활동 총괄 등)을 핵심임무로 해야 한다. WEF의 글로벌경쟁력 보고서는 도미니카 공화국과 콜롬비아의 경쟁력 강화를 위한 공식조직의 운영사례를 소개하고 있는데 우리나라에도 좋은 참고가 될 수 있다(〈Box 3-1〉 참조).

〈Box 3-1〉 경쟁력 강화를 위한 공식 조직 운영사례

▶ 도미니카 공화국

2015년 국가의 생산성 및 경쟁력을 위한 이니셔티브(the Initiative for National Productivity and Competitiveness: IPCN 스페인어 표기)가 대통령령으로 설치되어 35명의 산업계 리더와 5개 부처 장관으로 구성하고 9개의 산하 워킹그룹, 국민과 IPCN의 소통채널인 온라인 플랫폼(Ventanilla de Consultas), 민관 파트너십 증진단을 실행조직으로 두었음. 워킹그룹은 경쟁력이 낮은 부문 위주로 실행계획 수립과 제안을 담당하며, 국민들은 온라인 플랫폼을 통해 자유롭게 경쟁력 강화를 위한 제안을 할 수 있음. 민관파트너십 증진단은 국가발전에 중요한 민관투자 프로젝트를 식별, 평가하고 있음.

▶ 콜롬비아

2006년에 국가경쟁력체제(SNC: National System of Competitiveness)가 설치되어 생산성과 경제발전 이슈에 관한 정부와 민간부문(학계, 시민사회 포함)의 활동 조정 역할을 하며 지역 경쟁력 위원회(RCCs: Regional Commissions for Competitiveness)도 병행 설치하여 정책의 집행을 조정하고 있음. 또한 민간 경쟁력 협의회(Private Competitiveness Council)가 기업 및 대학의 그룹 형태로 출범하여 민간부문 의사를 대변토록 하고 있음. 이 체제는 경쟁력 및 혁신 담당 대통령 고문이 조정업무를 맡고 3명의 각료와 2명의 민간대표로 구성된 집행위원회(Executive Committee)가 이끌고 있음.

경쟁력 어젠다의 진전 능력 제고를 위해 최근 과학 기술 및 혁신 시스템(Science, Technology, and Innovation System)과 병합되었고, 프로젝트 관리모델이 시행되고 있으며, 거버넌스 강화를 위해 집행위원회가 전원 내각회의에 보고하도록 하였음. 현재까지 성공적으로 운영되어 생산적 발전에 관한 정책보고서를 생산하여 11 포인트의 경쟁력 어젠다를 실행하고 있음.

자료: WEF, *Global Competitiveness Report 2016-2017*(Switzerland, 2016)

이 위원회는 대통령 및 국무총리의 통할하에서 주요 정부부처와도 제휴 협력하는 파트너십을 유지하도록 별도의 법정기구화를 통해 지속가능성을 담보하여야 한다. 또한 12개 부문 중 경쟁력이 취약한 부문별 워킹그룹을 조직하여 획기적인 경쟁력 강화를 위해 유관 부처 및 민간단체들과의 협업을 추진하여야 한다. 이런 기본방향하에서 국가경쟁력 강화 위원회 관련 이슈별로 구체적인 정책권고 사항을 살펴보도록 한다.

i) 정부행정의 투명성과 효율성 제고

우리나라는 1990년대 이후 정치민주화의 진전에도 불구하고 경제민주화는 진전되지 않아 정책의 라이프 사이클(정책이슈의 인지, 사전 연구 및 검토, 입안, 공개토론 및 의사결정, 시행, 사후평가 등)에서 이해관계자 집단의 실질적 참여가 어려웠고 정책쟁점의 공개토론이나 정책의사 결정과정의 투명한 공개 관행도 아직 정립되지 않고 있다.

제4차 산업혁명 시대에서는 정부도 신기술 기반 플랫폼을 적극 활용하여 일반국민의 참여와 의견개진을 장려하고 민관협력 및 파트너십을 도모하는 등 투명성과 효율성이 높은 행정혁신을 이루어야 한다.

ii) 네거티브 리스트 방식의 획기적인 규제개혁

현재 우리나라는 외국인 직접투자 유치를 위해 경제자유구역이나 국제금융센터 등 비즈니스 허브 조성을 추진하고 있으나 글로벌 기준에서 보면 1) 불필요한 규제, 2) 과도한 규제, 3) 행정편의적 규제 등 비즈니스 장애요인들이 많이 남아 있다.

따라서 1) 외국인 투자자를 포함한 민간부문 이해관계자의 참여 하에 2) 외국인 투자기업의 영업환경과 관련된 규제의 존폐 및 완화 여부를 원점에서 재검토하고, 3) 잔존 규제들도 행정편의를 지양하고 규제대상자 편의 위주로 전환시켜 원칙적으로 네거티브 리스트체제(Negative List System)로 과감하게 이행해야 한다. 아울러 급변을 거듭하는 새로운 글로벌경제 환경하에서 민간부문이 보다 기민하게 대응할 수 있도록 법체계도 열거주의에서 포괄주의로 최대한 전환시킬 필요가 있다.

또한 제4차 산업혁명 시대에서 정부가 집중해야 할 규제대상과 방법을 명확히 정할 필요가 있는데, 저자는 정부가 기업 및 시민사회와의 협업을 통해 다음과 같은 규제최소화 원칙에 따라 기존의 규제체계를 재설계할 것을 제안한다.

▸ 자유경쟁시장에서의 네거티브 외부성(negative externality) 완화, 불완전 경쟁 방지, 정보의 비대칭성 완화 등 시장의 실패를 방지하기 위한 규제

▸ 인적자본 및 사회적 자본의 형성을 제약하는 소득 및 자산분배의 불평등, 기회의 불평등을 예방 또는 사후보완하기 위한 규제

▸ 지속가능 발전 목표 달성을 저해하는 기업생산 및 소비행태의 완화, 첨단 신기술의 비윤리적 이용 방지 등을 위한 규제

▸ 창조적 아이디어 및 기술혁신의 출현을 좌절시키는 지적재산권 침해행위 및 독점적 시장구조 강화 행위 등을 방지하기 위한 규제 등

iii) 공공 및 금융부문의 건전한 지배구조 확립

공공부문과 금융부문 경쟁력의 핵심요소는 건전한 지배구조, 효율적인 리스크 관리(금융부문), 공정하고 투명한 양질의 서비스(공공부문, 금융부문) 등이다.

우리나라의 경우 공직자 윤리법, 공공기관 운영에 관한 법률, 부정청탁 및 금품 등의 수수금지법(일명 김영란법) 등의 제정으로 공공기관 및 정책 금융기관의 대표, 감사, 사외이사 등 고위 핵심직책의 공개경쟁 모집이 의무화되었음에도 퇴직관료 및 정치인들이 대거 선임됨으로써 전문성, 독립성, 인재유치 능력 등의 약화 등 심각한 경쟁력 약화요인이 되고 있다. 이를 방지하기 위해서는 관련 법률의 준수가 담보될 수 있도록 퇴임공직자의 재취업제한 관련 핵심조항들을 재검토하여야 한다.

이와 관련하여 공공기관 및 정책금융기관의 고위직 공모과정의 투

명성을 제고하고 공직자 재취업 심사위원회가 본래의 기능(경영 합리화 및 운영의 투명성 제고를 통해 대국민 서비스 증진에 기여: 공공기관의 운영에 관한 법률 제1조)을 행사하는 데 걸림돌이 되고 있는 이익상충(즉, 공직자의 이익을 공직자 자신들이 주도하여 결정하는 모순) 문제의 해소 이외에도 전문성, 독립성 및 인재유치능력 강화 등을 위해 다음 사항을 제안한다.

▶▶ 공공기관운영위원회의 민간위원의 국민대표성 강화(국회의장이 교섭단체 대표위원들과 협의하여 추천) 및 공공기관 임원을 상대로 한 국민소송제도 도입

▶▶ 퇴직공직자의 재취업제한 및 심사 강화
(피 감독기관의 장, 감사, 사외이사 등 핵심 고위직책으로의 재취업 심사 시에는 공직자윤리위원회 구성에서 공무원 참여를 배제하고 민간위원만으로 심사)

▶▶ 공공기관 및 금융기관 임원추천위원회의 투명성 제고
(비상임이사 비율을 2/3, 주주총회 등의 선임에 의한 외부위원 비율을 1/3로 운영: CEO의 지휘 감독을 받는 상임이사는 제외)

이와 함께 금융부문이 보다 건전하고 혁신적인 경제활동을 지원할 수 있기 위해서는 금융기관 이사회의 개혁이 시급하다. 글로벌 금융위기 이후 영국 정부가 채택한 워커 검토보고서(Walker Review)의 금융기관 이사회 개혁방안 중 우리나라에서도 실행가능한 조치들을 적극 도입할 필요가 있다(〈Box 3-2〉 참조).

워커 검토보고서(Walker Review)는 은행과 대형 금융기관의 지배구조 개선을 위한
정책제안으로서 다음 12개 사항을 건의한 바 있다.

1) 비상임이사가 이사회 격의 리스크위원회를 주재
2) 리스크위원회가 거액거래를 감시 또는 봉쇄할 수 있는 권한 보유
3) 조직 전반의 임금구조를 감시하도록 보상위원회에 충분한 권한 부여
4) 고액연봉 임원의 보너스 지급 기준에 충분히 긴 업적평가 기간을 설정
5) 고액연봉 임원의 연봉수준에 대한 공시 강화
6) 보상위원회의 보고서가 75% 미만의 승인율을 보일 경우 위원회 의장을 재선임
7) 비상임이사의 직무수행 시간을 50% 확대
8) 비상임이사의 선임에 대한 영란은행 산하 금융감독청의 승인 시 보다 철저한
   검증 요구
9) 이사회 의장의 매년 재선임
10) 재무보고위원회가 기관주주법(Institutional Shareholder Code)의 준수를 지원
11) 영란은행 산하 금융감독청이 펀드매니저들의 법규 준수 및 공시의무 이행을 감시
12) 기관주주들은 집단적 행위에 대한 MOU에 합의 등

3. 지속가능 발전

지속가능 발전 국민평의회(NCSD)의 재정비 및 활성화
  우리나라의 경우 2005년 대통령 직속 지속가능 발전위원회가 설립
된 이후 국제회의 개최 등 국제협력을 위한 간헐적 시도는 있었으나
국내에서 지속가능 발전에 관한 국민적 공감대 형성을 위한 정책 노력

은 미흡하였다. 현재 환경부 및 지자체 단위에서 지속가능 발전 협의회 등이 운영되고 있으나 중앙정부 및 지자체의 정책 라이프사이클에 걸친 이해관계자(특히 취약계층)의 참여권 및 의사결정권 보장 등은 크게 미흡한 실정이다.

이제부터라도 정부정책 추진에서의 사회적 포용성 및 지속가능성을 구현할 수 있도록 취약계층 등 이해관계자의 참여가 확보되어야 한다. 따라서 2030년까지 17개 지속가능 발전 목표들이 상호 연결성(nexus)하에서 종합적 접근법(a holistic approach)에 의해 추진될 수 있도록 민관 혼합형의 컨트롤 타워를 구축할 것을 제안한다.

향후 NCSD는 우리나라가 지속가능 발전 목표를 달성하는 데 있어 원스톱 센터(One-Stop Centre)로서 관련 정부부처의 정책 추진의 기준점(Point of Reference) 역할을 수행해야 한다. NCSD의 주요 활동영역은 17개 목표를 포괄하는 것이지만 특히 다음과 같은 이슈들에 집중할 필요가 있다.

- ▸▸ 지속가능 발전 목표 달성을 위한 정부정책의 라이프 사이클에서 NCSD는 이해관계자들의 참여권과 의사결정권이 적절히 보장되는지를 감시 평가
- ▸▸ 소비행위와 생산자의 생산 및 조직방법(개별적 생산과정뿐만 아니라 생산 시스템, 글로벌 유통망, 가치체인 등을 포괄)에서 지속가능 발전 목표 달성에 필요한 변화를 추구하도록 NCSD는 기업단체, 소비자단체, 환경단체, 공개기업 주주 및 언론기관들과 파트너십을 구축
- ▸▸ NCSD는 환경적 지속가능성에 따라 수요 및 공급 측면의 구체적 정책수단들(〈표 2-8〉 참조)이 유관 정부부처에 의해 실

효성 있게 집행되도록 감시 평가하는 피드백 기능을 수행
- ▸▸ NCSD는 녹색 기술 등 5대 혁신기술로 지원되는 지속가능한 산업화, 생산품 및 생산방식의 혁신과 이를 지향하는 민간투자의 강화를 위한 게임규칙을 마련
- ▸▸ 또한 NCSD는 지속가능 발전 목표 달성을 위한 민관 공동투자의 확대에서 주도적 역할을 수행하고, 민관 파트너십 및 모험자본 투자 등에 대한 다양한 형태의 혁신적 금융수단을 통한 투자자금 공급을 지원하는 역할도 수행

이와 관련하여 지속가능 발전 관련 프로젝트에의 민간부문 투자자(부채 스왑, 크라우드펀딩, 도전 및 혁신 펀드, 사회성과 연계채권 등의 투자자, 민관 파트너십 참여기업 등)에 대해 투자세액 공제(일부) 또는 투자수익에 대한 비과세 등의 유인제공 방안을 검토

4. 포용성 제고

금융포용화 추진을 위한 법제 정비

금융포용화의 추구는 포용적 성장전략의 핵심부분이다. 금융포용화는 저소득계층을 포함한 모든 국민들이 제도금융권의 서비스를 이용하고, 금융소득을 창출하며, 금융자산을 축적할 수 있도록 한다. 이러한 금융포용화는 다시 포용적이며 지속가능한 경제성장과 발전에 기여한다.

우리나라도 이명박 정부시절에 미소금융 등 제도금융권 내에서의 빈곤층 대상 소액금융제도를 시도하였으나 가시적인 빈곤감소 효과를 거두기에는 크게 미흡하였다. 이제부터라도 국제사회의 다양한 금융포용화 노력 및 성과에 벤치마킹하여 금융포용화를 획기적으로 진전시키고, 금융포용화정책의 지속성과 일관성을 확보하도록 노력해야 한다. 따라서 우리나라도 장기적·포괄적 비전을 갖고 금융포용화를 주도할 기관으로서 한국은행을 지정하도록 법제화할 필요가 있다.

저자는 앞에서 말레이시아 중앙은행의 성공적인 금융포용화 사례를 소개한 바 있는데 이는 대부분 한국은행이 실행할 수 있는 사항들이며 금융교육 등 일부는 이미 한국은행이 주도적으로 시행하고 있다. 그러나 소기업 및 창업벤처기업 등 표적그룹에의 저렴하고 신축적인 신용공급 확대 등 보다 적극적인 금융포용화정책을 추진함으로써 가시적인 빈곤감소 효과를 거두기 위해서는 한국은행법 개정을 통해 추진주체를 명시하여 금융포용화정책의 합법적 근거를 마련할 필요가 있다.

주지하다시피 우리나라의 제도금융권은 그간 소기업 및 중소기업 등에 대한 무담보 신용대출에는 소극적이었다. 그러나 이들 기업들은 급변하는 글로벌경제 환경하에서 일자리 창출과 혁신을 이끄는 핵심주체이며, 특히 혁신기술 및 지식에 기반한 소기업 및 중소기업들의 보유 지식 및 기술은 그 자체가 무형의 담보이다.

이제부터라도 법적 근거를 명확히 하여 한국은행이 지속가능한 금융포용화정책을 주도할 수 있도록 해야 한다. 또한 금융소외계층도 새로이 형성되는 신용이력을 통해 건전한 금융 이용 문화를 정착시키고 이를 바탕으로 저렴한 비용의 금융서비스를 보다 많이 이용할 수 있게 해야 한다. 이처럼 금융포용화를 꾸준히 진전시킴으로써 불평등성 해소는 물론 청년 일자리 창출, 혁신 및 기술개발, 창업기업의 성장 등 선순환 효과를 거둘 수 있을 것이다. 이런 취지에서 저자는 다음 사항을 제안한다.

i) 금융소외계층 특유의 금융서비스 수요를 충족시키는 금융상품과 서비스의 범위를 확대:

▸ 불규칙하고 계절적인 소득흐름을 갖는 소기업의 금융수요 충족을 위해 필요한 시기에서의 신속한 신용인출과 호전된 시기에서의 신용상환이 가능하도록 보다 신축성이 높은 소액 금융상품을 개발

▸ 저소득가계의 저축습관을 배양하고 장기목표(기업 창업, 주택 소유, 교육, 안정된 노후)를 성취시키기 위해 신축적 주기의 불입과 양호한 수익률을 갖는 소액 장기저축상품을 개발

▸ 비용효율성과 접근성이 높은 방법으로 예기치 못한 불행에 대비할 수 있는 소액 보험상품을 개발

ii) 금융소외층을 포함한 모든 국민에게 금융서비스를 제공하고 효과적이고 지속가능한 방법으로 금융기관의 역량을 구축하는 금융제도를 강화:

▸ 다양한 금융포용화 성과지표의 활용과 포용적인 금융혁신 상품의 개발능력 강화를 지원

▸ 금융포용화 관련 전문성이 높은 인사의 이사회 참여 등을 통해 금융기관의 금융포용화 역량을 강화

▸▸ 금융기관, 협동조합, 마이크로 금융회사, 비정부단체(NGO) 직원들을 위한 금융포용화 관련 훈련을 강화하여 각 영역에서의 경험 공유를 지원

▸▸ 편의성, 수용성, 책임성 및 소비자 만족을 성취시키는 금융포용화의 실천성과에 대한 모니터링체계를 구축

iii) 금융서비스를 보다 책임성 있게 이용할 수 있도록 금융소외계층의 지식과 역량을 제고:

▸▸ 주변화 계층(중소기업, 자영업자, 저소득계층 등)에의 인터넷 전문은행 등 제도금융권의 맞춤형 인터넷 금융서비스 확대를 유도하고 저비용 인터넷 및 모바일 금융서비스 이용이 가능하도록 인터넷 금융 이용 능력을 배양하고 신용관리 교육 서비스를 제공

iv) 금융포용화를 위한 하부구조의 구축:

▸▸ 금융포용화를 위한 하부구조 구축으로 금융산업의 획기적 발전을 실현할 수 있도록 현대적인 중앙집중식 담보등기제도(CR)의 신설과 한국신용정보원의 신용정보 커버율 제고를 실현

▸▸ 수출기업, 중소기업 및 창업기업 등에의 동산 및 외상매출권 담보 대출이 용이해지고 담보등기제도에 등록된 다양한 담보물 및 담보등가물 등에 기초한 신용창출이 활성화되도록 관련 법제를 정비 개편

v) 제도금융권의 금융포용화 역할 강화:

  ▸ 양질의 지속가능한 일자리 창출을 위한 촉매수단으로 한국은
    행의 창업기업 대상 신용할당 메커니즘(금융중개지원 대출 등)
    을 대폭 확대하고 저비용 인터넷대출 등과의 연계성을 강화
  ▸ 표적부문(창업 소기업, 빈곤층 청년에의 학자금 등)에 대한 제도
    금융권 신용대출의 신규 제공 및 확대
  ▸ 창업 소기업 및 중소기업에 대한 포용적 금융서비스 제공에
    특화된 제도금융권의 인터넷금융 및 모바일 금융서비스 기반
    을 확대하는 한편 신축적 상환만기 적용이 가능한 저리의 신
    용대출 확대 및 신용보증 제공 확대

포용적 발전을 위한 국가전략

우리나라는 소득분배의 포용성보다는 비재정부문에서의 포용성이
여타 선진국들에 비해 크게 낮고 재정적 이전(조세 법규, 사회적 보호제
도)에 의한 포용성의 제고성과도 미약한 점에 유의해야 한다. 아울러
우리나라는 정부 재정수지에 상대적으로 여유가 있으므로 이런 정책의
여유를 생산적으로 활용하는 데 초점을 맞춰야 한다.

  이와 관련하여 우선 다음과 같은 정책목적을 직간접적으로 지원하
는 재정이전 및 투자지출을 적극 확대할 것을 제안한다.

  ▸ 재정적 이전지출을 통한 고용창출 효과 극대화
    (혁신기술 및 지식 집약형 창업기업 등에서 기업이 부담하는 사회
    보험료를 한시적으로 정부재정에서 지원)

▸ 지속가능 산업에 유용한 핵심 과학기술분야(⟨표 2-10⟩ 참조)에
　서의 인재 양성
　(이공계 및 자연계 대학 및 대학원의 저소득층 학생에 대한 장학금
　지급 확대)
▸ 지속가능 산업에 유용한 핵심 과학기술분야(⟨표 2-10⟩ 참조)에
　서의 R&D 투자 일부에 대한 한시적인 투자 보조금 지원

　특히 우리나라의 부문별 포용성 평가결과(⟨표 3-1⟩ 참조)를 보면,
광범위한 비재정부문에서 사회적 포용성을 제고해야 하므로 이를 위한
국가전략을 수립 시행할 필요가 있다. 이러한 국가전략은 다음과 같은
이슈들을 필수적으로 다루어야 한다.

▸ 고등교육 수료 인적자본의 고용에서의 장애요인 제거
▸ 남녀 간의 임금 갭 해소
▸ 경제적 렌트 추구 억제를 통한 경제민주화 진전
▸ 취약계층의 주거지원 확대로 주택소유의 포용성 강화
▸ 표적화 계층에 대한 건강보험, 고용보험, 국민연금 등 사회적
　보호제도의 강화: 신기술 및 지식기반 창업기업, 인력난 중소
　기업 등

⟨표 3-1⟩ 우리나라의 포용성 취약부문

하부부문	평가결과
자산 형성과 기업가정신, 고용 및 노동보상 등	하위
교육 및 직무능력 개발, 기초적 서비스와 사회간접자본, 부패 및 경제적 렌트 등	중하위

경제성장 및 수출 증대가 여전히 중요한 경제적 성과임에는 틀림이 없으나 이들만으로 사회경제적 포용성과 지속가능성을 확보하기는 어려우며 "고용 없는 성장" 등으로 경제성장과 고용 간의 연계성도 미약해지고 있다.

특히 제4차 산업혁명과 제5 순환기의 황금 시대에 있어서는 소모성 자원이 아닌 창조적 인적자본으로서 고용이 가장 중요한 역할을 담당할 것으로 전망된다. 따라서 이제부터는 국가경쟁력과 함께 양질의 지속가능한 일자리 창출을 통한 고용극대화가 가장 중요한 국가전략 목표가 되어야 한다.

청년 일자리 창출은 우리나라 경제가 당면하고 있는 가장 심각한 경제적·사회적 이슈이다. 공식적인 청년실업률(8.2~12.5%) 및 청년실업자(35~56만 명) 외에도 체감실업률 24.0%, 구직단념자가 약 50만 명, 취업준비생 및 공무원시험준비생이 63만 명, 비정규직 취업자 비율이 32%에 달하는 등 전체적 상황은 매우 심각하다. 양질의 지속가능한 청년 일자리 창출을 위해 정부는 다양한 일자리 창출 조치들을 동원하여 왔다. 하지만 대부분이 부분적·단기적 처방에 그쳐 청년들에게 양질의 지속가능한 일자리를 제공하지 못하고 있다. 지속가능한 양질의 일자리 창출에 초점을 맞추어 중장기적·포괄적 접근법에 의한 정책처방을 위해 1) 고용목표를 포함하는 국가고용전략의 수립 운용, 2) 지속가능 발전 목표(SDG) 달성을 지원하는 5대 분야 94개 첨단기술 적용이 가능한 산업부문에서의 고용창출 방안 수립을 제안한다.

제8장

고용주도형 발전전략

1. 국가고용전략 수립 운용

경제성장 및 수출 증대가 여전히 중요한 경제적 성과임에는 틀림이 없으나 이들만으로 사회경제적 포용성과 지속가능성을 확보하기는 어려우며 "고용 없는 성장(Jobless Growth)" 등으로 경제성장과 고용 간의 연계성도 미약해지고 있다. 또한 인간의 웰빙과 인적개발에 있어서도 양질의 지속가능한 일자리는 매우 중요한 핵심요소이다. 아울러 지속가능한 경제성장과 수출 증대를 실현시키는 원동력인 글로벌경쟁력 강화에 있어서도 많은 부문들(고등교육 및 직업훈련, 노동시장 효율성, 금융시장 성숙도, 기술적 준비도, 혁신 및 기업 세련화 등)이 고용과 직간접적으로 연결되어 있다. 특히 제4차 산업혁명과 제5

순환기의 황금 시대에 있어서는 소모성 자원이 아닌 창조적 인적자본으로서 고용이 가장 중요한 역할을 담당할 것으로 전망된다.

따라서 이제부터는 양질의 지속가능한 일자리 창출을 통한 고용극대화가 국가경쟁력과 함께 가장 중요한 국가전략 목표가 되어야 한다. 따라서 양질의 인적자본 형성과 생산적 고용창출을 달성할 수 있는 국가고용전략을 수립하여 구체적인 정책수단을 도출해야 한다.

i) 고용목표 설정

▸▸ 고용목표 설정
(고용 창출 및 고용구조 개선과 관련한 중장기 목표 설정)

ii) 고용주도형 성장전략 채택

▸▸ 중소기업과 대기업의 상생적 연결고리 강화에 의한 고용 확대
(중소기업과 대기업의 장기적 상생관계를 위한 제휴 및 파트너십 지원, 양질의 정규직 고용확대 유도: 양질의 정규직 고용확대 성과가 우수한 기업에 대한 법인세 및 사업소득세 경감 등)
▸▸ 근로자의 직무 관련 평생교육 강화
(청년층 고용에 중립적 효과를 갖는 일자리에서의 정년 연장, 임금피크제 확산 및 정년퇴직자 재고용 지원)
▸▸ 서민층인구 종사부문에 대한 공공투자 확대
(전통시장 및 야시장 등에 인접한 주차빌딩 건설 및 마케팅 서비스 제공, 저임 중소기업의 생산성 제고 지원: 생산성 제고성과가 높은 설비투자 및 근로자 교육훈련에 대한 투자세액 공제 등)
▸▸ 고용주도형 성장전략에의 핵심 장애물 제거

(신용 및 금융서비스 접근성, 가치체인 형성 등에서의 중소기업에 불리한 관행 등을 제거)
- ▸▸ 일자리 창출효과가 큰 신기술 적용부문의 고용 및 투자지원을 위한 재정지출 확대

  (지속가능 발전과 관련된 5대 분야 94개 신기술분야에서의 전공자 확대 및 빈곤층 학업 우수자에 대한 학자금 지원, 신기술 연구소의 연구 인력 확대, 혁신기술 및 지식 집약형 창업기업에의 고용보조금 등을 한시적으로 지원)

iii) 고용지원적 거시정책체제 운용

- ▸▸ 실질환율 안정 및 가격경쟁력 유지
- ▸▸ 자본거래의 건전한 관리

  (단기 투기자본 규제 등 거시건전성 감독 강화)
- ▸▸ 고용창출부문 위주로의 정부예산 우선배분

  (창업기업, 인력난 중소기업 등에서 비정규직 근로자의 사회보험 가입 지원)
- ▸▸ 인적자본 개발 및 강화에 좋은 기업의 조직문화 창출을 지원

  (혁신 프로젝트 부여 및 관련 연수기회 보장 등 장려 및 지원)
- ▸▸ 경쟁 고취, 효율성 제고, 기업 투명성 및 책임성 강화 등이 확보되도록 규제체계를 혁신

  (시장지배적 사업자의 우월적 지위남용행위, 담합 등 경쟁제한행위, 부당일감 몰아주기, 하도급 수급사업자 및 가맹점사업자 등에 대한 불공정 행위 등의 규제 및 벌칙 강화)

iv) 근로자에 대한 새로운 스킬 및 교육 제공

▶▶ 지속가능 발전 관련 과학기술분야의 전문인력 강화
(전문직에 대한 연구 프로젝트 소요재원 지원 및 유급 장기연수 장려, 국비장학금 수혜 대학생 및 대학원생 확대 등)

2. 양질의 지속가능한 청년 일자리 창출

청년 일자리 창출은 우리나라 경제가 당면하고 있는 가장 심각한 경제적·사회적 이슈이다. 〈표 3-2〉에서 보듯이 공식적인 청년실업률(8.2~12.5%) 및 청년실업자(35~56만 명) 외에도 체감실업률 24.0%, 구직단념자가 약 50만 명, 취업준비생 및 공무원시험 준비생이 63만 명, 비정규직 취업자 비율이 32%에 달하는 등 전체적 상황은 매우 심각하다.

〈표 3-2〉 청년실업 문제 관련 상황

관련 참고 지표	현황	비고
청년실업률	8.2~12.5%	2016년 중 월평균, 통계청
체감청년실업률	24.0%	2017년 3월 통계청, 국가통계 포털
청년실업인구	35~56만 명	2016년 중 월평균, 통계청
구직단념자	약 50만 명(추정)	
취업준비생, 공무원시험 준비생	63만 명	2017년 3월 통계청, 국가통계 포털
시간 관련 추가취업 가능자(알바생)	8만 명	2017년 3월 통계청, 국가통계 포털

청년층 비정규직 취업자	약 130만 명(추정)	청년층 취업자의 약 1/3로 추정
비정규직 취업자 비율	약 32%	2016년 상반기, 고용노동부
정규직근로자 월임금총액(연평균)	중소기업(300인 미만) 323만 원 대기업(300인 이상) 545만 원	2015년, 고용노동부
비정규직근로자 월임금총액(연평균)	중소기업(300인 미만) 130만 원 대기업(300인 이상) 214만 원	2015년, 고용노동부
국민연금 가입률	정규직 97.8% 비정규직 52.7%	2015년, 고용노동부
건강보험 가입률	정규직 97.9% 비정규직 55.5%	2015년, 고용노동부
중소기업 인력 갭	약 35%	
주당 근로시간	현재 68시간에서 52시간으로 축소 방안 진행 중 2015년 중 주 52시간 초과 노동자는 357만 명 수준	일자리 나누기 (현재 273개 기업에서 추진 중)

사실 그동안 정부는 이 문제의 해소를 위해 나름대로 다양한 일자리 창출 조치들을 동원하여 왔다. 하지만 대부분이 부분적·단기적 처방에 그쳐 청년들에게 양질의 지속가능한 일자리를 제공하지 못하고 있다. 지속가능한 양질의 일자리 창출에 초점을 맞추어 중장기적·포괄적 접근법에 의한 정책처방을 위해 다음 사안을 제안한다.

i) 지속가능한 발전 목표(SDG) 달성을 위한 5대 분야 94개 기술 관련 교육 및 R&D 투자를 획기적으로 확대하여 중장기적으로 매년 30만 명 이상의 기술 및 지식기반형 일자리를 창출:

▸ 우리나라의 경우 5대 분야 첨단기술이 적용될 수 있는 잠재적

인 산업부문(상용근로자 기준)이 36.6%로 매우 크고 이 부문에서 양질의 인적자원도 풍부한 상황임. 향후 이 부문에서 첨단기술 개발 및 확산이 성공적으로 이루어질 경우 5년 전후(투자회임기간)로 이들 산업에서 양질의 지속적인 일자리 창출효과가 나타날 것으로 예측

- 5대 분야 첨단기술 적용이 가능한 부문의 상용근로자는 약 510만 명 규모로 추정(〈표 3-3〉 참조)
- 일자리 창출효과의 계량화는 쉽지 않으나 기술형 창업기업 활성화, 기존기업의 신기술 개발 및 응용 등으로 매년 5% 이상*의 인력수요 창출은 가능할 것으로 전망. 보다 정교한 성과는 5대 분야 94개 기술별로 기술수요 및 공급에 관한 서베이를 실시하여 기술의 수급 갭을 파악하고 그 갭의 해소를 위한 정책노력을 어느 정도 기울이냐에 달려 있음

  * 참고로 중국의 경우 1990년대 들어 정부의 과학기술 발전 정책이 강화된 이후 기술기반 창업기업이 활성화됨에 따라 1990년대 후반에는 기술기반형 창업기업이 연평균 8.3% 증가하고, 이들 기업의 고용인력도 연평균 14% 증가(자료: Jian GAO · Wei ZHANG, "China's venture capital industry: Institutional trajectories and system structure"(2002))

▸▸ 이의 실현을 위해 1) 대학 교수 및 연구인력의 대폭 확대로 양질의 과학기술 인력을 양성하고, 2) 산업기술 개발효과를

---

1 이에 대해서는 3부 4장 12. 기술과 지속가능 발전 목표에 관한 과학자들의 관점 부분을 참고할 필요가 있다.

분류	상용근로자수(천 명): 2016년 기준 고용노동부 통계	산업별 상용근로자 비율 (%)	비고
전 산업 상용근로자	13,944	100.0	
제조업	3,495	25.1	
전기, 가스, 증기 및 수도	72	0.5	
하수폐기물 처리, 원료 재생 및 환경 복원	75	0.5	
건설업 (10%)	747 (75)	5.4 (0.5)	건설부문 인력의 10%에 기술발전의 파급효과가 있는 것으로 가정
출판, 영상, 방송통신 및 정보서비스	497	3.6	
전문, 과학 및 기술서비스	891	6.4	
소계 (건설업 10% 적용)	5,777 (5,105)	41.4 (36.6)	

주: 자영업자, 무급근로자 등을 제외한 상용근로자 수치를 기준으로 계산

실현한 R&D 투자에 대해 투자세액 공제 혜택을 지원하며, 3) 개발된 신기술 적용 투자기업 및 창업기업에 대한 금융 및 세제 지원 등을 통해 양질의 지속가능한 일자리 창출을 유도

이 경우 일자리 창출효과는 5년 전후로 매년 25만 명, 10년 후에는 매년 33만 명, 15년 후에는 매년 41만 명에 이를 수 있을 것으로 추정된다.

---

2 이 책에서 저자는 양질의 지속가능한 일자리 창출에 초점을 두어 취업자 통계보다는 모집단 크기가 훨씬 작은 상용근로자 통계를 사용하였다.

ii) 위에서 본 5대 기술적용 산업분야와는 별도로 향후 5년간 창조
적 아이디어 및 지식기반 서비스분야의 창업기업(10명 내외를
고용하는 창업기업을 매년 1~2만 개 정도 창출3) 설립이 가능하도
록 행정, 세재, 재정, 금융 및 벤처펀드제도 등의 종합적인 지
원체계를 구축:

↬ 이 부문의 상용근로자는 약 576만 명 규모로 종합적인 지원체
제가 구축 시행될 경우 양질의 지속가능한 일자리 창출효과가
향후 5년간 연평균 15만 명 정도 나타날 수 있을 것으로 추정

〈표 3-4〉 창조적 아이디어 및 지식기반 서비스분야의 상용근로자 구성

분류	상용근로자수(천 명): 2016년 기준 고용노동부 통계	산업별 상용근로자 비율(%)	비고
전 산업 상용근로자	13,944	100.0	
도소매업	1,659	11.9	
운수업	581	4.2	
숙박 및 음식업	638	4.6	
금융 및 보험업	348	2.5	300인 미만의 중소 금융보험업만 포함
교육서비스업	1,078	7.7	
보건 및 사회복지서비스업	1,297	9.3	
예술, 스포츠 및 여가 서비스업	157	1.1	
소계	5,758	41.3	

주: 자영업자, 무급근로자 등을 제외한 상용근로자 수치를 기준으로 계산

---

3 중국의 경우 심천 지역에서만 2017년 중 10,000개의 창업기업이 창출될 것으로
전망되고 있다(KBS, 2017.2.19, "세계는 지금" 프로그램에서 취재 보도).

• 중국의 경우 창업기업 활성화를 위해 정부지원 벤처펀드 (780개)에 2015년 중 1.5조 위안(2,310억 달러)을 지원하여 펀드 운용자산이 0.7조 위안에서 2.2조 위안으로 3배로 급증(자료: Zero2IIPO Group): 이는 세계 최대의 창업기업 지원규모로서 중국을 제외한 전 세계 벤처펀드 자금 조달액의 5배에 달하는 규모(자료: Preqin Ltd.)

iii) 지식 및 첨단기술 기반 창업기업에 대한 다양한 지원체계 설계:

▶▶ 지식 및 첨단기술 기반 창업기업이 거래처 파산 등에 따른 매출채권 회수 불능 및 영업손실 등으로 연쇄파산 위기 시 근로자 임금채무 지불부담 및 금융권대출금 상환부담을 완화할 수 있는 창업보험제도*의 설계 운영:
* 1) 창업기업이 소액의 보험료를 매년 납부하되 거래처 파산 등으로 연쇄파산 위기 시 임금지급 등을 위한 약정보험금을 지급하는 방식의 새로운 창업보험제도를 설계하여 지식 및 첨단기술 기반 창업기업의 고급두뇌 손실을 방지하고 궁극적으로는 외부적 요인에 의한 창업기업의 파산을 방지
2) 창업기업의 금융기관 대출신청 시 창업기업 대표에게 요구되는 연대보증의 부담 해소를 위해 창업보험기관이 대출금 상환에 대한 연대보증을 제공하고 창업기업은 창업보험기관에 대출만기 시까지 연대보증료를 분할 납부하는 방식의 창업보험 상품을 설계 운영(보험료를 창업자와 정부가 분담할 수 있도록 재원조성 방안 검토를 위한 전문가 태스크포스를 구성하여 실무적 사항을 검토)

- 현재 신용보증기금이 기업의 매출채권을 가입대상으로 하는 일반 및 특별보험 상품을 운용 중이나 보험인수잔액은 3.5조 원(2015년) 수준에 그치고 있음

▶ 획기적인 세제지원 제공
(R&D 투자, 설비투자 등에 대한 투자세액 공제, 한시적인 법인소득세 및 사업소득세 감면, 인력고용에 대한 한시적인 고용보조금 지급 등)

▶ 창업자금 조달을 위한 대출 및 보증 등 금융지원 확대
(벤처 캐피탈 회사의 대출 및 투자, 신용보증기금 및 기술신용보증 기금 등의 보증 등을 확대 지원)

▶ 기술기반 창업기업의 특허권 등 지적재산권 보호를 위해 대기업의 강요에 의한 독점적 공급계약을 금지

▶ 대기업의 창업기업 핵심기술인력 빼내기 등 불공정행위를 방지하기 위해 창업기업에 대한 신속한 피해보상이 이루어지도록 분쟁조정제도를 강화

▶ 장기적 성장잠재력이 높은 모험자본의 자금조달을 지원하는 기관투자가들의 역할 강화

▶ 소기업 및 중소기업 창업주의 경영 리스크 부담을 분산할 수 있도록 법적 책임범위가 투자금액 이내로 제한되는 유한책임회사(LLC)제도를 보다 적극적으로 활용할 수 있도록 관련 법제를 추가 정비하고 창업기업 등을 대상으로 홍보를 강화

  * 유한책임회사(LLC)에서 투자자는 투자액의 한도 내에서 법적 책임을 갖는 점에서 주식회사와 동일하지만 LLC 자체는 세금을 내지 않고 투자자 각자가 본인의 지분만큼 회사의 손익을 분할하여 소득세 신고를 해야 하는 점에서 사실상 자영업자나

파트너십과 같게 되는 장점을 살릴 수 있음. 소기업 및 중소기업 창업주의 경우 누진과세에 따른 세금 부담이 경감되도록 제도보완이 이루어질 경우 창업관련 창업주의 리스크 부담을 크게 완화할 수 있음

iv) 의료 보건 서비스, 교육 서비스, 금융보험 서비스 등 사회적 기초서비스부문에서는 OECD 회원국과의 갭이 큰 분야를 중심으로 갭 완화를 위한 정책 조치 모색:

▸▸ OECD 선진국 등의 모범사례에 벤치마킹하여 적정 수준까지 의료 보건 서비스, 교육 서비스 및 금융 서비스 산업의 채용규모를 점진적으로 확대

- OECD 국가 중 우리나라의 인구 대비 의사비율은 31위, 간호사비율은 29위 수준: 의료보건 인력의 수도권 및 대도시 집중을 완화하기 위해 인구 대비 의사비율이 낮은 지방 소도시 및 읍면 단위에서의 병의원 개업 시 간호인력 등의 취업유발 효과에 따라 의료수가 상향조정, 빈곤층 환자 본인 부담률 하향조정 등이 가능하도록 적극적인 재정지원 모색
- 2013년 기준으로 인구 10만 명당 우리나라의 간호학 전공 졸업자(Nursing Graduates)는 97명으로 OECD내 1위*인 데 반해 인구 1천 명당 간호직 종사자(Practising Nurses)는 5.2명으로 OECD 평균 9.1명에 크게 미달**하는 상황4

---

4 OECD, iLibrary 수록 통계 기준.

* 덴마크 92명, 스위스 84명, 슬로베니아 78명, 호주 75명, 노르웨이 72명, OECD 평균 47명
** 1~5위는 스위스 17.4명, 노르웨이 16.7명, 덴마크 16.3명, 아이슬란드 15.5명, 핀란드 14.1명

• 우리나라의 학생/교사 비율은 유치/유아원 등 8.8명(OECD 내 5위), 초등학교 16.9명(OECD 내 26위) 중학교 16.6명(OECD 내 28위), 고등학교 14.5명(OECD 내 23위), 대학 등 고등교육기관(ISCED2011 level 5~8) 20.9명(OECD 내 23위)으로 유치/유아원을 제외하면 모두 OECD 내에서 하위수준에 머문 상황5

▶▶ 의료 보건 및 교육 서비스 등은 건강하고 경쟁력 있는 미래 세대의 인적자본 형성을 위한 전략산업이며 금융산업의 고급인력 수요도 향후 금융포용화 추진, 모바일뱅킹 확산 및 핀테크 활성화 등이 이루어질 경우 꾸준히 창출될 것으로 전망

v) 중소기업의 인력난 해소를 위한 지원체제 강화:

▶ 청년층 인력을 정규직으로 고용하는 중소기업의 생산성 향상을 유도하고 사회보험 제공에 대한 재정지원을 추진: 고용보험, 건강보험, 국민연금 등의 해당 중소기업 부담분 중 일부를 재정에서 한시적(예: 5년 이내)으로 지원

---

5 OECD, iLibrary 수록 통계 기준.

vi) 보다 과감한 규제혁파를 통해 대기업의 국내투자 확대 및 고용창출 유도:

▸▸ 국내에서의 양질의 지속가능한 일자리 창출실적과 연계한 규제적용 특별면제 및 법인세 특별인하 등 세제상의 유인 제공

vii) 공무원 채용 및 각종 전문자격 고시 등에의 과도한 인력유입에 따른 경쟁 격화 등 사회적 낭비 방지:

▸▸ 공무원 채용고시 지원횟수 제한 등을 도입하되 인문계 등 전공 대졸자의 산업계 진출을 지원하기 위해 부전공(경영/경제/법학 등) 선택을 장려하고 공공부문 및 산업부문에서도 인문학 소양과 경영/경제/법률 지식을 균형 있게 갖춘 인력채용을 늘리도록 유도:

• 과잉경쟁부문에서의 경쟁 실패로 불가피하게 양산되는 우수인력의 사회적 낭비를 방지하고 타 부문으로의 구직활동 전환을 지원하기 위해 1) 행시 및 전문자격 고시 등에서의 응시자 성적증명 발급제도*를 운영하고 2) 이들 증명을 공공부문 및 산업부문의 채용과정에서 적극 활용하도록 권장:

  * 현재 수십 또는 수백대 1의 과도한 경쟁률을 보이고 있는 행시 및 각종 전문자격 고시에 있어 현실적으로 선발자와 탈락자의 차이는 근소한 상황이다. 단순히 수십 또는 수백 명 중 1등을 한 1명에게만 노력의 보상이 주어지는 승자독식 결과를 위해 이들 제도를 운영하는 것은 사회적 낭비가 많다. 수십 또는 수백 명 중 2등, 3등 등으로 선발되지는 못했어도 여전히 우수한

인력들이 사회적으로 낭비되지 않고 다른 분야로 진출할 경우 그간의 인적자본 형성에 대한 정당한 인정을 받도록 지원하는 제도적 배려가 필요

viii) 청년들이 새로이 등장한 일의 영역에서 창의력, 혁신 및 기업가 정신을 발휘할 기회가 창출되도록 다음과 같은 조치들을 강구:

- ▸▸ 청년층의 스킬 및 창조성 개발, 문제해결 능력 등을 위한 인적 투자 지원
  (견습, 트레이드, 직업훈련 및 현장훈련 중인 청년에 대한 보조금 등 특별 지원 및 취업기회 제공기업에 대한 특별 세액감면 등)
- ▸▸ 청년기업가에 대한 기업서비스 지원 강화
  (기업 설립 및 이니셔티브, 금융수단 및 채널 등의 자문 서비스, 크라우드소싱 장려 등)
- ▸▸ 빈곤층 청년의 취업 지원 강화
  (구직활동 소요비용 지원, 양질의 직업훈련 및 스킬 개발 등을 위한 학원 등록금 지원)

제9장

건강하고 지속가능한 기업생태계

"오늘의 중소기업들은 내일의 거대한 산업이다. 중소기업들은 가장 큰 고용주들이며 가장 위대한 혁신가들이다(The SMEs of today are the large industries of tomorrow. They are the largest employers and the greatest innovators)."

– 어네스토 고브(Ernesto Gove), 모잠비크 중앙은행 총재

"국내에서든 해외에서든 새로운 시장의 개척과, 수제품 상점에서 미국제철과 같은 대기업에 이르기까지 기업조직의 발전은 경제구조를 내부로부터 끊임없이 혁파하고, 낡은 것을 끊임없이 파괴하고, 새로운 것을 끊임없이 창조하는 — 생물학 용어를 빌리면 — 동일한 과정의 산업적 변이를 보여주는 예이다. 이 같은 창조적 파괴의 과정은 자본주의에서 필연적인 사실이다(The opening up of new markets, foreign or domestic, and the organizational development from the craft shop to such concerns as U.S. Steel illustrate the same process of industrial mutation-if I may use that biological term-that incessantly revolutionizes the economic structure from within, incessantly destroying the old one, incessantly creating a new one. This process of Creative Destruction is the essential fact about capitalism)."

– 죠셉 슘페터(Joseph Schumpeter), 자본주의, 사회주의 및 민주주의
(Capitalism, Socialism, and Democracy) 중에서

우 리나라의 경우 개별 이사의 독립성과 비상임이사의 전문성이 낮아 이사회 심의안건에 대한 거수기 역할에 그치는 경우가 많다. 또한 건전한 지배구조가 미성숙하여 기업 대표이사나 그룹총수의 독단적 의사결정이나 위법행위를 견제하고 부실경영을 방지하기 어려운 것이 현실이다. 또한 기업행태의 윤리성, 소액주주 이익 보호 등에서 경쟁력이 중하위권에 머물고 있다. 이와 관련하여 제4차 산업혁명의 충격에 기업들이 신속하게 적용할 수 있도록 다음 사항을 제안한다.

특히 우리나라는 1960년대 이후 대기업 및 수출기업 중심의 성장전략에 의존함으로써 경제규모의 성장과 함께 대기업의 시장지배력이 과도하게 커져 독과점에 따른 시장효율성 저하 및 독과점기업의 경제적 렌트 추구행위가 확산되는 등 자유경쟁시장 시스템에 대한 폐해가 빈발하는 상황이다. 시장참여자 간의 균형적 관계가 불가능한 현실에서 우월적 사업자의 상대 거래 사업자에 대한 지위남용행위가 만연될 경우 건전한 기업생태계가 파괴되어 자유경쟁시장 원리에 기초한 자본주의 경제체제의 정당성이 훼손될 수밖에 없다. 따라서 공정경쟁 위반행위에 대한 처벌을 강화하는 한편, 중장기적으로는 대기업 집단을 선진국형 지주회사제도로 개편하여야 한다.

▶▶ 우리나라의 경제규모에 비추어 법 위반행위의 강력한 억제효과가 있도록 관련법 상의 벌금형량을 전반적으로 대폭 상향조정하여 징벌적 벌금제도로 개편
▶▶ 과징금 부과의 경우에도 과징금 상한액을 대폭 상향조정하고 상습적 위반 사업자는 과징금 3진 아웃제를 도입하여 영업정지 등으로 일정 기간 시장에서 퇴출조치를 실시

1. 기업 투명성 제고 및 건전한 거버넌스 강화

우리나라의 경우 개별 이사의 독립성과 비상임 이사의 전문성이 낮아 이사회 심의안건에 대한 거수기 역할에 그치는 경우가 많다. 또한 건전한 지배구조가 미성숙하여 기업 대표이사나 그룹총수의 독단적 의사결정이나 위법행위를 견제하고 부실경영을 방지하기 어려운 것이 현실이다. 또한 기업행태의 윤리성, 소액주주 이익보호 등에서 경쟁력이 중하위권에 머물고 있다. 이와 관련하여 제4차 산업혁명의 충격에 기업들이 신속하게 적응할 수 있도록 다음 사항을 제안한다.

i) 기업 CEO의 경영 오류를 견제 감시할 수 있는 기업지배구조 개선 추진:

▸ 내부감사, 사외이사 및 외부 회계법인 등의 독립성 및 견제기능 강화를 위한 법제 정비: 외부 소액주주 추천 사외이사의 선임을 통한 소액주주 권한 감시기능 강화(소액주주 추천 사외이사의 일정 비율 유지의무 등) 포함

▸ 내부감사 및 사외이사의 전문성 확보를 위해 선임기준의 엄격화 및 교육 강화: 다수의 독립적 사외이사 선임, 사외이사의 독립성 요건 정립, 이사회 의장과 대표이사의 분리 등

ii) 권한의 하부위임 등을 통한 수평적 기업문화 조성:

▸▸ 대기업 그룹총수, 기업 CEO의 독단적 의사결정에 따른 비효
율, 자원 낭비 및 피해 등의 방지를 위해 의사결정에 대한
책임성 강화

iii) 민첩한 거버넌스(agile governance)가 가능하도록 기술-경제
패러다임을 제5차 순환기의 지배적인 패러다임으로 혁신:

▸▸ 신축적 생산, 개방형 네트워크, 유연한 경영전략, 세계화(글로
벌 최적 관행 수용 등), 고도로 다양화된 시장 개척 등
(앞에서 본 〈표 1-10〉 참조)

2. 공정한 경쟁정책 강화

우리나라는 1960년대 이후 대기업 및 수출기
업 중심의 성장전략에 의존함으로써 경제규모의 성장과 함께 대기업
의 시장지배력이 과도하게 커져 독과점에 따른 시장효율성 저하 및
독과점기업의 경제적 렌트 추구행위가 확산되는 등 자유경쟁시장 시스
템에 대한 폐해가 빈발하는 상황이다. 시장참여자 간의 균형적 관계가
불가능한 현실에서 우월적 사업자의 상대 거래 사업자에 대한 지위남
용행위가 만연될 경우 건전한 기업생태계가 파괴되어 자유경쟁시장

〈표 3-5〉 공정경쟁 위반행위의 범주별 현행 제재조치

공정경쟁 위반행위	현행 제재조치
채무보증 제한제도 위반	시정조치, **위반 채무보증금액의 10% 이내 과징금 부과** *3년 이하의 징역 또는 2억 원 이하의 벌금*
금융보험사 의결권 제한제도 위반	시정조치, *3년 이하의 징역 또는 2억 원 이하의 벌금*
지주회사제도 위반	시정조치, **위반금액의 10% 이내 과징금 부과** *3년 이하의 징역 또는 2억 원 이하의 벌금*
대기업 집단 소속 비상장회사 등의 중요 사항 수시 공시제도 위반	시정조치: 공시의무의 이행 또는 공시내용의 정정 등 과태료: *미공시, 허위공시의 경우 1억 원 이하* *임원/종업원의 경우 1천만 원 이하*
기업집단현황 공시제도 위반	시정조치: 공시의무의 이행 또는 공시내용의 정정 등 과태료: *미공시, 허위공시의 경우 1억 원 이하* *임원/종업원의 경우 1천만 원 이하*
시장지배적 사업자의 지위남용	시정조치: 가격의 인하, 담합행위의 금지, 시정명령을 받은 사실의 공표 기타 필요한 조치 과징금: *과징금은 매출액의 3%를 초과하지 않는 범위에서 부과할 수 있으며, 매출이 없거나 산정이 곤란한 경우에는 10억 원 이내에서 부과* 벌칙: *공정위의 고발에 의해 3년 이하의 징역 또는 2억 원 이하의 벌금에 처할 수 있음* *시정조치 등에 응하지 않은 경우에는 2년 이하의 징역 또는 1.5억 원 이하의 벌금에 처할 수 있고 그 법인 또는 개인에 대해서도 처벌 가능*
대규모 내부거래에 대한 이사회 의결 및 공시제도 위반	**〈의결 및 공시제도 위반 관련〉** *법인 1억 원, 개인 1천만 원 이하의 과태료* **〈부당 내부거래행위 관련〉** 시정조치: 부당지원행위의 중지, 시정명령 받은 사실의 공표 등

	과징금: *과징금은 당해 사업자의 직전 3개 사업연도 평균매출액의 5% 이내, 매출액이 없는 경우 등에는 5억 원 이내*
부당 공동행위	〈시정조치〉 당해행위 중지, 시정명령 받은 사실 공표 〈과징금〉 *위반행위 기간 동안 상품·용역 매출액의 10% 이내에서 부과*
사업자단체 금지행위 위반	〈시정조치〉 당해행위 중지, 시정명령 받은 사실 공표 〈과징금〉 *5억 원 이내에서 부과* 〈벌칙〉 *부당 경쟁제한 행위에 대해서는 3년 이하 징역 또는 2억 원 이하 벌금* *기타 행위에 대해서는 2년 이하 징역 또는 1.5억 원 이하 벌금*
원사업자 의무 및 금지사항, 발주자 의무사항, 수급사업자 의무사항 위반	〈행정 제재〉 원사업자 및 발주자에 대하여 대금 등의 지급, 법 위반행위 중지 등의 조치를 권고·명령, 시정명령 공표 명령 원사업자, 발주자 및 수급사업자에게 관련 *하도급 대금의 2배 이내에 서 과징금 부과* 〈벌칙〉 *하도급대금 2배 이내의 벌금*(원사업자의 의무사항 및 금지사항 위반) *1억 5천만 원 이하의 벌금*(시정명령 미준수, 보복조치 및 탈법행위 금지 위반자)
가맹사업법상 의무 및 금지사항 위반	〈행정제재〉 시정권고, 시정명령, 과징금(대통령령에 정한 *매출액의 2% 이내*) 〈벌칙〉 *5년 이하의 징역 또는 3억 원 이하 벌금* 법 위반행위에 대해 과태료 부과
대규모 유통업법상 의무 및 금지사항 위반	〈행정 제재〉 시정 권고, 시정 명령, 과징금(납품대금이나 연간 임대료 범위 내) 〈벌칙〉 *2년 이하 징역 또는 1억 5천만 원 이하 벌금* 법 위반행위에 대해 과태료 부과

자료: 공정거래위원회 홈페이지(www.ftc.go.kr)에서 요약 편집

원리에 기초한 자본주의 경제체제의 정당성이 훼손될 수밖에 없다.

〈표 3-5〉에서 보듯이 다양한 공정경쟁 위반행위에 대한 법적 처벌 (징역 및 벌금 부과) 수준은 그동안 크게 성장한 우리나라의 경제규모에 비추어 보면 전반적으로 관대하며 과징금 등 행정재량에 의한 제재조치도 법 위반행위의 재발방지를 담보하기에는 크게 미흡하다. 따라서 이와 관련하여 먼저 다음 사항을 제안한다.

> ▸▸ 우리나라의 경제규모에 비추어 법 위반행위의 강력한 억제효과가 있도록 관련법 상의 벌금형량을 전반적으로 대폭 상향조정하여 징벌적 벌금제도로 개편
> ▸▸ 과징금 부과의 경우에도 과징금 상한액을 대폭 상향조정하고 상습적 위반 사업자는 과징금 3진 아웃제를 도입하여 영업정지 등으로 일정 기간 시장에서 퇴출조치를 실시

이제부터 건전한 기업생태계 보호를 위해 보다 강화되어야 할 분야별 제도를 중심으로 현행제도의 문제점과 개선방안을 다루고자 한다.

▌경제력 집중 억제

i) 대규모 기업집단 계열기업 간 상호출자 및 신규 순환출자의 금지제도 유지 및 loophole 방지를 위한 감시 강화

> ▸▸ 상호출자가 제한된 기업집단 소속 기업 간의 상호출자 금지제도 및 신규 순환출자(새로운 순환출자 고리를 형성, 기존의 순환

〈상호출자 및 순환출자의 구조〉

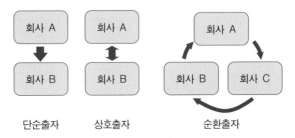

기업의 출자는 단순출자, 상호출자, 순환출자 등 세 가지 방식으로 구분되는데, '상호출자'는 서로 독립된 법인 사이에 자본을 교환형식으로 출자하는 것이며, '순환출자'는 3개 이상의 계열회사가 연쇄적인 출자로 고리형태로 연결된 관계를 의미한다.

현재 경제력 집중 억제를 위한 대규모 기업집단의 출자구조 규제제도로는 상호출자 금지와 신규순환출자 금지, 지주회사제도, 채무보증제한제도, 금융보험사의 의결권 제한제도 등이 있다.

현재 상호출자제한 기업집단은 특정기업집단에 속한 국내회사들의 자산 총액의 합계액이 5조 원 이상인 기업집단으로 소속 계열회사 상호간에 주식을 취득 소유하는 것을 금지하고 있다.

〈상호출자 및 순환출자의 폐해〉

상호출자(순환출자도 동일)는 가공자본을 형성하여 소유=지배 관계를 소유〈지배 관계로 괴리시킴으로써 실제의 자본투입 없이 전체 기업그룹에 대한 지배주주의 지배력을 확보하려는 의도에서 행해진다. 이때 해당기업의 기존 주식보유자의 실질적 주주권은 상호투자에 의해 훼손된다는 문제점이 나타난다.

예를 들어 A기업(갑이 20억 원, 을이 10억 원 출자)이 B기업(병이 10억 원, 정이 10억 원 출자)에 10억 원을 출자하고, 다시 B기업(병이 10억 원, 정이 10억 원, A기업이 10억 원 출자한 상태로 바뀐 상태)이 A기업에 10억 원을 출자하면 두 기업의 자본금은 동액만큼 증가(A기업 40억 원, B기업 30억 원)하지만 실제 자본투입은 변화가 없는 것이다.

즉 A기업은 B기업에 대한 출자금 10억 원을 상호출자를 통해 회수하고 B기업은 A기업으로부터 받은 출자금을 상호출자에 의해 되돌려주므로 두 기업의 현금보유액은 변하지 않는 것이다. 그런데 이런 상호출자로 인해 을의 A기업 지배권이 33%(10억 원/30억 원)에서 25%(10억 원/40억 원)로 감소하고 정의 B기업 지배권은 50%(10억 원/20억 원)에서 33%(10억 원/30억 원)로 감소하는 피해가 발생하게 된다.

또한 상호출자의 거시경제적 폐해로는 i) 가공자본 형성으로 자본의 충실성을 훼손시켜 해당 기업에 대한 시장에서의 신뢰를 저하시키고, ii) 상호 연결된 두 기업 간에 부실이 전염되는 부작용을 들 수 있다.

예를 들어 상호출자로 연결된 두 기업 중 한 기업(예를 들어 기업 A)의 대규모 손실 등 경영부실로 자본잠식(예를 들어 10억 원)이 나타나게 되면 기업 A의 주주들(갑, 을, 기업 B)의 소유주식 가치가 25%(10억 원/40억 원)씩 줄어들면서 이와 연결된 다른 기업(이 경우 기업 B)의 자산과 자본이 동액(이 경우 각각 2.5억 원)만큼 줄게 되는 것이다.

이 결과 경영부실 기업과 연결된 기업(기업 B)의 주식 보유자들(기업 A, 정, 병)의 주식가치가 감소(이 경우 8.3%(2.5억 원/30억 원))하면서 경영부실이 전염(A 기업에서 B 기업으로 전염)되는 것이다. 이런 과정은 다시 반대로(기업 B에서 A 기업으로) 전염되어(기업 A가 소유한 기업 B의 주식가치가 8.3% 줄게 되어 발생) 악순환을 반복(물론 반복과정에서 충격은 체감)하게 된다. 따라서 상호출자 또는 순환출자가 경제 내에서 확산될 경우 국가경제의 안정성이 저해될 수도 있는 것이다.

출자 고리를 강화하는 추가 출자) 금지제도를 현재 상태에서 동결(상호출자의 경제적·사회적 폐단과 3개 이상의 계열사 간 출자가 고리 형태로 연결된 순환출자의 개념에 대해서는 〈Box 3-3〉 참조)

▸▸ 우회출자 및 계열사 지분과 자사주 교환 등에 의한 가공의 의결권 확보, 비계열 우호기업을 이용한 순환출자 고리의 형성 등 loophole 가능성 방지를 위한 감시 강화

▸▸ 위반 시 제재조치도 동일유형 행위의 재발방지에 충분한 정도로 대폭 강화토록 법제 정비(재발방지의 충분성 원칙)

▸▸ 중장기적으로는 제4차 산업혁명 시대에서 강화되는 경쟁 환경과 높아지는 불확실성에 보다 효과적으로 대응할 수 있도록

대기업 집단을 선진국형 지주회사제도로 재편함과 아울러 지주회사 행위제한 규제를 강화하여 투명성과 책임성이 높은 지배구조, 기업집단 소속기업 간의 연쇄적인 손실전염 리스크의 효율적인 관리, 기업 이미지 및 브랜드 가치 제고 등을 이룰 수 있도록 유도

ii) 채무보증 제한제도, 금융보험사 의결권 제한제도, 지주회사제도, 대기업 집단 소속 비상장회사 등의 중요사항 수시공시제도, 기업 집단현황 공시제도 등에서도 위반 시 제재조치를 동일유형 행위의 재발방지에 충분한 정도로 대폭 강화토록 법제 정비(재발방지의 충분성 원칙): 이들 제도의 핵심내용과 위반 시 제재조치에 대해서는 〈표 3-6〉 참조.

〈표 3-6〉 여타 경제력 집중 억제조치의 내용과 위반 시 제재조치

경제력 집중 억제조치	위반 시 제재조치
〈채무보증 제한제도〉 채무보증제한 기업집단의 소속회사(금융, 보험사 제외)가 국내 금융기관으로부터 여신과 관련하여 국내계열회사에 대한 채무보증 행위를 금지 단 산업합리화, 국제경쟁력 강화와 관련된 채무보증은 예외 인정 채무보증제한 기업집단은 특정기업집단에 속한 국내회사들의 자산 총액의 합계액이 5조 원 이상인 기업집단을 의미	시정조치, 위반 채무보증금액의 10% 이내 과징금 부과, 3년 이하의 징역 또는 2억 원 이하의 벌금
〈금융보험사 의결권 제한제도〉 상호출자제한 기업집단 소속 금융·보험사의 국내 계열회사 주식에 대하여 의결권 행사를 제한 다만 금융업 또는 보험업을 영위하기 위한 경우 및 보험업법에 의한 승인을 얻은 경우 의결권 행사가 가능하며, 상장 계열회사의 임원임면, 정관변경, 합병·영업양도에 대한 결의 시에는 다른 특수관계인 지분과 합하여 15%까지 의결권 행사 가능	시정조치, 3년 이하의 징역 또는 2억 원 이하의 벌금

〈지주회사제도〉 자산 총액이 1천억 원 이상이면서 자회사 주식 소유가액의 합계액이 자산 총액의 50% 이상인 회사를 지주회사로 정의 지주회사체제에 수반되는 과도한 지배력 확장을 억제하면서 단순·투명한 출자구조가 유지되도록 출자단계 및 지분율을 규제 지주회사 편입 기업 간 상호출자 및 순환출자 금지	시정조치, 위반금액의 10% 이내 과징금 부과, 3년 이하의 징역 또는 2억 원 이하의 벌금
〈대기업 집단 소속 비상장회사 등의 중요사항 수시공시제도〉 상호출자제한 기업집단 소속 비상장회사는 소유지배구조, 재무구조 및 경영활동 관련 중요사항을 수시로 공시해야 함(금융·보험사 및 직전 사업연도 말 자산 총액이 100억 원 미만인 회사로서 청산 중에 있거나 1년 이상 휴업 중인 회사는 제외)	시정조치: 공시의무의 이행 또는 공시내용의 정정 등 과태료: 미공시, 허위공시의 경우 1억 원 이하, 임원/종업원의 경우 1천만 원 이하
〈기업집단현황 공시제도〉 상호출자제한 기업집단 소속회사는 기업집단의 일반현황, 임원·이사회 현황, 주식소유 현황, 특수관계인과의 거래 현황 등을 공개	시정조치: 공시의무의 이행 또는 공시내용의 정정 등 과태료: 미공시, 허위공시의 경우 1억 원 이하, 임원/종업원의 경우 1천만 원 이하

자료: 공정거래위원회 홈페이지(www.ftc.go.kr)에서 요약 편집

iii) 시장지배적 사업자[1]의 지위남용에 대한 감시 강화 및 적발 시 벌칙 강화:

▸▸ 시장지배적 사업자의 다양한 지위남용(〈Box 3-4〉 참조)에 대한 행정 및 시장의 감시기능을 강화하고 위반 시 행정조치도 동일유형 지위남용행위의 재발 방지에 충분한 정도로 강화(재발방지의 충분성 원칙)되도록 현행 과징금, 징역 및 벌금 등을 대폭 상향 조정토록 법제 정비

---

1 1개 사업자의 시장점유율이 50% 이상이거나, 2개 또는 3개 이하 사업자의 시장점유율 합계가 75% 이상인 경우 시장지배적 사업자로 추정된다(공정거래법 4조).

〈지위남용의 주요 유형별 예시: 공정거래법 2조 7호〉

가격남용행위
• 제조사가 제품의 용량을 줄이면서 변경된 용량을 소비자들이 쉽게 알아볼 수 없도록 작은 글씨로 표시하는 행위 등

출고조절 행위
• 제조사가 환율급등에 따라 판매가격을 인상을 앞두고 출고량을 현저히 감소시켜 소비자 부담을 가중시키는 행위
• 정당한 이유 없이 상품 또는 용역 공급량을 현저히 감소시키거나 유통단계에서의 공급 부족에도 불구하고 출고량을 줄이는 행위 등

사업활동 방해 행위
• 구매, 생산, 판매, 재무, 인사 활동 등을 통해 다른 사업자의 사업활동에 직간접적으로 간섭하여 사업활동을 어렵게 하는 행위
• 정당한 이유 없이 다른 사업자의 원재료 구매를 방해하는 행위
• 상거래 관행에 비추어 과도한 이익의 제공을 약속하면서 다른 사업자의 필수 인력을 채용하는 행위
• 다른 사업자의 상품 또는 용역의 생산 공급 판매에 필수적인 설비 시용을 거절하거나 중단하는 행위 등

진입제한 행위
• 신규 사업자나 기존 사업자들의 자유로운 진입과 퇴출을 방해하는 행위
• 전당한 이유 없이 거래하는 유통사업자가 다른 사업자와 거래하지 못하도록 하는 배타적 거래계약을 체결하는 행위
• 정당한 이유 없이 기존 사업자의 계속적인 사업활동에 필요한 권리 등을 매입하는 행위 등

경쟁사업자 배제 또는 소비자 이익의 저해행위
• 경쟁사업자를 시장에서 배제시킬 의도로 자신이 공급하는 상품이나 용역의 가격을 통상 거래가격에 비해 현저히 낮은 대가로 공급하거나 높은 대가로 구입하거나 경쟁 사업자와는 거래하지 않는다는 조건으로 거래하는 행위
• 유통시장에서 시장지배적 사업자(A)가 다른 공급자(B, C, D)와 전속 구매계약을

체결하면서 개별 판매를 금지시킴으로써 그 외의 모든 다른 사업자(E, F, G ······)
와는 거래하지 못하도록 하는 행위
- 시장지배적 사업자의 영업활동으로 소비자의 재산 또는 신체상의 제반 이익을 현
  저히 침해하는 행위
- 시장지배적 사업자가 인기상품을 저가묶음상품에서 제외하여 소비자가 인기상품
  이 포함된 고가 묶음상품을 구매하도록 유도하는 등 거래조건을 자신에게 일방적
  으로 유리한 방법으로 소비자의 이익을 현저하게 침해하는 행위 등

〈위반 시 조치〉
- 행정제재(시정조치와 과징금):
  - 가격의 인하, 담합행위의 금지, 시정명령을 받은 사실의 공표, 기타 필요한 조치
  - 과징금은 매출액의 3%를 초과하지 않는 범위에서 부과할 수 있으며, 매출이 없
    거나 산정이 곤란한 경우에는 10억 원 이내에서 부과
- 벌칙
  - 공정위의 고발에 의해 3년 이하의 징역 또는 2억 원 이하의 벌금에 처할 수 있음
  - 시정조치 등에 응하지 않은 경우에는 2년 이하의 징역 또는 1.5억 원 이하의
    벌금에 처할 수 있고 그 법인 또는 개인에 대해서도 처벌 가능

자료: 공정거래위원회 홈페이지(www.ftc.go.kr)에서 요약 편집

부당 내부거래

사업자가 부당하게 계열회사 등에게 과다한 이익이 되도록 자금이
나 자산 등을 현저하게 유리한 조건으로 거래하거나 부당한 인력지원
을 하는 부당지원(내부거래) 규제제도를 보다 실효성 있게 강화할 필요
가 있다.

▸▸ 부당지원(내부거래) 규제제도의 loophole 방지를 위한 감시
　　강화(부당지원 행위의 유형에 대해서는 〈표 3-7〉 참조)
▸▸ 위반 시 제재조치도 동일 유형 행위의 재발방지에 충분한

〈표 3-7〉 부당지원(내부거래) 규제제도 및 위반 시 제재조치

부당지원(내부거래) 규제제도	위반 시 제재
〈대규모 내부거래에 대한 이사회 의결 및 공시제도〉 상호출자 제한 기업집단에 속하는 상장법인과 비상장법인이 상호간에 대규모 내부거래를 하고자 하는 경우 이사회 의결을 거쳐야 하며 의결 후 1인 이내에 의결내용을 공시 공시대상 대규모 내부거래는 상호출자 제한 기업집단 소속 회사가 특수관계인을 상대방으로 하거나 특수관계인을 위하여 거래한 금액(분기에 이루어질 거래금액의 합)이 그 회사의 자본금 또는 자본총액 중 큰 금액의 100분의 5 이상이거나 50억 원 이상인 경우임	〈의결 및 공시제도 위반 관련〉 법인 1억 원, 개인 1천만 원 이하의 과태료 〈부당 내부거래행위 관련〉 시정조치와 과징금: 부당지원행위의 중지, 시정명령 받은 사실의 공표 등 과징금은 당해 사업자의 직전 3개 사업연도 평균매출액의 5% 이내, 매출액이 없는 경우 등에는 5억 원 이내 벌칙: 2년 이하 징역 또는 1억 5천만 원 이내의 벌금 시정조치 등에 응하지 않은 경우 2년 이하 징역 또는 1억 5천만 원 이내의 벌금, 그 법인 및 개인에 대해서도 처벌 가능

자료: 공정거래위원회 홈페이지(www.ftc.go.kr)에서 요약 편집

정도로 대폭 강화토록 법제 정비(재발방지의 충분성 원칙)

부당 공동행위(담합)

사업자 상호간 경쟁 회피를 위해 담합에 의해 공동으로 가격을 조정하거나 시장을 분할하고 출고를 조절하는 등의 부당 공동행위는 경쟁시장에서 누릴 수 있는 이익(즉 보다 많은 생산과 보다 낮은 가격에 의한 소비자 및 생산자 잉여 증대 효과)을 독과점 사업자가 독과점 이윤으로 부당하게 획득하는 결과가 된다(〈Box 3-5〉 참조).

부당 공동행위의 유형은 〈표 3-8〉에서 보듯이 다양한데 부당행위에 대한 감시가 쉽지 않고 그 피해액(소비자 및 생산자 잉여 훼손

〈Box 3-5〉 부당 공동행위에 의한 소비자 및 생산자 잉여 감소 예시

사업자 상호간 경쟁 회피로 시장에서 공급이 줄어들면(〈그림 2〉에서 S1에서 S2로 좌상향 이동) 시장균형은 공급 감소 및 가격 상승으로 나타난다. 이에 따라 소비자 및 생산자 잉여가 모두 감소(〈그림 1〉에 나타난 CS1, PS1서 〈그림 2〉에 나타난 CS2, PS2로 감소)하게 된다.

〈그림 1〉 담합 등이 없는 경우

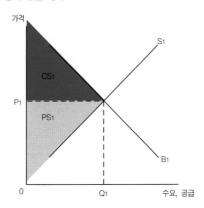

〈그림 2〉 담합 등이 있는 경우

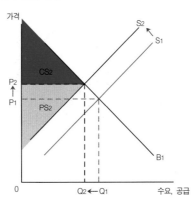

〈표 3-8〉 부당 공동행위의 유형, 관련 제도 및 제재조치

부당 공동행위 유형	관련 제도	제재조치
가격의 결정·유지·변경 상품의 거래 및 대금지급 조건 결정 상품의 생산·출고·수송 또는 거래의 제한 거래지역 또는 거래상대방 제한 설비의 신·증설 또는 장비 도입 제한 상품의 종류·규격 제한 영업의 주요 부문 공동관리 입찰 담합	〈자진신고감면제도〉 첫 번째 신고자에 과징금, 시정조치 완전면제, 두 번째 신고자에 과징금 50% 감면 〈Amnesty Plus제도〉 담합의 조사과정에서 사업자가 다른 담합의 증거를 첫 번째로 제공하면 현재 조사 중인 담합에 대해서도 감면 〈부당 공동행위 인가제도〉 산업합리화, 연구개발, 불황 극복, 산업구조 조정, 거래조건 합리화, 중소기업 경쟁력 향상을 위한 공동행위를 인가에 의해 허용	〈시정조치〉 당해행위 중지, 시정명령 받은 사실 공표 〈과징금〉 위반행위 기간 동안 상품·용역 매출액의 10% 이내에서 부과

자료: 공정거래위원회 홈페이지(www.ftc.go.kr)에서 요약 편집

개념)도 추정하기 쉽지 않다. 따라서 부당행위 적발 시 제재조치를 크게 강화시켜 예방효과를 극대화시킬 필요가 있다.

사업자단체 금지행위

사업자단체가 경쟁제한적인 행위에 관여하거나 가입사업자의 사업활동을 제한하는 경우 개별 소속사업자 간의 부당 공동행위와 마찬가지로 소비자잉여를 사업자가 독과점 이윤으로 부당하게 획득하는 결과가 된다.

사업자단체 금지행위의 유형도 〈표 3-9〉에서 보듯이 다양한데 부당행위에 대한 감시가 쉽지 않고 그 피해액(소비자잉여 훼손 개념)도

사업자단체 금지행위 유형	위반 시 제재
부당한 공동행위: 〈표 3-8〉과 동일	〈시정조치〉 당해행위 중지, 시정명령 받은 사실 공표
사업자수 제한: 거래상대방에 사업자단체 소속 외 사업자와는 거래하지 못하도록 하거나 신규 사업자의 참가·진입 제한 및 부당하게 가입을 제한	
	〈과징금〉 5억 원 이내에서 부과
사업활동 방해: 광고활동, 영업일·영업시간, 영업의 종류·내용·방법, 점포·영업소의 신설 이전, 원재료의 구입·배분 등을 부당하게 제한	〈벌칙〉 부당 경쟁제한 행위에 대해서는 3년 이하 징역 또는 2억 원 이하 벌금
불공정 거래행위 등의 조장: 사업자에게 불공정 거래행위·재판매가격 유지행위를 하게 하거나 방조	기타 행위에 대해서는 2년 이하 징역 또는 1.5억 원 이하 벌금

자료: 공정거래위원회 홈페이지(www.ftc.go.kr)에서 요약 편집

추정하기 쉽지 않다. 따라서 부당행위 적발 시 제재조치를 크게 강화시켜 예방효과를 극대화시킬 필요가 있다.

3. 기업거래정책

부당 하도급거래

생산의 효율성을 높이기 위한 수평적·수직적 분업을 도모하기 위한 하도급거래의 원래 취지에서 벗어나 원사업자가 수탁사업자에게 불리한 하도급거래를 일방적으로 강요함으로써 부당이익을 취하는 등

경제적 정의의 위반사례가 끊이지 않고 있다. 이는 통상 기업생태계에서 우위를 점하고 있는 원사업자가 수급사업자의 취약한 경제적 상황을 악용할 수 있기 때문인데, 이를 막기 위해서는 정부가 하도급거래 관련 원사업자의 부당행위를 철저히 감시 적발하여 엄하게 처벌하고 수급사업자의 권익을 강화할 수 있도록 공정한 심판자 역할을 담당해야 한다.

현재 하도급법상 원사업자의 의무사항과 금지사항을 세부적으로 규정(〈부록 3-1〉 참조)하고 있는데, 이들 사항의 위반 시 제재조치를 더욱 강화할 필요가 있다. 특히 상습법 위반 사업자의 경우 시장의 공정한 게임규칙 자체를 부정하는 것이므로 시장에서의 퇴출 등 강력한 제재를 취할 수 있도록 법제가 정비되어야 할 것이다. 이와 관련하여 다음 사항을 제안한다.

- ▸ 상습법 위반 사업자의 경우 명단공표 이외에 영업정지 등의 제재를 통해 일정 기간 시장에서 퇴출 조치
- ▸ 과징금 3진 아웃제를 도입하여 3회 이상 과징금이 부과된 반시장적 사업자의 경우 장기간의 영업정지 또는 영업취소 등 보다 실효성 있는 제재가 가능하도록 법제 정비
- ▸ 대기업의 영업이익 증가율과 하청업체에 대한 단가인상 간의 균형유지, 하청업체 단가인상과 하청업체 직원 임금인상 간의 균형유지 등 상생적 기업풍토 조성을 위한 세제감면 혜택을 지원하고 노사정 협의회 등 사회적 계약에서도 관련 테마 발굴과 이에 대한 노사정 합의 도출 노력을 강화

부당 가맹사업거래

가맹본부와 가맹점사업자가 대등한 지위에서 상호보완적으로 균형 있게 발전할 수 있도록 하려는 입법취지와는 달리 가맹본부가 우월한 지위를 남용하여 의무사항을 불이행하거나 금지사항을 위반하는 경우 (〈부록 3-2〉 참조)에 대처하여 보다 적극적인 분쟁조정과 위반행위에 대한 제재조치의 강화가 필요하다.

부당 유통거래

대형 유통업자(백화점, 대형마트, TV 홈쇼핑 등)의 납품업자나 매장 임차인 등에 대한 불공정 거래관행이 만연됨에 따라 상호 대등한 위치에서 공정하게 거래할 수 있는 유통질서의 회복이 시급하다. 이를 위해서는 대규모 유통업자의 의무 및 금지행위 위반 시 실효성 있는 제재가 이루어지도록 관련 법규상의 제재조치가 추가로 강화되어야 한다(〈부록 3-3〉 참조).

상품시장의 효율성 제고

또한 WEF의 글로벌경쟁력 보고서에서 우리나라는 상품시장의 효율성부문에서도 제4차 산업혁명 시대에 걸맞게 개선해야 할 경쟁요소들이 총 16개 중 5개에 달하는데(〈표 3-10〉 참조) 이와 관련하여 다음 사항을 제안한다.

> ‣ 외국인직접투자 규제를 획기적으로 낮추고 경제자유구역에서의 외국인 기업활동 지원 및 가족 생활여건 향상 등을 위

경쟁력 요소	순위
외국인 직접투자의 규제 강도	97위
상품시장에서의 지배적 공급자의 점유 정도	97위
비관세 장벽의 확산 정도	95위
외국인 소유권의 확산 정도	83위
평균수입관세율	86위

〈표 3-10〉 상품시장의 효율성 저해 경쟁요인 및 경쟁력 순위

한 하부구조 강화

(외국인 가족 생활여건 조성을 위한 수준 높은 교육, 의료, 레저 및 문화 등 관련 인근시설 조성)

▸▸ 독과점적 공급자의 시장지배력에 따른 폐해 방지를 위한 독과점 및 담합행위 등에 대한 규제제도 및 벌칙 강화

▸▸ 소비자 이익의 보호장치 강화

▸▸ 비관세 장벽 완화 및 평균관세율 하향조정 등으로 무역마찰 방지 및 소비자 후생 증대 도모

▸▸ 중소기업 및 창업기업 지원을 통한 시장효율성 제고 및 혁신 확산 유도

〈원사업자 의무사항〉

• 수급사업자와의 계약체결·변경 시 관련사항을 서면으로 교부하고 이를 보존
• 특정 기일(납품 후 60일 또는 발주자로부터 받은 후 15일) 이전에 하도급대금, 선급금, 관세 등의 환급금을 지급하고 지연 또는 어음지급 시 지연이자, 어음 할인율 등을 지급
• 내국신용장 개설의무, 검사 및 검사결과 통보 의무, 건설공사 대금지급 보증의무, 설계 변경 등에 따른 하도급대금 조정의무, 원재료의 가격변동에 따른 하도급대금의 조정협의 의무

〈원사업자 금지사항〉

• 부당한 하도급대금 결정 금지
• 부당한 위탁 취소, 수령 거부, 반품 금지
• 정당한 사유 없는 감액 금지
• 부당한 대물변제(대금을 물품으로 지급) 금지
• 물품 등의 구매 강제, 물품구매대금 등의 부당결제 청구 금지, 경제적 이익의 부당요구 금지, 기술자료 제공 요구 금지, 부당한 경영간섭 금지, 보복조치 금지, 탈법행위 금지 등

〈발주자 의무사항〉

• 일정 사유가 발생한 경우 수급사업자는 발주자에게 하도급대금의 직접지급을 요청할 수 있음(하도급법 14조)

〈수급사업자 의무사항〉

• 서류보존 의무, 건설공사 계약이행 보증 의무, 신의칙 준수, 법 위반행위에 대한 협조 거부 의무

〈행정 제재〉

• 원사업자 및 발주자에 대하여 대금 등의 지급, 법 위반행위 중지 등의 조치를 권고·명령, 시정명령 공표 명령
• 원사업자, 발주자 및 수급사업자에게 관련 하도급 대금의 2배 이내에서 과징금 부과

〈벌칙〉

• 하도급대금 2배 이내의 벌금(원사업자의 의무사항 및 금지사항 위반)

• 1억 5천만 원 이하의 벌금(시정명령 미준수, 보복조치 및 탈법행위 금지 위반자)

자료: 공정거래위원회 홈페이지(www.ftc.go.kr)에서 요약 편집

[부록 3-2] 가맹사업법의 주요 내용 및 제재조치

〈가맹사업법의 주요 내용〉

• 가맹본부는 가입희망자에게 제공할 정보공개서를 공정위에 등록, 중요사항 변경
  시 변경 등록

• 가맹본부가 가맹점사업자로부터 받는 가입비, 입회비, 가맹비, 교육비 또는 계약금
  등 가맹금을 일정 기간 예치기관에 예치

• 정보공개서 및 인근 가맹점 현황 문서를 제공

• 허위 과장된 정보제공 금지

• 불공정 거래행위 금지, 부당한 점포환경 개선 강요 금지, 부당한 영업시간 구속
  금지, 부당한 영업지역 침해 금지

• 가맹점사업자는 가맹계약 갱신 요구권, 가맹점사업자단체 구성 권리, 가맹본부에
  대한 거래조건 협의 요청권이 있음

〈행정제재〉

• 시정권고, 시정명령, 과징금(대통령령에 정한 매출액의 2% 이내)

〈벌칙〉

• 5년 이하의 징역 또는 3억 원 이하 벌금

• 법 위반행위에 대해 과태료 부과

자료: 공정거래위원회 홈페이지(www.ftc.go.kr)에서 요약 편집

〈대규모 유통업법의 주요 내용〉

• 대규모 유통업자는 납품업자 등과 계약체결 즉시 납품업자에게 계약사항이 명시된 서면을 교부

• 납품업자 등의 계약 확인 통지에 대하여 대규모 유통업자가 통지받은 날로부터 15일 이내에 회신하지 않을 경우 통지내용대로 계약 추정

• 대규모 유통업자의 계약일 종료 시로부터 5년간 거래 관련 서류보존 의무

• 상품대금의 감액 금지, 상품판매대금의 지급기한 규정(월 판매 마감일로부터 40일 이내), 상품수령 거부·지체 금지, 상품반품 금지, 판매촉진 비용의 분담, 납품업자 등의 종업원 사용 금지

• 배타적 거래 강요 금지, 경영정보 제공 요구 금지, 경제적 이익 제공 요구 금지, 매장 설비 비용의 보상, 상품권 구입 요구 금지, 불이익 등 금지

〈행정 제재〉

• 시정 권고, 시정 명령, 과징금(납품대금이나 연간 임대료 범위 내)

〈벌칙〉

• 2년 이하 징역 또는 1억 5천만 원 이하 벌금

• 법 위반행위에 대해 과태료 부과

자료: 공정거래위원회 홈페이지(www.ftc.go.kr)에서 요약 편집

우 리나라의 경우 노동시장부문에서 경쟁력 지표가 중위권 또는 하위권에 머무는 경우가 많다. 이에 따라 우리나라는 향후 상생을 위한 협력적 노사관계의 정착, 해고수당 비용의 경감, 신축적인 고용 및 해고관행 정립 등을 적극 추진해야 하며, 근로유인을 약화시키는 조세제도 개선, 여성인력의 활용 제고 등을 위한 정책지원도 더욱 강화할 필요가 있다.

제4차 산업혁명 시대에서 미래의 경쟁력을 갖추고 지속가능 발전을 실현하기 위해서는 바이오 기술, 나노 기술, 디지털 기술, 뉴로 기술, 녹색 기술 등 5대 분야에서 양질의 과학기술 인력을 양성하는 것이 시급하지만 이를 충분히 뒷받침할 수 있는 대학교육 시스템은 여전히 취약하다. 특히 이들 분야는 앞으로 우위를 선점하기 위한 국제경쟁이 더욱 치열해질 수밖에 없는 만큼 국내 대학의 경쟁력을 획기적으로 높일 필요가 있다. 또한 제4차 산업혁명 시대에서는 창의성을 갖춘 창조적 인적자본의 희소가치가 크게 높아져 높은 보상의 혜택을 누릴 가능성이 높다. 노동, 자본보다 창의적 인적자본의 가치가 더욱 인정을 받게 되는 것이다. 따라서 창의성 개발이 교육제도 개혁의 중심이 되어야 한다.

따라서 우리나라도 창의적인 인적자본 육성을 위한 교육과정 개편을 추진하여 초중고 교육과정에서부터 창의성 개발교육이 체계적으로 이루어져야 한다. 아울러 2030년까지 세계경제의 장기 추세가 될 수밖에 없는 지속가능 발전을 주도하는 5대 분야에서 과학기술 인력의 양성을 통한 대학교육의 경쟁력 제고가 교육개혁의 핵심과제가 되어야 한다. 이는 양질의 지속가능한 일자리를 창출해 낼 수 있는 근본적인 처방이기도 하다. 보다 많은 고급인력이 지식 및 기술집약적 산업과 대학 및 과학기술연구소에 유입됨으로써 꾸준한 기술혁신, 창업의 활성화, 양질의 인적자본 형성이 이루어지고 첨단기술 및 고급인력 집약적인 산업구조로의 개편이 가능해질 것이다.

노동시장 및 교육 개혁

1. 노동시장 개혁

　　우리나라의 경우 노동시장부문에서 경쟁력 지표가 중위권 또는 하위권에 머무는 경우가 많다(〈표 3-11 참조〉). 이에 따라 우리나라는 향후 상생을 위한 협력적 노사관계의 정착, 해고수당 비용의 경감, 신축적인 고용 및 해고관행 정립 등을 적극 추진해야 하며, 근로유인을 약화시키는 조세제도 개선, 여성인력의 활용 제고 등을 위한 정책지원도 더욱 강화할 필요가 있다. 이와 관련하여 다음 사항을 제안한다.

경쟁요소	순위
노사관계에서의 협력	135위
해고수당 비용	112위
고용 및 해고 관행	113위
남성 대비 여성노동인구의 비율	90위
임금결정의 신축성	73위
근로유인에 대한 조세의 효과	64위

i) 유연성과 안정성의 조화(flexicurity) 원칙에 따른 새로운 사회
   적 계약(New Social Contract)을 추진하여 노조 이외에 비정규
   직 근로자 단체 등도 계약당사자로 포함

   ▸▸ 이윤과 임금의 배분의사 결정에 경영자, 근로자, 주주이익 대
      변자(주주총회, 감사, 사외이사 등), 특히 소액주주의 이익대변
      자의 공정한 참여를 보장
   ▸▸ 적정 기업이윤(주주에의 배당+사내유보) 확보를 위해 1) 노사
      의 양보나 희생(과도한 임금, 과도한 경영보수 인상 억제 등)이
      필요할 경우 그 부담도 노사 간에 공평하게 분담하고 2) 주주
      에의 배당과 사내 유보금의 배분에서도 형평성을 유지

ii) 기업성장의 과실을 주주, 근로자, 경영진 간에 공정하게 배분

   ▸▸ 중기적(일례로 3~5년)으로 임금 및 경영보수 인상률은 기업
      경상이익 및 생산성 등의 증가율 범위 내에서 유지하고 중기
      적인 주가수익률 및 배당지급 등 주주에 배분되는 과실과도

균형을 유지

iii) 비정규직 근로자의 정규직 전환 추진

▶▶ 동일노동 동일임금 원칙하에서 단기적으로는 정규직과 비정
규직 간의 임금격차 해소에 주력하되 장기적(5년 이내)으로는
1) 업무의 지속성, 상시성 및 근무기간 등이 높은 부문을 우선
고려하고, 2) 공공부문(우선), 대규모 기업집단(자산 총액 5조
원 이상) 소속 계열기업, 기타 대기업, 중소기업 등으로 우선순
위를 정하여 순차적으로 정규직 전환을 추진

〈표 3-12〉 주요 고용 및 임금 지표

	계	상용	임시 및 일용 ( )내 임시	
임금근로자 취업자 (천 명)	19,635	13,103	6,531(5,009)	2016년 12월
	계			
비정규직 근로자 (천 명)	6,440			
	계	남	여	
비정규직 근로자 비율, %(임금근로자)	32.8	26.4	41.0	2016년 8월
	파견용역 근로자	단시간 근로자	기간제 근로자	
정규직 대비 임금 수준, %	56.8	26.7	71.7	2015년
	전체 (특수형태 제외)	정규직	비정규직 (특수형태 제외)	
고용보험 가입률, % (임금근로자)	89.3	95.4	66.7	2015년

자료: 통계청, KOSIS

↳ 아울러 상시적·지속적 일자리의 비정규직 채용은 일정 기간
(예: 3년) 이내 정규직 전환을 전제로 하도록 관련 법제를 정비

↳ 비정규직 고용제도 남용을 방지하기 위해 '사용사유제한(출산,
휴직 결원 등 예외적인 경우로 한정)제도'를 도입

비정규직 근로자 수(644만 명, 2016년 말) 규모에 비추어 장기적·
점진적 추진(5년 정도)이 불가피한 상황(〈표 3-12〉 참조)이나 고용 주
및 정규직 근로자들의 상생정신에 기초한 협력을 유도하여 5년 이내
목표로 추진

iv) 연장근로 포함 법정 노동시간 1주 상한 주 52시간 준수, 노동
시간 특례 및 제외 업종 축소, 초과근로시간 한도 단축(주 12시
간→ 주 10시간)을 추진하고 주 5일 근무제 미시행 사업장(2015
년 기준 34%)도 중장기 로드맵을 마련하여 점진적으로 축소

↳ 중장기적으로는 초과근로시간 한도를 EU 기준인 주 8시간까
지 축소

v) 근로기준법, 고용보험법, 산재보험법 등에서의 비정규직의 사회
보험 가입 등 사회안전망 참여 확대 및 임금·근로시간·성과
급·퇴직금 등에서의 동일가치노동 동일임금원칙을 적용하기
위한 법제 정비

↳ 실업급여 지급수준을 평균임금의 60% 수준(현재 50%)까지 늘
리고 고용보험 및 산재보험 가입 비정규직 비율을 80%까지

높이기 위한 중장기 로드맵을 마련하여 점진적으로 추진

▸▸ 구조조정 등을 위한 특별고용지원업종의 지정 및 실업대책사업(고용정책기본법 제32조, 제34조) 등에 있어서도 고용보험 미가입 하청업체 근로자 및 사업자가 보상받을 수 있도록 법제 보완

▸▸ '공정임금제' 도입으로 대기업-중소기업 간, 정규직-비정규직 간 과도한 임금격차를 축소

vi) 최저임금 미수혜 노동자(2015년 222만 명), 도급 등을 위장한 불법파견 사내 하청노동자 등의 실태파악 등을 위한 조사 및 감시활동을 강화

▸▸ 최저임금 기준에 가구생계비 등을 포함하고 최저임금 상습위반 사업주에 대한 제재를 강화함과 아울러 프랜차이즈 가맹계약, 하도급계약에 있어서도 최저임금보장제도를 도입

▸▸ 특히 하도급계약에서 산업재해 발생 시 보상책임을 작업장소를 지배하는 회사와 사람이 책임지도록 하여 작업장 안전관리 책임의 하도급업체 전가를 방지

▸▸ 불법파견, 위장파견 등의 경우 즉시 직접고용 의무를 부과

vii) 비정규직 노동자의 권익 보호를 위해 중앙노동위원회, 최저임금위원회, 업무상 질병판정위원회 등의 위원으로 노사대표 이외에 비정규직 근로자 등의 대표 참여를 보장

▸▸ 위원회 구성에서도 공익대표의 참여를 더욱 확대하고 책임성

이 강화되도록 지배구조 개선을 추진

▸▸ 특히 최저임금 결정에서는 최저임금위원회의 합의시한을 정하고 미합의 시에는 정부(대통령)와 국회의 합의 등 정치적 결단에 의한 합의안을 제시하여 사회경제적·정치적 합의 도출 메커니즘을 강화

viii) 작업현장에서의 일상적인 근로감독체계가 가능하도록 사용자단체와 노동자단체가 추천하는 명예근로감독관제도를 도입

ix) 체불임금 근절 및 아르바이트 등 청년 근로조건 보호

▸▸ 상습 체불사업주에 대한 처벌을 강화하고 부당업무 지시, 폭행, 폭언 등 정신적 학대 등으로부터 청년 근로자를 보호

x) 미조직 근로자의 이익대변기구 결성 지원

▸▸ 노동회의소, 종업원대표제도 등을 도입

2. 과학기술 교육 및 인재 육성

우리나라는 제4차 산업혁명의 태동기간이었던 최근 10여 년간 이공계 기피현상으로 인해 과학기술 인력의 경쟁력이 약화되어 기업 세련화 부문에서 과학자 및 엔지니어의 가용성(39위)과 과학기술연구소의 질적 수준(34위)이 여타 혁신주도형 선진국에 비해 뒤처져 있다. 이러한 상황은 제4차 산업혁명의 진전에 대응하는 데 심각한 장애요인이므로 과학기술 중심의 교육 및 인재육성을 위해 다음 사항을 제안한다.

i) 과학기술인력 양성을 위한 유인체계 강화

▸▸ 이공계분야에서의 고급두뇌 육성은 국가의 백년대계와 국가 안보에도 직결된 사안이므로 과학기술인력 우대시책을 지속성 있게 추진

▸▸ 2030년까지 지속가능 발전 목표 달성을 위한 5개 분야 신기술(바이오 기술, 디지털 기술, 나노 기술, 뉴로(neuro) 기술, 녹색 기술 등)에서 각국 간의 기술개발 경쟁이 치열해질 것이므로 (상세 내용은 〈표 2-10〉 참조), 이들 분야의 94개 기술 중에서 1) 경쟁우위 확보 가능성이 높고, 2) 우리나라에서의 잠재적 수요가 높으며, 3) 신기술 상호간의 시너지가 높은 분야를 중심으로 기술인력 양성 및 기업 R&D투자지원정책을 꾸준히 전개

▸▸ 과학기술자, 관련 산업계 인사, 교육 전문가 및 정책 당국자

등을 포함하는 태스크 포스를 구성하고 미래형 전략기술 발굴 및 지원을 위한 목표설정 및 실천전략을 수립

ii) 고용유발 효과가 큰 부문의 기술혁신 및 고급인력 확보 유도

▸ 장기적으로 창업유발 효과가 높은 기술혁신에 대한 과감한 재정 및 금융지원 추진
▸ 기술혁신 속도에 비례하여 지식기반 인적자본이 늘어날 수 있도록 교육 및 직업훈련제도의 혁신 유도

3. 대입제도 및 대학교육 개혁

세계경제포럼(WEF)의 글로벌경쟁력 보고서 2016~2017에서 우리나라는 교육시스템의 질적 수준(quality of the education system)이 75위, 경영대학원의 질적 수준(quality of management schools)이 63위, 전문적 직업훈련 서비스의 가용성(availability of specialized training services)이 58위 등으로 중위권에 있다.

우리나라가 교육열은 정상급이면서도 보다 중요한 교육제도 및 경영자 양성교육의 질적 수준, 전문직업 훈련의 가용성 등에서 중위권에 머문 것은 제4차 산업혁명이 일어나고 있는 현 시점에서 실망스런 결과이다.

우리나라의 경우 교육부문에서의 접근성, 질적 수준, 형평성 등 포

용성이 중위 수준으로 평가되었지만 사교육 의존도가 매우 높고 그 비용도 과중한 특수상황을 고려하면 우리나라 교육서비스의 포용성은 상대적으로 취약한 것이 현실이다. 이의 해소를 위해 다음 사안을 중심으로 대입제도를 개편할 것을 제안한다.

대입제도 개편 등

i) 사교육 수요를 다양한 소양 및 능력(창의력 개발, 사회공헌 및 리더십 개발, 과제해결 및 협업능력 배양 등) 개발을 위한 공교육 수요로 전환시킬 수 있도록 공교육의 질적 수준을 높이고 내신 중심의 대학입시제도를 운영

- 수준 높은 초·중·고교 교육기회의 형평성 제고를 위해 영어, 수학, 과학분야의 우수교사 강의, 우수 교자재 등을 무료로 제공할 수 있도록 1) 영어, 과학, 수학 과목을 중심으로 EBS 채널 및 프로그램의 콘텐츠를 대폭 확충하고 학생들이 원하는 시간에 자유롭게 활용할 수 있도록 VOD(Video On Demand) 기능을 채택(양질의 교육 콘텐츠를 사회적으로 공유화): 이와 함께 학생들이 원하는 장소에서도 편리하게 활용할 수 있도록 인터넷과 모바일 서비스 기반의 콘텐츠도 개발, 제공
- 수능시험은 대학학업 수행능력 평가에 중점을 두어 운영하고 대학 주관 선발시험 비중은 하향조정하도록 유도
- 취약계층 학생들에 대한 대학생들의 튜터링 시스템을 구축하여 지식의 선순환 및 멘토링 효과를 유도(대학생들의 재능기

부에 대해 국가가 적절한 보상 등 유인책을 제공하고 튜터링을 사회공헌 활동으로 인증하여 공공기관 등의 채용과정에도 반영하도록 유도)

ii) 국가경쟁력 강화에 필수적인 전략부문(수학, 과학) 등에서 공교육 및 사교육의 기회균등을 지원하기 위해 저소득층의 학업우수생(중고교과정)을 선발하여 등록금 및 학원수강료를 지원

대학교육 강국 추진

제4차 산업혁명 시대에서 미래의 강국은 글로벌 유수대학을 많이 양성하는 데서 출발한다고 해도 과언이 아니다. 현재 우리나라는 세계 최고의 교육열에도 불구하고 서울대학교, KAIST 등 2개 대학만이 세계 순위 100위 이내에 들어갈 수 있을 정도로 대학교육의 경쟁력은 아직 전반적으로 취약하다. 미래 경쟁력 강화에 필수적인 이공계 및 자연과학분야에서도 우리나라 대학의 경쟁력은 일부(재료과학, 화학 등)를 제외하면 대부분의 분야에서 선진국은 물론 중국, 홍콩, 싱가포르 등에도 뒤지고 있는 실정이다.

따라서 저자는 미래 경쟁력 향상을 위한 필수분야(이공계 및 자연과학)에 초점을 맞추고 대학교육의 경쟁력 제고를 위한 교육개혁을 시급히 추진할 필요가 있다고 생각한다.

우리나라 학부모들의 교육열과 사교육비 지출은 세계 최고수준이지만 교육투자의 효율성은 매우 낮아 전형적인 저효율, 과잉투자라고 할 수 있다. 많은 학부모들이 자녀들의 대입준비에는 큰 관심을 갖고 과중한 사교육비를 부담하고 있으나, 막상 자녀들은 대학에서 경쟁력

있는 교육을 받지 못하고 졸업 후에도 양질의 지속가능한 일자리를 얻기가 매우 어려운 현실이 개선되지 않고 있다. 특히 우리나라의 국제경쟁력 확보와 직결되는 이공계 및 자연계분야로의 진출을 우수한 학생들이 기피함으로써 이 분야에서 우리나라는 아직 글로벌경쟁력을 갖춘 대학이 크게 부족한 상황이다.

제4차 산업혁명 시대에서 미래의 경쟁력을 갖추고 지속가능 발전을 실현하기 위해서는 바이오 기술, 나노 기술, 디지털 기술, 뉴로 기술, 녹색 기술 등 5대 분야에서 양질의 과학기술 인력을 양성하는 것이 시급하다. 특히 이들 분야는 앞으로 국제경쟁이 더욱 치열해질 수밖에 없는 만큼 국내 대학의 경쟁력을 획기적으로 높일 필요가 있다. 또한 제4차 산업혁명 시대에서는 창의성을 갖춘 창조적 인적자본의 희소가치가 크게 높아져 높은 보상의 혜택을 누릴 가능성이 높다. 노동, 자본보다 창의적 인적자본의 가치가 더욱 인정을 받게 되는 것이다. 따라서 창의성 개발이 교육제도 개혁의 중심이 되어야 한다.

이를 실현시킨 국가의 좋은 예는 중국, 홍콩, 싱가포르 등 주변에서 쉽게 찾을 수 있다. 중국은 실용성이 높은 과학기술분야에서 이미 영국 등 유럽 선진국을 제치고 미국을 넘보고 있으며 홍콩, 싱가포르 등도 이미 상당한 분야(컴퓨터과학, 공학, 지구과학, 면역학 등)에서 선두권(100위권 이내)에 들어가 있다. 또한 대부분의 선진국들은 이미 오래전부터 창의성 개발 중심의 교육제도를 운영해 오고 있을 뿐 아니라 이를 더욱 강화해 나갈 것으로 보인다.

따라서 우리나라도 창의적인 인적자본 육성을 위한 교육과정 개편을 추진하여 초중고 교육과정에서부터 창의성 개발교육이 체계적으로 이루어져야 한다. 아울러 2030년까지 세계경제의 장기 추세가 될 수밖에 없는 지속가능 발전을 주도하는 5대 분야에서 과학기술 인력의 양

성을 통한 대학교육의 경쟁력 제고가 교육개혁의 핵심과제가 되어야
한다. 이는 양질의 지속가능한 일자리를 창출해 낼 수 있는 근본적인
처방이기도 하다. 이럴 경우 보다 많은 고급인력이 지식 및 기술집약
산업과 대학 및 과학기술연구소에 유입됨으로써 꾸준한 기술혁신, 창
업의 활성화, 양질의 인적자본 형성이 이루어질 것이다.

　이를 위해서는 경쟁력 있는 국내 대학교를 중심으로 공학 및 자연
과학분야의 글로벌 교육허브를 구축하도록 해야 한다. 이들 분야 연구
의 선두에 있는 과학자들과 우수한 학업소양을 갖춘 학생들을 국내외
로부터 과감하게 유치하여 시너지 효과를 창출할 수 있도록 충분한
유인을 갖춘 대학교육제도를 만들어야 한다. 특히 중국, 홍콩, 싱가포
르 등이 이러한 전략에 따라 상당한 분야에서 글로벌 교육허브를 성공
적으로 창출하고 있는 점에 유의할 필요가 있다. 이를 위해서는 미래의
경쟁력 제고를 위해 필수적인 이공계 및 자연과학분야를 중심으로 대
학 수업료 부담을 대폭 낮추어 중산층 및 저소득층 대학생들을 보다
많이 포용할 수 있도록 충분한 재정지원이 이루어져야 한다. 이와 함께
중등교육 단계에서도 수학 및 과학분야 교육이 획기적으로 강화되고
교육기회의 형평성이 확보될 수 있도록 다양한 유인책을 도입해야 할
것이다.

참고_{문헌}

제1장 한국경쟁력을 종합 진단한다

Margin, Stephen A., and Juliet B. Schor, eds. *The Golden Age of Capitalism: Reinterpreting the Postwar Experience.* Oxford: Clarendon Press, 1990.

Schwab, Klaus. "The Fourth Industrial Revolution: What It Means, How to Respond?" World Economic Forum(www.weforum.org).

UNDP. *Human Development Report.* 1994.

World Economic Forum. *Global Competitiveness Report 2015-2016.* Switzerland, 2015.

_____. *Global Competitiveness Report 2016-2017.* Switzerland, 2016.

World Trade Organization. "Trade in 2016 to Grow at Slowest Pace Since the Financial Crisis." September 27, 2016.

MBC. 뉴스데스크 2017.1.1 보도(출처: 제윤경 의원실).

📖 제2장 제4차 산업혁명의 도래

Greenspan, Alan. "The Challenge of Central Banking"(American Enterprise Institute Dinner Lecture). December 5, 1996.

Kaletsky, Anatole. *Capitalism 4.0: The Birth of a New Economy in the Aftermath of Crisis*. New York: Public Affairs Books, 2010.

Lahart, Justin. "In time of Tumult, Obscure Economist Gains Currency." *Wall Street Journal*, August 18, 2007.

Lent, Adam. "A New Economic Paradigm." *Renewal*, Vol.17, No.3, 2009.

Lent, Adam, and Matthew Lockwood. *Creative Destruction: Placing Innovation at the Heart of Progressive Economics*. The Institute for Public Policy Research, December 2010.

Perez, Carlota. *Technological Revolutions and Financial Capital: The Dynamics of Bubbles and Golden Ages*. Edward Elgar Pub, 2002.

Schumpeter, Joseph. *Capitalism, Socialism, and Democracy*. New York: Harper & Bros, 1942.

Schwab, Klaus. "The Fourth Industrial Revolution: What It Means, How to Respond?" World Economic Forum(www.weforum.org).

📖 제3장 포용적 경제성장

김낙년. "한국의 개인소득 분포: 소득세 자료에 의한 접근."『경제분석』. 한국은행, 2012.

조영무. "국제적인 재정통계로 본 우리나라의 공공부문 채무 수준." LG 경제연구원, 2013.

Carvallo L., and A. Rezai. "Personal Income Inequality and Aggregate Demand." Working Paper 2014-23, 2014.

IMF. "Causes and Consequences of Income Inequality: A Global Perspective." 2015.

OECD. "All on Board: Making Inclusive Growth Happen." 2014.

_____. *Report on the OECD Framework for Inclusive Growth.* 2014.

Ostry, J. D. et al. "Inequality and Unsustainable Growth: Two Sides of the Same Coin?" 2014.

Williamson, John, ed. *Latin American Adjustment: How Much Has Happened?* Washington: Institute for International Economics, 1990.

World Bank. *World Development Report 2006: Equality and Development.* 2006.

_____. "A Measured Approach to Ending Poverty and Boosting Shared Prosperity: Data, Concepts, and the Twin Goals." *DECRG Policy Research Report.* 2014.

World Economic Forum. *The Inclusive Growth and Development Report 2015.* Switzerland, 2015.

_____. *The Inclusive Growth and Development Report 2017.* Switzerland, 2017.

제4장 지속가능 발전

Boulding, Kenneth E. *The Economics of the Coming Spaceship Earth.* 1966.

National Research Council. *Our Common Journey.* 1999.

The UN World Commission on Environment and Development. *Our Common Future.* UN, 1987.

UN. *Sustainable Development in the 21st Century.* 1999.

UN Conference. "The Earth Charter." UN, 1992.

UN Conference on Sustainable Development. "The Future We Want." UN, June 25, 2012.

UN DESA. *Prototype Global Sustainable Development Report 2014.* UN, 2014.

_____. *Global Sustainable Development Report 2015.* UN, 2015.

_____. *Global Sustainable Development Report 2016.* UN, 2016.

UNCTAD. *World Investment Report 2014.* 2014.

📖 제5장 포용적 금융

Accion. "Organizations and Networks Focusing on Financial Inclusion." 2016.

Alliance for Financial Inclusion. *Maya Declaration Progress Report: Celebrating Five Years of Advancing Global Financial Inclusion.* 2016.

Bank Negara Malaysia. *Financial Stability and Payment Systems Report.* 2015.

World Bank Group. *Doing Business.* 2017.

📖 제6장 인간의 웰빙 및 인적개발

OECD. "Measuring Well-Being and Progress." 2013.

_____. *How's Life.* 2013.

_____. *OECD Guidelines on Measuring Subjective Well-Being.* 2013.

The Commission on the Measurement of Economic Performance and Social Progress. *The OECD Framework for Measuring Well-Being and Progress.* 2009.

UNDP. *Human Development Report.* 2015.

제7장 새로운 정책 패러다임

World Economic Forum. *Global Competitiveness Report 2016-2017*.
Switzerland, 2016.

제8장 고용주도형 발전전략

KBS. 2017.2.19. '세계는 지금' 프로그램 취재 보도.
OECD. iLibrary.

제9장 건강하고 지속가능한 기업생태계

공정거래위원회 홈페이지(www.ftc.go.kr)
통계청(KOSIS).

찾아 보기

통합된 사회를 위하여

저자는 앞에서 1992년 환경과 개발에 관한 UN 콘퍼런스가 지구헌장(The Earth Charter)에서 "정의롭고, 지속가능하며, 평화로운 21세기 글로벌사회의 건설(the building of a just, sustainable, and peaceful global society in the 21st century)"을 주창하였음을 설명한 바 있다. 이는 21세기를 사는 전 세계 지구인들이 지향해야 할 공동가치를 표현한 것이다. 21세기에 우리나라가 품어야 할 비전도 이와 궤를 같이 해야 할 것으로 보인다. 지구사회의 일원으로서 우리나라도 정의롭고 지속가능하며 평화로운 국가를 건설하여 인류 공동의 행복을 추구하는 데 동참해야 한다.

그런데 우리나라가 추구해야 할 특유의 비전이 더 있다면 저자는 '통합된 사회'를 제안하고 싶다. 우리사회는 남북으로 다른 이념에 따라 70년 이상 나눠져 있을 뿐 아니라 진보와 보수의 갈등, 지역 갈등, 세대 간의 갈등으로 사회적 잠재력을 충분히 발휘하지 못하고 있다. 어쩌면 우리사회는 갈등의 소재를 찾는 데 골몰함으로써 '하나된 전체(a single whole)'로 뭉치는 데 실패하고 있는 것은 아닐까?

모든 사회에 갈등은 있게 마련이다. 통합된 사회에서도 갈등은 있을 수 있다. 그러나 통합된 사회는 갈등 가운데서도 이해와 관용, 그리고 양보를 통해 '하나된 전체'를 만들어내는 저력이 있다. 그래서 통합은 강력 (Strong)하고, 안정적(Stable)이며, 견고한(Solid) 사회를 만들어 내는 원동력인 것이다. 이제부터라도 우리사회는 3S의 원동력인 통합을 향해 모두가 손을 맞잡아야 할 것이다.

통합된 사회는 21세기에서 우리에게 반드시 필요한 국가적 가치일 뿐만 아니라 우리 모두의 생존전략이기도 하다. 우리나라는 인접한 중국, 일본, 러시아 등 강국의 견제에 항상 노출되어 있으며 남북 간에도 참혹한 전란을 치른 후 대치 상황에 놓여 있다. 이처럼 어려운 상황에서 우리나라가 주변국과의 관계 설정에 있어 보다 의연하게 대응할 수 있기 위해서는 무엇보다 먼저 통합에 의해 국민적 역량을 결집해야만 한다.

저자는 이 책에서 우리사회의 다양한 영역에서 관심이 높아지고 있는 다소 전문적인 이슈들을 다루었다. 하지만 이들 이슈들은 우리사회의 모든 사람들의 생활 전반에 영향을 미치고 있는 것들이다. 따라서 저자는

4차 산업혁명 시대의 한국경제 발전전략

일반 독자들도 이 책의 전반적인 내용을 무리 없이 소화할 수 있도록 최대한 쉽게 설명하고자 노력하였다. 그럼에도 불구하고 여전히 부족한 점이 많을 것으로 생각한다. 앞으로 저자는 좀 더 좋은 저술을 통해 우리사회의 정의, 지속가능성, 평화 그리고 통합을 제고시키는 데 미력이나마 기여할 수 있기를 소망한다. 지금까지 이 책을 읽어주신 모든 독자들에게 깊이 감사드리며 앞으로도 따뜻한 격려와 성원이 있기를 기대한다.

지은이 소개

류후규
(Hookyu Rhu)

▶▶ 현재 포용적 금융/발전 포럼의 대표로 활동 중

· 2012~2015년   동남아중앙은행 조사연수센터(The SEACEN Centre) 소장
              아세안금융통합체제(AFIF: ASEAN Financial Integration Frame-
              work) 역량강화운영위원회(SCCB: Steering Committee on
              Capacity Building) 공동의장
· 1977~2012년   한국은행 근무(인재개발원 교수팀장(국장급), 금융안정분석국장,
              뉴욕사무소장, 국제협력실장, 해외조사실장 등 담당)
· 1991년   미국 아이오와 대학원 경제학 석사
· 1986년   연세대학교 경영대학원 경제계획 석사
· 1977년   서울대학교 경제학 학사